DE LA FORME

DE SES CARACTÈRES ET DE SES RÈGLES

EN DROIT ROMAIN

DE LA RÈGLE LOCUS REGIT ACTUM

EN DROIT FRANÇAIS

THÈSE

POUR LE DOCTORAT

PRÉSENTÉE

A LA FACULTÉ DE DROIT DE NANCY

PAR

HENRY DUHAUT

AVOCAT

NANCY

IMPRIMERIE DE N. COLLIN, RUE DU CROSNE. 5

1882

DE LA FORME

DE SES CARACTÈRES ET DE SES RÈGLES

EN DROIT ROMAIN

DE LA RÈGLE LOCUS REGIT ACTUM

EN DROIT FRANÇAIS

THÈSE

POUR LE DOCTORAT

PRÉSENTÉE

A LA FACULTÉ DE DROIT DE NANCY

PAR

HENRY DUHAUT

AVOCAT

L'acte public sur les matières ci-après sera présenté et soutenu
le jeudi, 13 juillet 1882, à 4 heures du soir.

Président : M. BINET, Professeur.

Suffragants :

MM. A. LOMBARD,	Professeurs.
MAY,	
CHAVEGRIN,	Agrégés chargés de cours.
BOURCART,	

*Le Candidat répondra, en outre, aux questions qui lui seront faites
sur les autres matières de l'enseignement.*

NANCY

IMPRIMERIE DE N. COLLIN, RUE DU CROSNE, 5

1882

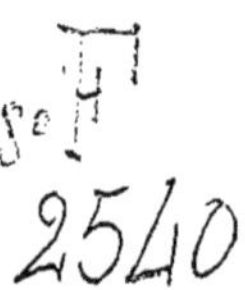

FACULTÉ DE DROIT DE NANCY.

MM. LEDERLIN, I ✥,   Doyen, Professeur de Droit romain (2e chaire), autorisé à faire le cours de Pandectes et Chargé du cours de Droit français étudié dans ses origines féodales et coutumières.

JALABERT ✳, I ✥,   Doyen honoraire.

LOMBARD (A.), I ✥,   Professeur de Droit commercial et Chargé du cours de Droit des gens.

LIÉGEOIS, I ✥,   Professeur de Droit administratif et Chargé du cours d'histoire du Droit romain et du Droit français.

BLONDEL, A ✥,   Professeur de Code civil (2e chaire) et Chargé du cours de Droit constitutionnel.

BINET, A ✥,   Professeur de Code civil (3e chaire) et Chargé du cours de Droit civil approfondi dans ses rapports avec l'Enregistrement.

LOMBARD (Paul), A ✥,   Professeur de Code civil (1re chaire).

GARNIER,   Professeur d'Économie politique.

MAY.   Professeur de Procédure civile.

CHAVEGRIN,   Agrégé, Chargé du cours de Droit international privé.

GARDEIL,   Agrégé, Chargé du cours de Droit criminel.

BEAUCHET,   Agrégé, Chargé du cours d'histoire générale du Droit français public et privé.

BOURCARD,   Agrégé, Chargé du cours de Pandectes, autorisé à faire le cours de Droit romain (2e chaire).

LACHASSE, I ✥,   Docteur en Droit, secrétaire, agent comptable.

A MES PARENTS

A MON BEAU-FRÈRE ET A MA SŒUR

M. ET Mme CH. ROUSSEL.

A MON AMI

LE DOCTEUR A. BERRUZIER.

DE LA FORME

DE SES CARACTÈRES ET DE SES RÈGLES

INTRODUCTION

Jusqu'ici l'histoire de la forme s'est bornée à colliger, à recueillir des particularités. On a réuni beaucoup de matériaux, sans s'apercevoir que l'ensemble de ces matériaux, si nous pouvons ainsi parler, formait un monument. On n'a pas vu l'intelligence qui règne dans le système des formes à Rome, parce qu'on a isolé les unes des autres les formes diverses présidant aux différents actes juridiques, comme si la matière n'était pas propre à l'analyse et à l'abstraction. Cette étude superficielle a conduit à cette conclusion que la forme est arbitraire et déraisonnable, et ce reproche a rejailli sur le droit romain tout entier. Il n'est pas rare en effet d'entendre reprocher au droit romain, son caractère exclusif et formaliste, son respect sans bornes pour les formules surannées, et l'importance exagérée attachée à certaines pratiques juridiques dont la raison d'être ne paraît pas justifiée.

Ces idées, présentées dans un style poétique par des écrivains d'un grand mérite sans doute, mais exclusivement littérateurs, ont fini par s'accréditer. Aujourd'hui, pour les gens du monde, le vieux droit quiritaire est âpre, exclusif, et pour bien des jurisconsultes même, les formes qui l'entourent ne s'expliquent par aucune cause, sont arbitraires, tyranniques et sans lien entre elles, c'est-à-dire sans intelligence (1).

Ce système, qu'on pourrait appeler le système des littérateurs, a soulevé des protestations depuis quelques années déjà. Certains jurisconsultes, par une réaction exagérée contre les idées en cours, se sont efforcés d'établir que l'ancien droit romain n'était pas plus âpre, plus rude, plus exclusif que les autres législations, et que le prétendu formalisme qui en constitue, d'après l'opinion générale, le caractère distinctif, n'a jamais existé.

Les uns pour établir cette thèse, partent de cette idée que la plupart des actes qu'on représente comme symboliques à Rome, étaient tout simplement des cérémonies en usage, mais sans importance légale. Quelques-uns de ces actes sans doute, comme la mancipation, le *sacramentum*, ont incontestablement un caractère juridique, mais à l'origine ils constituaient des opérations très-sérieuses et très matérielles. S'ils se sont conservés, après avoir perdu leur raison d'être, par suite des progrès de la civilisation (mancipation, opération de *l'œs* et de la *libra* après l'invention de la monnaie), c'est par la force de la tradition. Mais on ne doit voir là que des usages sans importance au point de vue du droit. Ce sont des solennités sans doute, mais « *solemnia, solemnitas, de solere*, veut tout simplement dire usité, sans que l'on y doive attacher aucune idée de ce que

____

(1) Huc, le *Formalisme dans l'ancien Droit romain*. — *Recueil de l'Académie de législation de Toulouse*, année 1861, p. 21 et 22.

nous entendons par solennel, solennité. C'est un fait qu'on a trop souvent perdu de vue, en exagérant la portée des *solemnia*, ou comme on aime à s'exprimer, du formalisme dans la législation romaine » (1).

Voilà pour les actes matériels. Pour bon nombre de formules il en est de même. Dans la stipulation, par exemple, « la rédaction de la demande et la réponse, était abondonnée à la volonté des parties, bien qu'il soit probable qu'il y eut dans le principe des formules sacramentelles, parmi lesquelles Gaïus nous cite comme étant essentiellement et exclusivement romaine, celles conçues en ces termes : *dari spondes ? spondeo.* » Mais ces formules étaient plutôt des formules usitées employées ordinairement, que des formules obligatoires. (*Solemnia, de solere*). « En attachant (à ce mot, *solemnia*) le sens que nous attribuons aux mots modernes, solennel, solennité, les commentateurs et surtout les admirateurs de l'élément symbolique en jurisprudence, ont fréquemment altéré la véritable nature des institutions romaines » (2).

Ces idées, poursuivies jusqu'au bout et généralisées, tendraient à faire de la forme un élément qui n'avait à Rome aucune portée juridique. La conclusion de ce système semblerait devoir être celle-ci : Sans doute, il se rencontre dans le droit romain des éléments tout à fait semblables à ceux qui se rencontrent dans certains actes solennels de notre droit moderne, élément matériel,

---

(1) Maynz, *Droit romain*, I, p. 357, note 12, et page 358, note 19. Voir aussi p. 382.

(2) *Ibid.*, II, p. 325, note 14.

signes et actes, et formules à prononcer, mais ces éléments ne sont pas consacrés par le droit. Ce sont des
formes usitées, consacrées par l'usage, que les parties
emploient pour les avoir vu employer auparavant, mais
qui n'avaient aucune importance sur la réalisation de
l'effet poursuivi. En un mot, la volonté nue suffit, en
principe, pour la perfection d'un acte juridique.

Un tel système serait certainement faux.

Que la forme soit à Rome, le produit d'usages, c'est-à-
dire de la coutume, qu'elle n'ait pas été créée de toutes
pièces par le législateur, rien n'est plus vrai. Mais peu
nous importe la source d'où elle est sortie. La coutume
n'est-elle pas regardée comme la première source du
droit (1) ? Que la forme soit née le jour où certaines institutions perdent leur raison d'être, étaient néanmoins
conservées, par attachement pour les vieilles coutumes des
ancêtres, cela est encore vrai, bien que cette cause de la
forme ne soit pas la seule. Mais ce qu'il importe c'est
de savoir si ces formes étaient obligatoires. Or, en raison
même de cet attachement pour la tradition, ne devait-on
pas considérer que celui qui aurait délaissé ces formes,
serait incapable d'atteindre le but poursuivi ? Je sais
bien que certaines formalités accompagnant certains
actes juridiques, n'étaient nullement exigées par la loi.
« Ainsi le *flammeum* qui voilait la fiancée, la quenouille,
le fuseau, le fil qu'elle portait, sa marche vers la maison
nuptiale, les tentures flottantes et les feuillages verts
qui décoraient cette maison, les clefs qu'on lui remettait,

____

(1) L. 32, Liv. 1, 3.

les paroles consacrées, la réception par l'eau et le feu, et toutes ces allusions mythologiques dont nous trouvons les détails chez les poëtes, n'étaient pas plus nécessaires à la validité, au mariage, que ne le sont, de nos jours, le voile blanc qui cache les traits de la mariée, la couronne de fleurs d'oranger qui pare ses cheveux, la fête et le bal qui suivent son hyménée » (1). Nous avons sur ce point un texte formel : « *Si pompa, aliaque nuptiarum celebritas omittatur, nullus existimet ob id deesse matrimonio firmitatem* » (2). Mais il existe d'autres formalités matérielles accompagnant d'autres actes juridiques, lesquelles sont décrites par les jurisconsultes euxmêmes, avec un soin assez minutieux, pour qu'on puisse être tenté de leur reconnaître une partie juridique (3).

Si ces pratiques n'avaient aucune valeur juridique, pourquoi ces hésitations à s'en défaire lorsqu'elles étaient devenues impraticables, à la suite du développement qu'avait pris la cité ? pourquoi leur substitua-t-on une forme représentative de l'acte qu'on accomplissait autrefois (4) ? En supposant même que l'inaccomplissement des actes matériels qui entouraient les opérations juririditiques, n'ait pu entraîner la nullité de ces dernières, on

---

(1) Ortolan, *Explicat. hist. des Inst.*, II, p. 81.

(2) Const. 22. *De nuptiis.*

(3) *Mancipation*, Gaïus, I, 119. — *Sacramentum, ibid.*, IV, 16 et suiv.

(4) *Sacramentum.* Au début, les parties sont obligées d'opérer la *manuum consertio* sur l'objet litigieux lui-même. — Quand Rome eut reculé ses limites, la longueur des voyages rendit cette obligation impossible, mais par respect pour les anciens usages, on remplaça le voyage par son simulacre. Le prêteur indique aux parties la voie à suivre : « *Inite viam* », mais il leur dit immédiatement de revenir « *redite viam.* » (Cicéron, *Pro Mureno*, C. 12.)

ne peut certainement nier que les formules à réciter étaient rigoureusement imposées. Gaïus nous l'affirme en ce qui concerne les actions de la loi, et nous verrons dans la suite de ce travail, que cette règle ne se restreignait pas aux seules formules des actions (1). Nous verrons aussi que ces formules n'étaient pas le produit d'usages inconscients, mais l'œuvre réfléchie, savante de la jurisprudence ; qu'elles étaient soumises à des règles qui trahissent à chaque instant la présence du juriste, et dont par conséquent l'observation devait s'imposer.

Un autre jurisconsulte soutient également, mais par des raisons différentes, que la forme n'a jamais existée à Rome. Il ne nie pas que les signes, les rites en usage, ou les mots à prononcer, aient été obligatoires pour la validité des actes, mais il prétend qu'ils n'avaient nullement le caractère qui constitue la forme proprement dite.

Et voici quel est son point de départ. Qu'est-ce que la forme ? Dans le domaine de la législation positive, la forme doit être définie : Tout fait antérieur et sensible, qui n'ayant sa raison d'être, ni dans un principe rationnel, ni dans une nécessité sociale, a pour but de subordonner à son accomplissement la création ou l'extinction des droits. Une législation qui sans nécessité s'embarrassera de pareilles entraves, sera considérée avec raison comme formaliste ; mais d'après l'auteur, il n'en fût jamais ainsi dans la législation romaine. Si l'opinion contraire a pu s'accréditer, c'est qu'on ne s'est pas suffisamment rendu compte du sens et de la signification des actes légitimes

____

(1) Gaïus, IV, § 11. — Voir *Loi des mots*, p. 81 et suiv.

ou solennels, admis par les Romains, et si on a méconnu de la sorte la véritable portée de ces actes, c'est parce que pour les apprécier, on a oublié de s'abstraire des idées et des préjugés modernes, tandis qu'il fallait au contraire prendre pour point de départ les idées ayant cours à l'époque où ils étaient en vigueur, et surtout tenir compte de l'état de la société romaine à cette même époque (1).

Partant de cette idée que la forme pour mériter ce nom ne doit s'expliquer par aucune cause rationnelle, l'auteur démontre qu'il n'en est ainsi d'aucune des formalités qui entourent les actes juridiques romains, et voici comment il l'exprime à peu près dans quelques considérations générales dont il fait précéder sont travail.

Trois questions principales, dit-il, peuvent surgir à propos de tout rapport de droit se produisant dans le domaine de la loi positive ; en peut en effet se demander :

1° Le droit invoqué est-il au nombre de ceux que l'autorité publique garantit et sanctionne ?

2° En cas de solution affirmative, d'après quelles règles pourra-t-on constater, en fait, l'existence du droit prétendu au profit de celui qui l'invoque ?

3° L'existence du droit étant constatée, d'après quels principes pourra-t-il être procédé à l'application des dispositions législatives afférentes à la matière ?

Eh bien, la solution donnée par le peuple romain à ces trois questions loin d'être arbitraire, était imposée par son état social.

1° Il était nécessaire que l'autorité publique intervint

____

(1) Huc, *eod.*, p. 22 et 23.

au début, du moins dans les actes du pur droit civil (mancipation, *nexum confarreatio arrogatio*, etc.), mais rien n'était plus logique. A quelle condition en effet, l'autorité publique peut elle sanctionner un rapport de droit ? N'est-ce pas en s'assurant de la volonté des parties, de la régularité de l'acte et de sa conformité aux règles en vigueur dans la cité ? Et pour cela ne faut-il pas nécessairement qu'elle intervienne dans l'acte juridique posé par les parties ? Evidemment il en doit être ainsi, et on ne comprendrait guère comment l'autorité publique pourrait sanctionner un acte qui lui serait toujours inconnu. C'est là un principe général, adopté par tous les peuples, soit anciens, soit modernes, et, aujourd'hui encore, il est partout appliqué.

Le notaire, en effet, est un véritable représentant de l'autorité publique lorsqu'il revêt un acte de la formule exécutoire ; on peut en dire autant des tribunaux lorsqu'ils rendent exécutoires les conventions privées.

2° Si nous passons de cette idée de la garantie publique à celle de la preuve du droit à garantir, il nous est aussi facile de justifier les modes particuliers de preuve admis par le peuple romain. L'écriture au début est inconnue, et lorsque plutard elle s'est vulgarisée, elle affecte d'abord des formes lapidaires qui ne lui permettent pas d'avoir ce je ne sais quoi qui distingue une écriture d'une autre. D'un pareil état de choses résultait l'absolue nécessité de remplacer l'écriture par des actes extérieurs et sensibles (mancipation, stipulation, etc.) ; comme on ne pouvait pas organiser un système de preuve suffisant, il était tout simple que le législateur attachât la force génératrice du droit plutôt à une cause civile qu'à la convention elle-même. Bien plus, dans un grand nombre de cas, il arrivait que le même acte servait à la fois à constituer une preuve toute faite de l'opération que les parties avaient en vue. En édictant ce mode de procéder, le législateur cédait non pas à une tendance purement formaliste, mais aux nécessités de son époque, en un mot, il édifiait une législation positive. Pour lui, il s'agissait uniquement de savoir quand et comment l'autorité publique devrait accorder la garantie à celui qui l'invoquerait.

3° Il est enfin une dernière difficulté à résoudre. La preuve, dit-on, que le vieux droit romain était formaliste, se trouve dans la persistance avec laquelle il conserve des institutions vieillies et devenues sans signification.

Les Romains sont attachés à ces anciens usages, ils n'osent rien y changer. Aussi quels efforts le magistrat ne fait-il pas pour faire rentrer dans la formule écrite des hypothèses qui, manifestement, elle n'était pas appelée à régir ? Les Romains étaient donc esclaves avant tout de la formule, et ce n'est qu'avec bien des détours, en rusant avec les vieux textes, en luttant longtemps contre le symbole et la forme, qu'ils sont arrivés à constituer leur droit sur l'équité.

Sans doute le magistrat romain a dû faire des efforts nombreux avant d'arriver à constituer définitivement le droit. Mais il n'est pas vrai de dire qu'il ait eu à lutter contre le symbole et la forme. La législation des douze Tables n'était en effet ni symboliste ni formaliste. Les prescriptions, même les plus étranges, correspondaient toujours à une évidente nécessité de la vie pratique. Seulement, il advint ce qui arrive dans toutes les sociétés : un grand nombre de règles juridiques du vieux droit quiritaire perdirent peu à peu leur signification primitive. Si le pouvoir législatif avait été constitué à Rome, comme chez la plupart des nations modernes, ces règles surannées auraient été abrogées, et le progrès accompli dans les mœurs aurait été aussi réalisé dans le droit civil. Mais à Rome, il ne pouvait en être ainsi, un appel au pouvoir législatif, seul investi du droit d'abroger une loi, était toujours chose grave, souvent même pleine de danger. Les comices par tribus, les comices par centuries et le sénat, revendiquaient chacun pour son compte, le droit de faire la loi. L'exercice du pouvoir législatif fut souvent l'occasion de luttes sanglantes, et il n'était pas toujours facile de savoir si, dans tel cas donné, il fallait convoquer les comices par tribus ou les comices par centuries. Telle fut la cause première de ce pouvoir extraordinaire attribué au préteur : *adjuvandi vel supplendi, vel corrigendi juris civilis, propter utilitatem publicam* (1). L'abrogation législative des prescriptions vieillies étant presque impossible, les magistrats chargés de les appliquer, s'efforcèrent de les éluder par tous les moyens..... En ayant recours pour atteindre ce but à des fictions, à des suppositions, souvent même à d'étonnantes subtilités, le magistrat romain obéissait uniquement aux nécessités de sa situation.

En résumé : « si l'on est fidèle à ces différents points

------

(1) L. VII, § 1, Liv. I, 1.

de vue, on sera forcé de reconnaître que les formes voulues par la loi ont toujours leur raison d'être :

« Soit dans la nécessité de constater l'intervention de l'autorité publique ;

« Soit dans la nécessité de fonder ou de faciliter la preuve du droit ;

« Quelquefois dans ces deux causes réunies ;

« Soit enfin dans l'impossibilité d'abroger les règles vieillies, en raison du fonctionnement difficile du pouvoir législatif ;

« Et qu'en définitive, il n'y a pas de formalités pures. »

Partant de ces idées, l'auteur étudie la théorie de la propriété, des droits réels et des actions destinées à les garantir, et entrant, à propos des actes formels qu'il rencontre, dans des conjonctures ingénieuses, sur leur origine, il arrive à cette conclusion que la théorie tout entière est rationnelle, et que les jurisconsultes romains ne pouvaient la concevoir autrement, étant donné le milieu, l'état social dans lequel cette théorie a pris naissance.

Tout en reconnaissant l'exactitude des solutions proposées par l'auteur sur les détails, et la probabilité des conjectures qu'il a déduites des faits connus, nous croyons que le point de vue général qu'il a adopté est trop absolu et que ces idées sur la forme sont fausses. Le point de vue qu'il adopte est trop absolu ; car, expliquer par des exigences accidentelles et momentanées, par l'état social dans lequel elles sont nées, le rigorisme et la singularité des formes, ce n'est pas démontrer qu'elles étaient conformes aux principes absolus du droit, sans cela on ne devrait plus voir dans le droit que quelque chose de relatif et de changeant, que l'expression de la volonté variable du législateur ou le produit aveugle de telle ou telle époque (1). L'idée que l'auteur se fait de la forme est fausse. Il n'est pas nécessaire pour que la forme existe qu'elle ne puisse pas justifier son existence, qu'elle soit arbitraire, ainsi que l'auteur le proclame dans sa définition s'il en était ainsi en effet, on ne rencontrerait plus d'actes formels dans le droit moderne. Car les formes qui entourent aujourd'hui encore certains actes, appelés pour cela solennels, se justifient toutes par l'intérêt social, ou par la protection qu'elles veulent procurer aux parties en cause.

Voici, croyons-nous, ce qu'il faut entendre par la forme.

Au point de vue philosophique et dans l'acception non juridique du mot, la forme, c'est l'élément extérieur et sensible qui enveloppe la volonté de l'homme et sa pensée et qui sert à leur manifestation.

Mais le droit peut laisser à la volonté, quant aux moyens de s'exprimer, une liberté complète. L'acte juridique qu'on veut accomplir, peut alors se réaliser à l'aide d'un mode quelconque, signe, mot, ou action ; peu importe dans ce cas le moyen qui aura servi à manifester la volonté ; pourvu qu'elle se soit clairement révélée, l'effet visé se produira. Le droit peut au contraire déterminer d'une manière étroite et rigoureuse les modes

_____

(1) Jugement prononcé par l'Académie de législation de Toulouse après la lecture du travail de M. Huc, année 1861, p. 144.

auxquels la volonté devra recourir, pour se produire à l'extérieur, de telle sorte que si ces modes ont été négligés, l'acte tout entier restera sans effet. Dans le premier cas, la forme sous laquelle se manifeste la volonté est libre, elle n'est nécessaire que pour rendre palpable cette volonté, mais elle n'est pas nécessaire pour la rendre efficace, et l'on eut pu valablement en employer une autre. Dans le second cas au contraire, la forme qui contient la volonté n'est pas libre ; elle est imposée, on ne peut s'y soustraire sous peine de voir l'acte tout entier demeurer sans effet. En un mot, la forme est ici un élément essentiel à l'existence de l'acte juridique, sans elle il ne peut prendre naissance et reste dans le néant. C'est à la forme entendue dans ce dernier sens qu'on réserve, au sens juridique du mot, le nom de forme.

On entend donc par forme, tout à fait extérieure et sensible qui a pour but de subordonner à son accomplissement la création ou l'extinction des droits. Ainsi modifiée la définition de M. Huc est exacte. Cette rectification admise, on ne peut faire de difficulté pour reconnaître que la forme s'explique à Rome par des causes multiples, mais surtout par l'influence des institutions politiques, religieuses ou privées ; nous nous proposons même, à l'exemple de M. Huc, mais en recourant à d'autres conjectures, de rechercher dans un chapitre spécial, comment les différents actes formels ont pris naissance sous l'empire des institutions sociales.

Les institutions sociales, telle est la cause principale et pour ainsi dire unique dont sont sortis tous les actes formels de la législation romaine. Ces actes à l'origine sont des opérations très-sérieuses et s'expliquent fort bien par le milieu dans lequel ils s'accomplissent. C'est seulement plus tard qu'ils prennent un aspect formaliste , lorsque, conservés par suite de l'attachement des Romains pour les institutions des ancêtres , ils ne sont plus en harmonie avec la civilisation transformée.

Mais cet attachement des Romains pour les institutions de leurs ancêtres n'eût-il pas existé, que la forme ne s'en serait pas moins rencontrée. C'est qu'en effet elle n'est pas quelque chose d'étranger au droit. La preuve, c'est que nous la rencontrons encore dans les législations modernes qui sont profondément spiritualistes. Mais elle était surtout nécessaire chez ce peuple primitif pour l'expression claire et nette de la pensée. Elle suppléait à la faiblesse de son esprit encore dans l'enfance, remédiait aux imperfections et à la pauvreté du langage, tenait lieu des règles d'interprétation de la volonté des parties que les jurisconsultes n'avaient pas encore posées, enfin servait à conserver le souvenir des actes accomplis. On ne possédait pas encore en effet ce moyen vulgaire et répandu qui sert à arrêter et à conserver un souvenir, l'écriture. La transmission devait se faire par la mémoire des hommes. Or, pour retenir une chose abstraite qu'aucun élément extérieur ne vient fixer, outre qu'il faut une mémoire très-fidèle, il faut encore, s'il s'agit d'une opération juridique, l'avoir comprise. Quelle est sa nature, quel but se proposaient les parties, quels sont les effets produits ? Autant de questions auxquelles il serait souvent difficile de répondre, même au moment de l'acte, et qu'il serait impossible d'élucider au bout d'un certain temps. Combien cette tâche ne sera-t-elle pas rendue facile, si l'on se sert d'une forme sensible, dont l'emploi produira des effets déterminés à l'avance par le droit, et du nom de laquelle il suffira de se souvenir, pour connaître immédiatement la nature et les effets de l'opération accomplie (1)?

Jusqu'ici nous nous sommes désintéressé du préjugé vulgaire qui ne voit dans la forme qu'un élément tyrannique et arbitraire, mais on a pu déjà s'apercevoir que notre but n'était pas, en écartant ceux qui l'attaquent, de nous en faire ensuite le défenseur et l'apologiste. Nous écartons les théories qu'il a provoquées, parce qu'elles sont trop absolues. On ne peut pas dire avec elles que la forme n'existait pas à Rome ; mais admettre comme elles que la forme s'explique par des causes auxquelles les Romains ne pouvaient échapper, c'était déjà démontrer qu'elle n'était pas tyrannique et injustifiable.

Nous reprendrons cette idée en recherchant par voie de conjecture quelle est l'origine probable des principaux actes formels. Nous ferons de ce point une étude spéciale à raison de son importance.

Nous irons plus loin et l'ensemble de ce travail aura pour but d'établir que la forme n'était pas arbitraire et

---

(1) On assigne encore à la forme une autre cause, c'est la prédilection naturelle de l'homme pour l'élément extérieur. On en trouve la preuve, dit-on, dans ce fait que la forme subsiste après que le langage et la pensée se sont perfectionnés et que l'écriture a été découverte. Nous avons expliqué cette conservation par l'attachement des Romains pour leurs antiques institutions ; ajoutons encore le fonctionnement difficile du pouvoir législatif. (Ihering, III, p. 191 et 192.)

sans intelligence ; que loin de là elle est une œuvre consciente, raisonnée, savante ; que la main du juriste se
trahit à chaque instant dans cette œuvre, qu'elle a des
lois, comme le fond du droit lui-même, qu'en un mot elle
s'est élevée à la hauteur d'un art juridiqne.

Deux idées formeront donc la substance de ce travail.

En premier lieu, les formes s'expliquent par les institutions sociales des Romains ; le formalisme, c'est-à-dire
la forme sans cause, n'existe pas.

En second lieu, la forme au lieu d'être arbitraire est
soumise à des lois.

PREMIÈRE PARTIE

Origine probable des actes formels.

Nous avons déjà indiqué précédemment un certain nombre de causes générales que suffiraient à justifier l'existence de la forme à Rome. Nous voudrions maintenant
montrer, dans un aperçu rapide, que la forme n'était
pas le produit de la volonté tyrannique d'un législateur
qui l'aurait créée de toutes pièces, mais qu'elle découlait
d'une nécessité sociale, que chacune de ses exigences en
apparence arbitraire répondait à des institutions en
vigueur; et que le droit romain lui-même ne mérite pas
le reproche de formalisme qu'on lui a si souvent adressé.

Malheureusement, l'obscurité qui enveloppe les com-
mencements de Rome, voile aux yeux de l'historien et du
jurisconsulte ses premières institutions. Ce sont cependant les plus vieilles qu'il importe le plus de connaître,
car elles seules pourraient nous éclairer sur l'origine de
certains actes formels et de certaines théories romaines,
qui, au moment où Rome apparaît dans l'histoire, semblent déjà inexplicables. Rien ne nous paraît plus arbitraire que le *nexum*, *la manus injectio*, *le sacramentum*,
la mancipation, et les théories qui accompagnent ces
actes juridiques, la distinction entre les choses *mancipi et
nec mancipi*, les règles sur la famille et sur la propriété.
Que de conjectures n'a-t-on pas faites pour les expliquer,
en s'appuyant sur les institutions encore en vigueur à
l'époque historique. Peut-être faudrait-il remonter plus

haut dans le passé. Les populations italiennes sont infiniment plus vieilles que Romulus. Avant leur réunion pour former la cité, elles avaient leurs institutions, que les révolutions ou le progrès ont transformées, mais dont les traces subsistent dans ces théories devenues incompréhensibles.

Mais quel espoir y a-t-il d'arriver à la connaissance de ce passé lointain ? Les générations de cette époque ne nous ont pas transmis un seul texte écrit. Nous ne pouvons songer qu'à nous aider des débris des anciennes institutions qui auraient pu se conserver à travers les temps, et avec leur aide, chercher, en conjecturant, à reconstituer le passé (1).

Eh ! bien ! on peut se demander si les institutions les plus importantes, à savoir la religion, la famille et la propriété, institutions auxquelles se rapportent tous ces actes juridiques, toutes ces théories inexplicables, étaient

---

(1) Une ressource peut-être plus puissante encore, mais à laquelle le cadre de ce travail ne nous permet pas de recourir, se rencontre dans cette science nouvelle qu'on appelle la linguistique et la grammaire comparée. L'étude des langues des différents peuples et la comparaison de ces langues permettent en effet aux philologues de diviser la grande famille humaine en plusieurs branches et de grouper les peuples qui ont une langue et parlant une origine commune dans l'une ou l'autre de ces branches. En vertu des liens de parenté qui unissent entre eux les peuples d'un même groupe, tous ont dû conserver des traces puissantes et communes de leur origine première, tous ont dû perpétuer dans une mesure plus ou moins larges, les mœurs, les coutumes de la nation-mère dont ils sont sortis : en un mot, ils subissent l'influence de la race, sont soumis à la loi de l'hérédité. Appuyé sur cette loi, l'historien pourra conjecturer avec vraisemblance, lorsqu'il rencontrera chez tous ou presque tous les peuples d'origine commune, une institution encore en vigueur ou des traces profondes de cette institution, qu'elle a dû se rencontrer également chez tel ou tel autre peuple appartenant à la même famille.

à Rome au début ce qu'elles nous apparaissent à l'époque des Douze-Tables.

A cette époque, la religion nous apparaît avec un caractère public et privé ; il y a une religion de la cité, aussi bien qu'une religion de la famille. Laquelle des deux nous expliquera le caractère religieux du libripens figurant dans la mancipation? Quels sont au juste aussi ces témoins qui figurent dans les actes ? Représentent-ils l'Etat et ont-ils pour but d'assurer son contrôle, ou bien représentent-ils la famille ? (confarréation, *nexum*, mancipation .

La famille à son tour (*familia*), constitue une association restreinte, ne comprenant pas tous les individus unis par les liens du sang, mais seulement la réunion des agnats. Mais alors qu'est-ce que la gens, cette association plus vaste, qui a des droits à la succession du chef de la famille ? Est-ce une association artificielle ? Est-ce au contraire une société fondée sur le lien de naissance, la famille telle qu'elle existait originairement avant qu'on ait séparé ses différentes branches?

Enfin la propriété nous apparaît individuelle, aliénable, comment dès lors expliquer le *nexum,* c'est-à-dire, l'engagement direct de la personne du débiteur ? la *manus injectio*, ou l'exécution sur la personne même du débiteur ? Pourquoi le créancier ne pourrait-il s'adresser aux biens de celui-ci ? pourquoi ces formalités nombreuses de la mancipation, les formalités difficiles du testament ? pourquoi cette distinction entre les choses qui peuvent faire l'objet du droit de propriété, entre les *res mancipi* et les *res nec mancipi* ?

En demandant aux institutions de la Rome historique la solution de ces difficultés, on est arrivé à des conjectures multiples et peu suffisantes.

Ainsi que nous le disions plus haut, il faut demander à une autre époque l'explication de ces mystères. Ils sont très probablement le produit d'un état social plus reculé et ils ont été conservés, après que cet état s'était modifié, en vertu de l'attachement du peuple romain pour les coutumes des ancêtres.

Entrant dans cette voie, un historien récent a essayé de reconstituer la Rome préhistorique. Il a recherché ce qu'étaient la religion, la famille et la propriété dans ces âges anciens sur lesquels nous ne possédons aucun texte ; et à l'aide des débris de ces vieilles institutions subsistant au milieu de mœurs avec lesquelles ils n'étaient cependant plus en harmonie, il est entré dans des conjectures heureuses, confirmées en partie par la comparaison de l'état social des peuples, appartenant comme Rome à la famille aryenne (1).

Pour l'auteur, l'organisation primitive repose tout entière sur les croyances religieuses ; ce sont elles qui ont régi les sociétés et la plupart des institutions domestiques et sociales sont venues de cette source (2).

Or la religion, à l'origine, consiste dans le culte des morts et le culte du foyer.

---

(1) Fustel de Coulanges, la *Cité antique*, 4ᵉ édition, 1872. Nous empruntons à cet ouvrage tous les textes cités à l'appui de cette théorie.

(2) *Id.*, Liv. I, ch. 1, p. 14.

D'après les plus vieilles croyances des Italiens et des Grecs, ce n'était pas dans un monde étranger à celui-ci que l'âme allait passer sa seconde existence ; elle restait tout près des hommes et continuait à vivre sous la terre : « *Sub terrâ censebant reliquam vitam agi mortuorum*» (1). L'âme restait associée au corps, mais pour que l'âme fut fixée dans cette demeure souterraine qui lui convenait pour sa seconde vie, il fallait que le corps auquel elle restait attachée, fût recouvert de terre. L'âme qui n'avait pas son tombeau, n'avait pas de demeure ; elle était errante, malheureuse, sans repos. Aussi devenait-elle malfaisante. De là, la nécessité de la sépulture.

Mais l'être qui vivait sous la terre, n'était pas tellement dégagé de l'humanité qu'il n'en ait plus les besoins. Aussi ne manquait-on jamais d'enterrer avec lui les choses qu'on lui supposait nécessaires, des vêtements, des armes, des vases. Il avait besoin de nourriture ; aussi certains jours de l'année, on portait un repas à son tombeau. « Ovide et Virgile nous ont donné la description de cette cérémonie dont l'usage s'était conservé intact jusqu'à leur époque, quoique les croyances se fussent déjà transformées. Ils nous montrent qu'on entourait le tombeau de vastes guirlandes d'herbes et de fleurs, qu'on y plaçait des gâteaux, des fruits, du sel, et qu'on y versait du lait, du vin, quelque fois le sang d'une victime » (2).

––––––––

(1) Cicér., *Tuscul.*, I, 16. — F. de Coul., p. 8.

(2) F. de Coul., p. 13 ; *Virg. Enéide,* III, 300 et suiv. — V. 77 ; Ovide, *Fast.,* II, 535, 542.

Ces morts étaient des êtres sacrés ; chacun d'eux devenait un dieu et avait pour temple son tombeau. Les vivants devaient leur rendre un culte constant. Le mort qu'on négligeait devenait un être malfaisant, envoyait des maladies, frappait le sol de stérilité. Le mort qu'on honorait était au contraire un dieu tutélaire ; il aimait ceux qui lui apportaient la nourriture et les protégeait.

A côté du culte des morts, on rencontre le culte du foyer.

La maison d'un Romain renfermait un autel ; sur cet autel il devait y avoir toujours un peu de cendres et des charbons allumés. C'était une obligation sacrée pour le maître de chaque maison d'entretenir le feu jour et nuit. Malheur à la maison où il venait à s'éteindre..... Foyer éteint, famille éteinte étaient deux expressions synonimes.

Ce feu était quelque chose de divin. On lui donnait en offrande des fleurs, des fruits, de l'encens, du vin, des victimes. On réclamait sa protection ; il était la providence de la famille, il s'intéressait à la prospérité matérielle et morale de l'homme.

Culte des morts et culte du foyer étaient dans une relation étroite. Foyer, héros, dieux lares, tout cela était confondu (1). Comme on ensevelissait autrefois les morts dans les maisons, on peut penser que le foyer domestique n'a été à l'origine que le symbole du culte des morts, que sous cette pierre du foyer un ancêtre

____

(1) Tibulle, II, 2. — Horace, *odes*, IV, 11. — Ovide, *Trist.*, III, 13, V. 5.

reposait, que le feu y était allumé pour l'honorer, et que ce feu semblait entretenir la vie en lui ou représentait son âme toujours vigilante (1).

Cette religion primitive avait enfin ce caractère particulier, qu'elle était renfermée dans chaque famille. Le culte ne pouvait être rendu par chaque famille qu'aux morts qui lui appartenaient par le sang. Les funérailles ne pouvaient être religieusement accomplies que par le parent le plus proche. Quant aux repas funèbres qui se renouvelaient ensuite à des époques déterminées, la famille seule avait le droit d'y assister, et tout étranger en était sévèrement exclu. On croyait que le mort n'acceptait d'offrande que de la main des siens. Il ne voulait de culte que de ses descendants. La présence d'un homme qui n'était pas de la famille troublait le repos des mânes. Aussi la loi interdisait-elle à l'étranger d'approcher du tombeau (2). Le culte des morts est le culte des ancêtres.

Chaque famille avait son tombeau où les morts venaient reposer l'un après l'autre, tous ensemble. Les morts continuaient donc à vivre au milieu des leurs et à faire partie de leur famille.

L'ancêtre recevait de ses descendants la série des repas funèbres, c'est-à-dire les seules jouissances qu'il put avoir dans cette vie. Le descendant recevait de l'an-

---

(1) F. de Coul., p. 30.

(2) *Id.*, p. 32 et les notes 1 et 2... Cicéron, *De legib.*, II, 26. Varron, *L.*, *L.*, VI, 13 : *Ferunt epulas ad sepulcrum quibus jus ibi parentare.* Gaïus, II, 5, 6. *Si modo mortui ad nos funus pertineat.* Plutarque, *Solon. Pittacus omnino accedere quemquam vetat in funus aliorum.* Cicér. *De legib.* III. 26. Plutarque, *Solon*, 21. Démosthènes, *in Timor.*, Isée, 1.

cêtre l'aide et la force dont il avait besoin dans celle-ci. Le vivant ne pouvait se passer du mort n'y le mort du vivant. Par là un lien puissant s'établissait entre toutes les générations d'une même famille et en faisait un corps éternellement inséparable (1).

Telle fut cette religion primitive qui va donner à la famille et à la propriété un caractère bien différent de celui qu'elles ont dans les nations modernes.

Groupée autour d'un autel et d'un tombeau où vit un ancêtre divinisé, la famille n'a pour principe unique, ni la génération, ni l'affection, ni la puissance paternelle, mais la religion du foyer et des ancêtres. Elle ne se sépare pas au début en différentes branches, formant des familles à part, et n'ayant plus entre elles de commun que l'origine, mais toutes ces branches réunies en un seul faisceau au fur et à mesure qu'elles naissent, forment une seule association, et cette association n'est autre chose que la gens. Cette unité de la famille était commandée par la religion, puisque toutes ces branches qui formaient cette *gens* descendaient de l'ancêtre commun qu'elles adoraient, et qu'elles ne pouvaient l'adorer qu'en restant dans la famille, en ne devenant pas des étrangères pour elle. Cette idée de la famille antique est confirmée par les traces qu'elle a laissées après qu'elle s'est démembrée. La preuve que la *gens* est la famille primitive se trouve dans le droit de succession que les Douze-Tables lui accordent ; dans ce caractère saillant et très-bien constaté qu'elle a en elle même un culte

____

(1) F. de Coul., p. 34.

comme la *familia* qui est venue se placer a côté d'elle.
Le dieu que la *gens* adore est un ancêtre. « A Rome les
Claudius descendent d'un Clausus ; les Cœcilius hono-
rent le chef de leur race, le héros Cœculus, les Calpur-
nius un Calpus, les Julius un Julus, les Clœlius, un Clœ-
lus » (1). Enfin les termes de la langue confirment ce
système. Le mot *gens* est exactement le même que le
mot *genus*, au point qu'on pouvait les prendre l'un pour
l'autre et dire indifféremment *gens fabia* et *genus fabium* :
tous deux correspondent au verbe *gignere* et au subs-
tantif *genitor*. Tous ces mots portent en eux l'idée de
filiation (2).

La propriété à son tour affecte un caractère particulier,
c'est la propriété privée en ce sens qu'elle est exclusive,
l'opposé du communisme absolu, mais en même temps
elle est collective, c'est une propriété de la famille entière.

Elle a un caractère exclusif. Cela résulte des idées
religieuses elles-mêmes. Chaque maison renferme un
foyer. Ce foyer est une divinité distincte des autres foyers ;
il doit être isolé, c'est-à-dire séparé de tout ce qui n'est
pas lui. Il ne faut pas que l'étranger en approche au
moment où les cérémonies du culte s'accomplissent ni
même qu'il ait vue sur lui. De là le nom de dieux inté-

---

(1) F. de Coul., p. 120. — *Fœstus* V" *Cœculus, Calpurnii, Clœlia.*

(2) *Id.* p. 121. — Ajoutons qu'il n'y a rien dans cette idée de contraire
aux textes qui nous sont parvenus sur la *gens* et en particulier à la
définition que nous donne Cicéron. — Lafferrière, *Histoire du droit civil
de Rome et du droit français,* I, p. 738. — Kœnigswarter : *Organisation
de la famille en France,* p. 101.

rieurs, Penates. Pour que cette règle soit bien observée
il faut qu'autour du foyer, à une certaine distance, il y
ait une enceinte. Cette enceinte marque la limite qui
sépare le domaine d'un foyer du domaine d'un autre
foyer. Chez les Latins l'enceinte s'appelle *herctum*, c'est
l'enclos assez étendu dans lequel une famille a sa maison,
ses troupeaux, le petit champ qu'elle cultive. Enfin chaque famille avait un tombeau commun où ses membres
devaient venir s'endormir l'un après l'autre, et il n'était
pas plus permis d'unir deux familles dans une même
sépulture qu'il ne l'était d'unir deux foyers domestiques
en une seule maison. C'était une égale impiété d'enterrer
un mort hors du tombeau de sa famille ou de placer dans
ce tombeau le corps d'un étranger (1).

Le caractère de propriété privée est manifeste en tout
cela. Les morts sont des dieux qui appartiennent en propre à une famille et qu'elle a seule le droit d'invoquer.
Ces morts ont pris possession du sol ; ils vivent sous ce
petit tertre, et nul, s'il n'est de la famille, ne peut penser à se mêler à eux. Personne ne peut les déposséder du
sol qu'ils occupent, car un tombeau ne peut jamais être
détruit ni déplacé (2).

Mais cette propriété est en même temps collective. Elle
n'appartenait pas exclusivement à tel ou tel membre, à
telle ou telle branche de la famille, mais elle appartenait
à la famille entière. Cela se comprend. La famille est

______

(1) F. de Coul., p. 68. Cicér., *de legib.*, II, 22, II, 26. — Gaïus, II, 6.
Dig., Liv. 47., 12.

(2) F. de Coul., p. 69. — Pline, Lettre X., 73.

rassemblée autour d'un foyer et d'un tombeau communs, à l'intérieur d'une enceinte que nul autre qu'elle ne peut franchir, mais que chacun de ses membres a le droit de franchir. Là doit être la demeure permanente de la famille qu'elle ne songera pas à quitter, à moins qu'une nécessité imprévue ne l'y contraigne. Comme le foyer, elle occupera toujours cette place. Cette place lui appartient, mais elle appartient non pas à un homme seulement, mais à une famille dont les différents membres doivent venir l'un après l'autre mourir là. Les champs, la maison, les troupeaux, étaient donc la propriété commune de la famille, comme le foyer et le tombeau qui les protégeaient.

Telle est la religion primitive. Telle est l'influence qu'elle a exercée sur la famille et la propriété.

Peut-être considérera-t-on que l'auteur accorde aux idées religieuses une trop grande part. On ne peut nier cependant que ses déductions, toutes logiques et rigoureuses, ne reposent sur des données, sinon tout à fait certaines, du moins de la plus haute probabilité, d'autant plus qu'il les soutient par la comparaison de l'état social des peuples de même origine que le peuple romain, et particulièrement des Grecs et des Hindous.

L'étude des mœurs primitives d'autres peuples dont l'histoire nous est plus connue, et appartenant comme Rome à la race aryenne, confirme cette conjecture. Et ce qu'il y a de plus remarquable c'est que chez beaucoup de peuples même de race non aryenne, on rencontre le culte des ancêtres, la famille constituée sur les mêmes bases, et la propriété de la famille, soit encore en vigueur, soit reconnaissable aux traces nombreuses qu'ils ont laissées (1). Ne pourrait-on conclure delà en ce qui concerne en particulier la copropriété de famille qu'elle est une phase nécessaire dans le développement de la propriété, un aspect sous lequel elle se présente avant d'arriver à la propriété individuelle ?

Y a-t-il dans les textes sur Rome quelque chose qui s'oppose à cette dernière conclusion ?

Il paraît que la propriété individuelle existait à l'époque de Numa, puisque le second roi de Rome, au dire des auteurs, opéra un partage des terres conquises, au profit de chaque citoyen : « *Agros quos bello Romulus ceperat, divisit viritim civibus* » (2).

Mais avant, quel était l'état de la propriété ? L'opinion générale, c'est que Romulus aurait fondé la propriété publique du sol romain, il aurait fait un partage entre les trois tribus fondatrices (3).

« Ainsi les différentes races dont se composait la primitive population romaine auraient été cantonnées et isolées sur trois parties séparées et distinctes de l'*ager romanus* qu'elles auraient possédé chacune en commun, comme propriété commune de la tribu et cultivé selon leurs besoins ou leur règlement intérieur. Mais Varron

---

(1) *Summer. Maine*, ancien droit. — De Laveleye. Propriété, — Fustel de Coulanges, Journal *Les Savants*, 1880. — Anatole Leroy-Beaulieu, *Revue des Deux-Mondes*, 15 novembre 1876, p. 241 et suiv. — Fedor Démelic, *Revue de législation*, 1876, p. 271 et s.

(2) Cicér., *De Répub.*, II, § 14. — Denys, *Ant. rom.*, II, § 46. Plutarque, *Numa*, § 16.

(3) Varron, *de ling. lat.*, V, § 55.

lui-même indique une cause d'incertitude dans le fait qu'il rapporte (1) et la division territoriale dont il parle est demeurée complètement inconnue à Tite-Live, qui déclare même qu'il ignore l'étymologie du nom de la troisième tribu, à laquelle Varron a donné pour chef un Lucumon étrusque. D'un autre côté, Denys d'Halicarnasse nous dit que Romulus ayant divisé en dix curies ou phratries, chacune des trois tribus ou phyles qui composaient la population, il partagea le territoire en trente lots, et il en assigna un par le sort à chaque curie, après avoir réservé une part des terres pour fournir aux frais du culte et une autre part pour le domaine public. La possession des terres aurait donc été en commun dans chaque curie ; et il n'y aurait eu de propriété distincte que d'une curie à l'autre et égalité parfaite entre toutes (2). Une division primitive paraît être la base certaine de ces différentes traditions, mais la forme précise de cette division échappe évidemment à nos recherches (3) ».

Il y a donc incertitude sur ces partages, qui d'ailleurs n'avaient peut-être pour objet que les terres conquises. Comment étaient possédées les terres appartenant à ces peuplades avant la conquête ? De plus, ne peut-on considérer le partage entre les tribus et les curies comme un acheminement vers un partage définitif entre les différentes gentes ?

-----

(1) *Sed omnia hœc vocabula Tusca...* Varron, *Ibid.*

(2) Den. d'Hal., *antiq. rom.*, II, § 7.

(3) Giraud, *Droit de propriété,* p. 52 et 53.

Quoi qu'il en soit, les textes sur ce point sont trop incertains pour pouvoir nous être opposés.

En revanche, des traces nombreuses, qu'on considère généralement comme des marques de la copropriété de famille, témoignent de la vérité de cette théorie. Nous les constaterons, quand nous tirerons les conséquences de cet état de choses.

Tel est donc l'aspect de la société primitive. Nous ne prétendons pas tout expliquer par là ; ce serait tomber dans une erreur d'un autre genre. Car si les antiques croyances et leurs conséquences dans la famille et sur la propriété, ont continué pendant longtemps à subsister, même après que les gentes s'étaient réunies pour former les curies, les curies pour former les tribus et les tribus pour fonder la cité, il ne faut pas oublier que des croyances et des institutions nouvelles ayant pris naissance à cette époque devaient, concurremment avec les anciennes, exercer leur influence sur le droit.

Il faudra donc tenir compte de l'existence de l'Etat, et de la surveillance qu'il va exercer sur les familles et sur leur culte.

Essayons maintenant d'expliquer par cette double influence, les institutions de la Rome historique, et en particulier les formes des principaux actes juridiques et les prétendues théories arbitraires qui les accompagnent.

Dans le droit relatif à la famille, les actes formels qui frappent surtout sont le mariage par confarréation et l'adoption ; les théories qu'on qualifie d'arbitraires, sont la parenté et l'autorité du père de famille.

Or, en ce qui concerne le premier de ces actes formels, il

ne faut pas oublier que la femme avait part au culte ; fille, elle assistait aux actes religieux de son père ; mariée, à ceux de son mari. Il s'agit pour la jeune fille qui se marie de bien autre chose que de passer d'une maison dans une autre ; il s'agit d'abandonner le foyer paternel pour aller invoquer désormais le foyer de l'époux. Il s'agit de changer de religion, de pratiquer d'autres rites et de prononcer d'autres prières. Il s'agit de quitter le dieu de son enfance pour se mettre sous l'empire d'un dieu qu'elle ne connaît pas.

Le mariage est donc un acte grave pour la jeune fille, non moins grave pour l'époux. Car cette religion veut que l'on soit né près du foyer pour qu'on ait le droit d'y sacrifier. Et cependant il va introduire près de son foyer une étrangère ; avec elle il fera les cérémonies mystérieuses de son culte ; il lui révélera les rites et les formules qui sont le patrimoine de sa famille.

On voit dès lors de quelle importance était l'union conjugale et combien l'intervention de la religion y était nécessaire. Voilà ce qui explique ces formes du mariage primitif. Il fallait à la femme une sorte d'ordination. On prononce des paroles solennelles. Le père livre sa fille qui va échapper à sa puissance et abandonner son culte pour passer sous la puissance de son mari et embrasser sa religion ; la femme est introduite dans la maison de ce dernier. On lui présente le feu et l'eau. Le feu, c'est l'emblème de la divinité domestique, l'eau, c'est l'eau lustrale qui sert à la famille pour tous les actes religieux. Enfin les deux époux, assis devant le foyer, mangent ensemble un gâteau de fleur de farine (*panis farreus*), symbole religieux de la communauté domestique. Ce sacrifice s'accomplit en présence de dix témoins qui sont peut-être à l'origine des membres de la famille, et à l'époque où la cité est fondée les représentants des dix curies formant la tribu à laquelle appartient la jeune fille. Enfin, toujours après la fondation de la cité, celle-ci étant intéressée à un acte aussi important, le grand pontife ou flamine de Jupiter qui veille sur les cultes privés, préside au sacrifice (1).

Relativement au second acte dont nous avons à parler, l'adoption, les formes qui nous ont été transmises, appartiennent certainement à l'époque où la citée était fondée et où la familia avait une existence indépendante de celle de la gens. S'agit-il de l'adoption d'une personne en puissance, il faudra l'intervention du père de famille qui renoncera à sa puissance, qui détachera son fils de son culte. Cette renonciation se fait au moyen de la mancipation qui, nous le verrons, constitue un acte religieux où figure un prêtre, le libripens. Cet acte est en effet un acte religieux, puisqu'il va entraîner un changement dans les sacra de l'adopté. Enfin, en reconstituera la puissance paternelle au profit de l'adoptant, en présence du magistrat représentant la cité (*in jure cessio*). S'agit-il de l'adoption d'une personne *sui juris*, l'acte est plus important, car c'est un culte tout entier qui va disparaître. La religion tout entière étant intéressée, le collège des pontifes devra approuver le projet d'adrogation.

---

(1) Gaïus, I, 112. — Ulpien, IX. — *Servius* sur Virgile, Georg., I, v. 31.

Enfin la cité devra intervenir puisqu'elle est atteinte dans son organisation par la disparition d'une famille ; aussi l'adrogation se fera dans les comices par curies sous la forme d'une loi (1).

Nous ne pouvons quitter le droit de la famille sans parler de la parenté romaine et de l'autorité du père, dans la famille, lesquelles semblent si arbitraires.

Pour nous modernes, la parenté c'est la relation entre personnes unies par les liens du sang. Quant à l'autorité du père, elle est établie, en ce qui concerne l'enfant, dans un but de protection ; en ce qui concerne la femme, pour maintenir l'unité dans la famille. A Rome, il en est autrement. La parenté consiste dans la réunion des personnes qui sont ou se seraient trouvées sous la même puissance, si leurs ancêtres avaient vécu plus longtemps. Le fils qui échappe à cette puissance par l'émancipation est un étranger pour son père ; on ne tient pas compte des liens du sang. La femme qui, en se mariant, tombe sous la puissance de son mari, devient une étrangère pour son ancienne famille. C'est donc le lien de puissance qui constitue le lien de parenté.

Le père a sur ses enfants un pouvoir absolu qui ne cesse pas quand ceux-ci n'ont plus besoin de sa protection, mais qui dure jusqu'à sa mort. La femme elle-même est soumise à cette autorité, elle est *loco filiæ.*

Ces institutions s'expliquent aussi par l'idée religieuse. C'était en effet la religion domestique qui constituait la parenté. Deux hommes pouvaient se dire parents quand

---

(1) Cicér., *Pro domo*, 13, 14, 29. — Aul.-Gel., V, 19. — Gaïus, 1., 69.

ils avaient les mêmes dieux, le même foyer, les mêmes repas funèbres.

Or, le droit de faire les sacrifices au foyer ne se transmettait que de mâle en mâle. On ne pouvait donc pas être parent par les femmes.

D'autre part, on ne pouvait appartenir à deux foyers à la fois. Le fils ne pouvait donc avoir la religion de son père et de sa mère en même temps. Il tenait tout du père. Sa mère elle-même, si elle était tombée sous la manus de son mari, avait renoncé à sa première religion, elle était une étrangère pour son ancienne famille, de même qu'elle était une étrangère pour ses propres enfants et pour son mari, si elle n'était pas tombée par le mariage sous la puissance de ce dernier.

L'autorité absolue appartient au père parce qu'il est le premier près du foyer ; il l'allume et l'entretient ; il en est le pontife. Dans les actes religieux, il remplit la plus haute fonction ; il égorge la victime et prononce les formules des prières. La famille et le culte se perpétuent par lui ; il représente à lui seul toute la série des ancêtres et de lui doit sortir toute la série des descendants. Sur lui repose le culte domestique. Quand la mort viendra, il sera un être divin que les descendants invoqueront.

La religion ne place pas la femme à un rang aussi élevé. La femme à la vérité prend part aux actes religieux, mais elle n'est pas la maîtresse du foyer. Elle ne tient pas sa religion de la naissance, puisqu'elle n'appartient pas par le sang à la famille de son mari, elle ne représente pas les ancêtres de celui-ci ; à sa mort elle ne deviendra pas à son tour un ancêtre. Elle a seulement été initiée à la religion de son époux par le mariage ; elle a appris de lui la prière qu'elle prononce. Dans la mort comme dans la vie, elle ne compte que comme un membre de son époux. De là sa subordination.

Passons à l'enfant. La nature fait au fils une majorité, la religion ne lui en accorde pas. D'après les antiques principes le foyer est indivisible : tous les parents doivent rester groupés autour de lui ; les frères ne se séparent pas à la mort de leur père ; à plus forte raison ne peuvent-ils se détacher de lui de son vivant. Dans la rigueur du droit primitif, ils restent liés au foyer du père et par conséquent soumis à son autorité. Tant qu'il vit ils sont mineurs. Chef suprême de la religion, le père règle toutes les cérémonies du culte comme il l'entend. Comme prêtre du foyer, il ne reconnaît aucun supérieur même dans la cité. Comme tel, il est responsable de la perpétuité du culte et partant de la famille. Tout ce qui touche à la perpétuité dépend de lui seul. De là une série de droits : droit de reconnaître l'enfant à sa naissance ou de le repousser ; droit de marier sa fille ; droit de marier son fils ; droit d'émanciper, c'est-à-dire d'exclure son fils de la famille ou du culte ; droit d'adopter, c'est-à-dire d'introduire un étranger près du foyer domestique ; droit de juger ses enfants et de les mettre à mort parce qu'il faut que sa descendance se conserve pure. C'est donc de la religion qu'est sortie la puissance paternelle et la conséquence qu'elle entraîne en droit, l'absorption du fils dans la personne du père.

Passons maintenant à la théorie de la propriété, telle

que nous l'avons présentée, et voyons les éclaircissements qu'elle peut fournir sur certains points obscurs.

Nous avons montré que la propriété n'existait pas comme individuelle, mais comme une propriété de la famille. Elle appartenait aux ancêtres et aux descendants. On ne pouvait quitter cette propriété où le culte était assis ; on ne pouvait partager la terre qui renfermait le tombeau des ancêtres et la maison qui abritait leurs images, parce qu'elles ne pouvaient être la propriété d'un seul, mais qu'elles devaient être la propriété de tous. A plus forte raison cette propriété était-elle inaliénable. Il n'y avait qu'un seul propriétaire, c'était la famille, et qu'un seul usufruitier, c'était le père, qui, grand pontife, absorbait dans sa personne, la personne de ses descendants, comme il représentait les ancêtres. Nous rencontrons encore dans le droit romain postérieur une trace de cette inaliénabilité totale dans l'inaliĕnabilité partielle du tombeau (1).

La propriété des anciens romains était donc inaliénable. Mais en quoi consistait leur richesse ? Le sens dans lequel les Romains dirigeaient leur activité au début, nous éclaire facilement sur cette question. « Les Romains furent dès leur origine un peuple essentiellement agriculteur. Les grands s'adonnaient à l'agriculture de préférence à toute autre occupation, et ce soin partageait avec celui de la guerre toute leur attention. Rien ne le prouve mieux que les surnoms de Piso, de Fabius, de Porcius, de Lactucinus, de Cicurinus, de Stolo, etc., qu'on

____

(1) Gaïus, III, 97. — L. 6, § 1. Liv. 18, 1.

trouve joints, dès la plus haute antiquité, aux noms des plus illustres familles de Rome. Le plus bel éloge que l'on put faire à quelqu'un à cette époque, c'est de dire qu'il était un bon agriculteur » (1).

Ainsi les choses qui constituent pour les premiers Romains la véritable richesse, les choses qu'ils considèrent comme les plus précieuses, sont celles qui ont un rapport direct avec la religion ou qui servent le plus à l'agriculture. Leur véritable richesse, ce sont leurs maisons qui abritent les dieux lares et le foyer, leur terres ou reposent les ancêtres et où mûrissent leurs moissons, les servitudes rurales qui se confondent avec le fond et en augmentent l'utilité, enfin les bêtes de trait ou de somme et les esclaves qui servent à faire fructifier les terres et à subvenir aux besoins de la famille. A côté se rencontrent d'autres valeurs sans doute, des troupeaux de brebis ou de porcs, les fruits des arbres, les récoltes des champs, le métal précieux, mais elles n'ont qu'une valeur secondaire dans leur estime, soit parce qu'elles ne sont pas en rapport direct avec la religion, soit parce qu'elles supposent pour exister, l'existence des premières qui en sont la base, soit parce qu'elles sont susceptibles de se renouveler et qu'elles sont aux premières, ce qu'est l'intérêt qui se consomme au capital qui reste. La principale raison, c'est que les premières seules sont la richesse indispensable à la famille. Sans elles, plus de foyer, plus de tombeau, et partant plus de culte ; sans elles plus de revenus périodiques pour entretenir la famille qui est

---

(1) Giraud, *Droit de propriété*, p. 45 et 46.

obligée de se disperser, et d'entraîner, par sa disper-
sion, l'entretien de son culte.

Aussi les valeurs de la première catégorie sont-elles
seules inaliénables. Les secondes sont destinées à être
consommées. Le chef de la gens qui l'administre (1),
plus tard le père, représentant de la famille, en sont
usufruitiers ; ils peuvent en disposer comme bon leur
semble. En ce sens la propriété individuelle existe dans
une certaine mesure à côté de la propriété de famille (2).

Ces choses seront le plus souvent consommées par la
famille. Mais la famille est un cercle trop restreint pour
pouvoir espérer trouver toujours chez elle ce qui lui est
nécessaire. La nécessité de chercher des services en dehors
d'elle a dû se faire sentir même dans ces temps reculés.
Une famille manque de certaines choses indispensables à
la vie : elle possède au contraire au-delà de ses besoins
d'autres choses également nécessaires ; elle s'entendra
avec une famille voisine et lui cédera son superflu pour
obtenir d'elle ce qui lui manque. En tout temps on a dû
pratiquer l'échange.

Quand on eut découvert le métal précieux et son utilité,
on obvia aux inconvénients naturels de l'échange, en

---

(1) Suétone, Tibère, 1. « *Atta Claudius gentis (Claudiœ) princeps*. —
Den. d'Halic, IX, 5. — Fustel de Coulanges. p. 119. — Giraud, *des
gentiles, Revue de législat.*, 1846; III, p. 421.

(2) Chez les peuples où la copropriété de famille est encore en vigueur,
un état analogue se rencontre. Les immeubles et certaines choses mobilières sont inaliénables ; les autres choses mobilières peuvent faire l'objet
d'un acte de disposition. — Voir l'ouvrage de MM. Anoton, général de
brigade et Letourneur, conseiller à la cour d'Alger, sur *les Kabyles* et *les
coutumes Kabyles*. — Paris, 1872.

acquérant ce dont on avait besoin au moyen de cette valeur commune des choses.

Mais il arrivait souvent qu'une famille fut dans le besoin et que le père manquât de métal précieux pour se procurer les choses nécessaires à la vie. Comment les acquerra-t-il, s'il n'a d'autres biens que ses terres, sa maison et les autres choses considérées comme la propriété de la famille ? Il ne peut se procurer de l'argent en échange de ces choses, puisqu'elles sont inaliénables. S'en procurera-t-il moyennant la promesse de sa récolte future ? Un avantage aussi reculé et aussi ploblématique ne pouvait contenter un Romain, positif et avare. Le père était donc obligé de vendre sa propre personne contre de l'argent, il se donnait lui même en garantie de sa dette.

Mais un tel acte avait une trop grande importance au point de vue de la religion pour que celle-ci n'y intervint pas. Si c'était le père qui s'engageait lui-même, ou si c'était un autre membre de la famille, le culte était exposé à perdre son prêtre et la famille un de ses membres. Aussi l'acte se faisait-il avec l'intervention de la religion et de la famille intéressées, en présence d'un prêtre, le libripens ou porte-balance, charger de peser le métal, et devant cinq témoins. Ces témoins étaient peut-être à l'origine des membres de la famille du débiteur permettant l'engagement et garantissant son exécution, peut-être quand l'Etat fut fondé des représentants des cinq classes du peuple (*classici testes*) (1).

---

(1) Les auteurs modernes n'acceptent pas tous cette idée que le *nexum* était la vente de sa propre personne par le débiteur. Cela résulte

. Il semble que cette sorte de vente n'a dû faire son apparition qu'après la fondation de la cité, puisqu'elle suppose une force impartiale qui en garantisse l'accomplissement. La nécessité cependant à dû se faire sentir bien avant ; peut-être la sanction de l'acte se trouvait-elle dans le respect de la famille pour une promesse consacrée par la religion elle-même.

Quoi qu'il en soit, quand l'Etat fut créé, cette vente de sa personne par le débiteur, fut sanctionnée par la force publique. Et dès ce moment le débiteur qui empruntait n'eût même plus besoin d'engager immédiatement sa personne pour la garantie de sa dette; car le droit consacrant sa promesse, permettait au prêteur, sinon d'exécuter les biens de son emprunteur qui étaient toujours ina-

---

cependant des textes : Tite-Live, VIII, 28. « .... *cum se C. Publilius ob œs alienum paternum nexum dedisset....* » — Valère-Maxime, VI, 19. « *... T. Veturius... propter domesticam ruinam et grave œs alienum C. Plotio nexum se dare coactus...* » — Varron, *de ling. lat.*, VII, § 105. « *Liber qui suas operas in servitutem pro pecunia quam debebat, dat, dum solveret, nexus vocatur, ut ab œre oberatus.* » Varron parle ici d'*operœ in servitutem datœ,* parce qu'il n'a en vue que l'effet passager de l'opération qui est dans l'intention des parties, le débiteur ne devant rester *nexus* que jusqu'à l'acquittement de la dette, *dum solveret.* Mais il est indubitable que c'est la personne même qui est *nexa* et non pas seulement la *operœ.*

Cet engagement de la personne même du débiteur peut encore se soutenir autrement. Ne résulte-t-il pas de la loi *Petilia Papiria de nexis.* « *Pecuniœ creditœ, bona debitoris non corpus obnoxium. Ita nexi soluti,* etc , (Tite-Live, VIII, 28.) Or la loi *Petilia* date du 5e siècle. La *bonorum venditio* ou exécution sur les biens date de son côté de la fin du VIe ou de la première moité de VIIe siècle. La servitude du *addicti* a donc continué à subsister jusqu'à cette dernière époque et ce que la loi *Petilia Papiria* a supprimé, c'est l'engagement de la personne du débiteur sans l'intervention de la justice.

Voir dans l'ouvrage de M. Tambour : *Des voies d'exécution dans le Droit romain et de l'ancien Droit français,* l'exposé des divers systèmes sur les effets et sur l'origine du *nexum,* pages 7 et suiv.

liénables, du moins d'exécuter sa personne, au moyen
d'une procédure rigoureuse, sauvage même, qui s'appelait la *manus injectio* (mainmise sur la personne du débiteur), et qui, en cas de concours de plusieurs créanciers,
permettait à ceux-ci de se partager le corps de leur débiteur commun.

L'opération, entraînant ces résultats, s'appelait *nexum*
(de *nectere*, nouer, lier étroitement), et le débiteur
s'appelait *nexus*.

Cet acte, dont l'origine est si peu connue, s'explique
donc par l'ancienne copropriété de famille et l'inaliénabilité du patrimoine.

Cette inaliénabilité ne dura pas toujours. Bien avant
l'époque des Douze-Tables, elle a dû disparaître. Suivant
certaines personnes, d'après quelques textes déjà cités (1),
il faudrait faire remonter la propriété individuelle au
roi Numa. L'inaliénabilité disparut sous l'influence de
causes diverses que nous n'avons pas à examiner ici, et
dont la plus importante fut sans doute l'oubli de sa première raison d'être, le culte privé, contrebalancé par les
cultes nouveaux de la curie, de la tribu et de la cité.
Quoi qu'il en soit, des aliénations se produisirent ; la propriété individuelle passa dans les mœurs et le législateur la consacra, mais comme à regret, c'est-à-dire que
pour rendre ces aliénations plus difficiles et partant
moins fréquentes, par respect en un mot pour l'ancienne
copropriété de famille qui allait en s'évanouissant pour

---

(1) Cicér., *De Répub.*, II, § 14. — Denys, *Ant rom.*, II, § 46. Plutarque,
Numa, § 16.

faire place à la propriété individuelle, il les entoura de formes qui sont un souvenir de l'ancien état de choses. La religion intervint pour permettre ce qu'elle défendait autrefois, réprésentée par le libripens, personnage religieux; cinq témoins assistaient à l'acte, peut-être sont-ce au début des parents qui se portent garants de l'aliénation (1), peut-être ces témoins ne sont-ils que des représentants de la cité, des cinq classes du peuple. Cette cérémonie s'appela la mancipation. Si l'aliénation s'était produite en dehors de ces formes, elle était nulle et la revendication était permise à l'aliénateur.

De là vient la distinction entre les *res mancipi* et les *res nec mancipi* sur laquelle on a construit tant de systèmes (2).

De là aussi l'origine de la distinction en domaine quiritaire et en domaine bonitaire qui devait se présenter plus tard (3).

Les formes de la mancipation ont donc été empruntées au *nexum*, puisque celui-ci supposant l'inaliénabilité, a paru le premier. Nous retrouverons du reste ces formes appliquées dans tous les cas où il s'agira d'aliénation ou

______

(1) Chez les peuples ou la copropriété existe encore, les plus proches parents jouant le rôle de témoins, interviennent dans l'acte. — De Laveleye, *op. cit.*, p. 164 et suiv., 167.

(2) Voir l'exposé de ces systèmes dans Blondeau, *Chrestomathie*, p. 196; en note, 197 et 198. — Voir aussi l'explication ingénieuse de M. de Fresquet, reprise par M. Huc. — Fresquet, *Revue historique*, 3e année, 1857, p. 509. — Huc, *Recueil de l'Académie de législat. de Toulouse*, 1861, p. 42 et suiv.

(3) Ainsi s'explique le texte de Gaïus : *Sequitur ut admoneamus*, etc. (II, §§ 40 et 41.) — Explicat. contraire de Huc, *Eod.*, p. 38.

d'acquisition de propriété, de droits réels ou de puissance. On comprend maintenant que frappés par cette
idée que le *nexum* était la source originaire des principaux actes juridiques, que s'attachant plus à l'élément
extérieur qu'à l'effet produit, les jurisconsultes et les
écrivains d'une époque postérieure, détournant le mot
nexum de son véritable sens, en aient donné ces défini-
tions : « *Nexum est quod per œs et libram agitur...* » (1);
« *Nexum Mamilius scribit omne quod per libram et œs
geritur...* » (2). « *Nexum est, ut ait Gallus Ælius, quod
cumque per œs et libram geritur, idque nuti dicitur, quo
in genere sunt hæc : testamenti factio, nexi datio, nexi
liberatio* » (3). Voilà pourquoi la mancipation est appelée
traditio nexu, jus nexi (4). Voilà pourquoi Cicéron nous
dit en parlant des choses acquises par mancipation :
« *Mancipia quœ sunt dominorum facta nexu* » (5).

Quand l'aliénabilité et la propriété individuelle prirent
naissance, la gens avait dû se démembrer, et ses différentes branches se séparer pour former souche à part et
fonder une association plus restreinte, la familia. Dans
cette petite société, le père, prêtre du foyer nouveau
qu'il avait fondé, en l'allumant au foyer commun de la
gens, absorba la personnalité de ses enfants dans la
sienne, et la propriété reposa sur sa tête.

----

(1) Cicér., *De orat.*, III, 40.
(2) Varron, *De linguâ lat.*, VII, 105.
(3) *Festus* V⁰ *Nexum*.
(4) Cicér., *Topic*, 5 ; *De harusp. resp.*, 7.
(5) Cicér., *Paradoxa*, V, 1.

Maïs nous avons vu déjà qu'on ne passa pas brusquement de l'ancienne copropriété de la famille à la propriété individuelle, et que par une sorte de transaction entre l'ancien état et le nouveau, les aliénations furent entourées de formes, dont le but était de les rendre plus difficiles. On s'éloignait à regret des institutions primitives. Le même esprit se fait sentir dans les successions soit *ab intestat,* soit testamentaires, c'est-à-dire à propos des modes de transmission de la propriété à titre universel.

Tant que la copropriété de famille avait subsisté, il n'était pas question de succession, puisqu'une famille à la différence des individus ne meurt pas. Quand la propriété reposa sur la tête du chef de la familia, il fallut songer à sa dévolution.

Or, nous allons observer que l'ancienne copropriété de la gens a laissé des traces puissantes dans l'ordre des successions.

La copropriété en effet ne disparut pas complètement ; seulement au lieu d'appartenir à la gens, elle se restreignit à la familia. Le père fut regardé comme copropriétaire avec ses enfants du patrimoine de celle-ci. Déjà du vivant du père, le fils était copropriétaire du patrimoine : *Etiam vivo patre quodammodo, dominus existimatur* (1), de sorte qu'à la mort du père, il recueille moins une succession, il acquiert moins une propriété nouvelle qu'il ne prend la libre administration de biens qui lui appartenaient déjà : *Itaque post mortem patris non hereditatem percipere videtur; sed magis liberam*

____

(1) Gaïus, II, § 157.

bonorum administrationem consequitur (1). De là le nom sous lequel on le désigne, il est *heres suus :* il se succède en quelque sorte à lui-même. Il est aussi héritier nécessaire, c'est-à-dire qu'il n'a ni à refuser, ni à accepter l'héritage. Qu'il le veuille ou qu'il ne le veuille pas, la succession lui incombe quelle qu'elle puisse être, avec ses charges et ses dettes. Ni le bénéfice d'inventaire, ni le bénéfice d'abstention ne sont connus au début, et cela se comprend, puisqu'il n'y a pas à proprement parler de succession, qu'il n'y a pas du père au fils de transmission de propriété, de droits ou de charges, mais continuation d'une situation antérieure : *In suis heredibus evidentius apparet continuationem dominii ea rem perducere, ut nulla videatur hereditas fuisse* (2).

C'est aussi en conséquence de cette idée de la copropriété de la *familia*, laquelle n'est elle-même qu'un diminutif de l'ancienne copropriété de la gens, que les héritiers siens ont la saisine, c'est-à-dire sont investis dès le jour de la mort du père de famille, non seulement des droits, mais aussi de la possession des choses corporelles faisant partie de l'hérédité, sans qu'ils aient besoin de faire adition (3).

Quoi qu'il en soit, la délation de l'hérédité aux héritiers siens, devenant maîtres exclusifs du patrimoine, est une première satisfaction donnée à la propriété individuelle.

---

(1) L. 11, Liv. 28, 2.

(2) *Eod.*

(3) Gaïus, II, § 58. — Nouvelle leçon de M. Studmund. — Voir le travail de notre savant et regretté maître de la faculté de Nancy, M. Dubois : *La saisine héréditaire en droit romain.*

On lui en donne une seconde en déférant l'hérédité aux agnats à défaut d'héritiers siens. Il faut entendre ici par agnats les parents en ligne collatérale du défunt, qui ont avec lui un auteur commun sous la puissance duquel ils se seraient tous trouvés, si cet auteur commun avait vécu plus longtemps (1).

L'hérédité à défaut d'héritiers siens est donc déférée à l'ordre des agnats, mais elle n'écheoit pas à tous ensemble : « *Non tamen omnibus simul agnatis dat lex hereditatem, sed iis qui tunc proximiore gradu sunt, quum certum esse cœperit aliquem intestatum decessisse* (2). Le plus proche agnat seul recueille l'hérédité tout entière, peu importe d'ailleurs le degré auquel il se trouve par rapport au défunt, « *etiam longissimo gradu* » (3).

Mais il y a ceci de remarquable que l'ordre des agnats ne recueille l'hérédité qu'une fois. La dévolution n'est pas admise dans cet ordre et si l'agnat le plus proche devient incapable, avant d'avoir fait adition, ou répudie l'hérédité, elle ne passe pas à l'agnat du degré subséquent, mais à l'ordre des gentiles (4).

Jusqu'ici cette particularité est restée sans explication. Certains auteurs ne pouvant résoudre la difficulté, la tournent en niant l'existence de la règle, sinon à l'époque classique, du moins à l'origine. On ne comprend pas,

------

(1) Gaïus, III, §§ 10 et 11. — I. 156 et suiv. — Inst., III, 2, § 1.

(2) *Inst. eod. in fine.*

(3) *Inst. eod.*, § 3, première phrase.

(4) Gaïus, III, § 12 et 22.

disent-ils, qu'une telle doctrine qui aurait pour conséquence l'exclusion des agnats subséquents par les gentiles, évidemment moins favorables qu'eux, ait pu être
admise (1). Mais cette opinion ne tient pas, et il faut
bien accepter l'affirmation de Gaïus.

Dans notre théorie, la difficulté se résoud facilement.
Voici la marche suivie dans l'ordre des successions. La
propriété individuelle se développant, on la consacre en
faisant venir en premier lieu les héritiers siens qui re-
cueillent à l'exclusion de tous autres, puis en second lieu
l'ordre des agnats, mais on ne la défère qu'une seule
fois à l'agnat le plus proche, et s'il refuse ou devient incapable considérant ces exceptions à la propriété de famille, et partant cette satisfaction donnée à la propriété
individuelle comme suffisantes, on revient à l'ancien
état, à la propriété de la famille, en opérant la dévolution de l'hérédité au profit du troisième ordre d'héritiers,
c'est-à-dire des gentiles. Ces gentiles sont la grande famille agnatique, dont la vocation est collective ; il re-
cueillent comme groupe. On considère généralement les
gentiles comme des individus et on croit que la succession est dévolue au *proximus gentilis*, comme dans l'ordre des agnats, elle est dévolue *agnato proximo*. C'est
une erreur ; tous les textes qui parlent de cette vocation
de la gens, s'expriment au pluriel. Gaïus nous dit :
« *Si nullus agnatus sit, eadem lex duodecim tabularum gentiles ad hereditatem vocat* » (2).

---

(1) Accarias, II, n⁰ 425, p. 31.
(2) Gaïus, III, § 17.

Dans la *collatio legum mosaïcarum et romanarum*, nous rencontrons le même terme (1). Nous y trouvons ailleurs un passage d'Ulpien dans lequel il est dit « *gentiles familiam habento* » (2). Aujourd'hui cette lecture est universellement admise par les auteurs.

Ce qui nous confirme dans l'idée d'une vocation collective, c'est la comparaison des successions avec la tutelle. En cette matière, c'est la gens qui a la tutelle et c'est le princeps *gentis* qui l'administre. Or, on s'accorde à reconnaître en vertu de la maxime : *Ubi emolumentum, ibi debet esse onus*, que les règles sur la dévolution des successions sont calquées sur les règles de la dévolution de la tutelle ; on peut donc penser que la gens recueillait en la masse succession et que le princeps *gentis* l'administrait comme propriété de la famille.

Ainsi s'explique, d'une façon naturelle, la théorie romaine sur les successions *ab intestat*. Dans cette théorie, la part est encore faite à l'ancienne copropriété de la gens, et à l'inspection des ordres d'héritiers établis par la loi, nous pouvons constater d'une manière positive, la coexistence de la propriété individuelle naissante et de la propriété collective sur son déclin. On donne ainsi satisfaction au progrès tout en respectant les anciennes institutions.

Dans la matière des testaments, l'innovation est plus radicale, et ce serait là un indice que les successions *ab intestat* ont précédé les successions testamentaires ;

______

(1) Tit. 16, ch. 4, n⁰ 17.
(2) Tit. 16, chap. 4, n⁰ 2.

la propriété individuelle est définitivement sanctionnée,
et de la manière la plus absolue. Le *pater familias* peut
disposer de son patrimoine comme il l'entend, même au
profit d'un étranger. Toutefois la rupture avec les anciens
principes de l'inaliénabilité n'est pas aussi complète et
aussi hardie qu'on pourrait le supposer d'abord et les
formes gênantes dont le testament est entouré au début
nous montrent que le législateur ici encore a essayé, par
respect pour les antiques usages, de rendre les transmis-
sions moins fréquentes, en les rendant plus difficiles. Le
testament en effet n'est ni plus ni moins qu'une loi. Il
faut qu'une décision des comices par curies, c'est-à-dire
du peuple assemblé le permette. L'intervention des
pontifes est de plus nécessaire. Les formes du testament
sont donc plus difficiles que celles de la mancipation et
cela s'explique aisément, quand on songe que la mancipation n'est que l'aliénation d'un objet particulier, tandis
que le testament est la transmission d'un patrimoine
entier, et que les *sacra* de la famille placés sous la
surveillance des pontifes, pouvaient passer en des mains
étrangères. L'Etat et la religion sont donc intéressés dans
cet acte, aussi faut-il que l'un et l'autre l'autorisent. La
nécessité de cette intervention est une trace de la
copropriété de famille. Elle nous montre l'existence
antérieure du principe de l'inaliénabilité puisqu'il faut
une loi pour permettre l'aliénation.

Les formes du testament et de l'adrogation sont les
mêmes. L'une et l'autre opération peuvent avoir les
mêmes effets, faire passer le patrimoine et les *sacra* de

la famille entre des mains étrangères. Or, un étranger ne pouvait prendre part au culte de la famille ; les ancêtres, nous l'avons dit, ne veulent recevoir de culte que de leurs descendants. Il fallait donc qu'une cérémonie religieuse fît l'étranger membre de la famille et cette cérémonie n'était autre que l'adrogation. Peut-être à l'origine se confondait-elle avec le testament, puisque celui-ci peut avoir pour résultat la transmission des *sacra* au profit d'un étranger (1).

Peut-être enfin la vielle règle : *Nemo partim testatus, partim intestatus decedere potest*, s'expliquerait-elle par le désir du législateur de rendre le testament plus difficile ; ou encore par l'indivisibilité qui existait autrefois entre la propriété de la famille et son culte et que Cicéron rappelle encore, bien qu'elle ne soit plus respectée à son époque. « La religion prescrit, dit Cicéron, que les biens et le culte de chaque famille soient inséparables et que le soin des sacrifices soit toujours dévolu à celui à qui revient l'héritage » (2).

Avant la fondation de l'Etat, la gens, qui était la seule forme de société, était chargée de se protéger elle-même et de protéger chacun de ses membres. Elle se faisait justice à elle-même et le délinquant, pour échapper à la vengeance privée, n'avait d'autre ressource que la composition ou wergeld. Aucun texte ne nous dit qu'on a rencontré cet état de choses à Rome, et cependant on est convaincu qu'il a existé. L'organisation des peines telle

---

(1) Riviers, Success. 1, note 1.
(2) Cicér., *De leg.*, II, 19. — *Festus* Vº *Everriator*.

que nous la connaissons, nous le prouve. C'est qu'en effet, les actions pénales sont dans le patrimoine des particuliers, ce sont des obligations *ex delicto*. La loi des Douze-Tables suppose bien du reste l'existence de la composition : « *Ni cum alio pascit* ». Or, on considère le wergeld comme une trace de la copropriété de famille. Ce dernier point de vue confirmerait donc notre théorie.

Mais à partir du moment où l'Etat fut fondé, on a dû cesser d'abandonner aux particuliers le soin de sauvegarder leurs intérêts (1). Le roi fut chargé de trancher les contestations qui survenaient entre eux (2). Dans quelle forme ? On peut affirmer sans trop de témérité que c'est dans la forme du *sacramentum* qui n'est guère moins ancienne que Rome elle-même (3). Droits de famille, droits de propriété et droits d'obligation étaient également garantis par cette forme générale de procédure. A considérer de près ce mode d'agir en justice, il semble que ceux qui accusent le droit romain de formalisme et d'arbitraire, doivent ici remporter un facile triomphe. Il n'est cependant pas impossible de montrer que ces formalités en apparence ridicules étaient à l'origine des actes fort sérieux et fort naturels. Ces formalités nous indiquent en effet que *l'actio sacramenti* doit son origine au sentiment d'indépendance individuelle qui s'oppose à ce que l'autorité sociale intervienne dans les affaires privées sans l'aveu du citoyen que la chose concerne. « Quand le

----

(1) L. 176, Liv. 50, 17.

(2) Cicér., *De Repub.*, V, 2; Denys d'Halic., IV, 25.

(3) En ce sens, M. Accarias, II, n° 741.

quirite commet un méfait qui lèse la communauté entière, il est tout naturel que le peuple ou ses représentants agissent à l'effet de punir le coupable. Mais de quel droit jugerait et condamnerait-on un citoyen dont un simple particulier prétend avoir à se plaindre ? Pour que cela puisse se faire, il faut que le citoyen ait consenti à se soumettre au jugement (1). La *legis actio per sacramentum* nous montre comment cette soumission a pu être obtenue. Deux guerriers se disputant un prisonnier de guerre, en viennent aux mains. Le roi, attiré par l'altercation, leur ordonne dans l'intérêt de la discipline militaire, de lâcher l'objet de la contestation et s'informe des causes de la lutte. Chacun prétend que l'esclave lui appartient. Si l'on veut empêcher que le désordre ne se renouvelle, la question doit être vidée. L'un des rivaux en appelle à l'honneur de l'adversaire, en le provoquant à un pari : Je te provoque et gage 500 as que l'esclave m'appartient. L'autre, à moins de se déshonorer aux yeux des commilitons, ne saurait refuser la provocation ; il accepte la gageure. L'enjeu est déposé et le roi, assisté des guerriers présents, est appelé à juger le pari. Mais en jugeant le pari, on décide en même temps implicitement la question de propriété.

La partie victorieuse n'a pu gagner que si l'objet litigieux est reconnu lui appartenir. Voilà le moyen trouvé de faire dériver de l'autorité militaire du chef, la

---

(1) *Neminem voluerunt majores nostri non modo de existimatione cujusquam, sed ne pecuniaria quidem de re minima esse judicem, nisi qui inter adversarios convenisset.* Cicér., *Pro Cluentio,* 43.

juris dictio sur les contestations entre particuliers. Le besoin fit de ce mode un usage constant que la loi elle-même finit par sanctionner. Quand, par la pratique journalière, on se fut ainsi habitué à considérer cette *juris dictio* comme une attribution naturelle de la magistrature suprême, on dépouilla le procédé usité de ce qui était devenu superflu ; la lutte dégénéra en symbole pour nous servir de l'expression moderne ; le pari originairement essentiel devint une pure formalité qui se simplifia de plus en plus et finit par disparaître entièrement » (1).

Nous venons d'esquisser à grands traits et de synthétiser toute la théorie romaine sur le droit privé. Nous avons abordé de cette façon les principales difficultés à propos desquelles le droit romain a été accusé de formalisme et d'arbitraire. Il résulte de cet aperçu que les théories, loin d'être le produit d'un caprice, étaient imposées par l'état social d'alors.

Nous avons aussi, chemin faisant, signalé les actes juridiques qui ont le privilège d'exciter le plus l'étonnement des écrivains modernes, en essayant de montrer combien les formes qui les entourent s'expliquent d'une façon naturelle au début. Nous connaissons les motifs de l'intervention dans ces actes, soit de la religion, soit de la puissance publique. Certains actes matériels, comme le pesage dans le *nexum* et la mancipation étaient forcés, puisque la monnaie n'existant pas encore, le métal se pesait, au lieu de se compter. Quant aux paroles que devaient prononcer les parties en présence, nous avons

---

(1) Maynz, I, p. 490, 491.

omis d'en parler jusqu'ici, parce que l'observation qu'il nous reste à faire est commune à tous les actes juridiques. Ces paroles devaient être déterminées à l'avance, elles contituaient des formules consacrées, et qu'y a-t-il là d'étonnant ? L'acte ayant un caractère religieux, les paroles à prononcer devaient être réglementées comme les rites de la religion, comme la prière qui n'était agréable aux dieux, qu'autant qu'elle était exactement récitée.

Si la forme existe à Rome, on peut donc soutenir que le formalisme, c'est-à-dire la forme sans cause, y était inconnu à l'origine. On a cependant prétendu le contraire ; mais cela tient à ce qu'on a interrogé, pour expliquer ces formes, les institutions d'une époque qui ne les avait pas vu naître. Conservées après qu'elles avaient perdu toute signification, soit par suite de l'attachement des Romains pour les institutions des ancêtres, soit par suite de l'impossibilité de les abroger législativement, ces formes jurant avec les institutions nouvelles, ont été déclarées arbitraires, mais nous avons vu que c'était à une époque plus reculée qu'il fallait demander leur raison d'être.

Etudions maintenant la forme en elle-même, et nous verrons que de tous temps les juristes s'en sont préoccupés ; qu'elle a toujours constitué pour eux une partie importante du droit ; qu'elle a été soumise à des lois, et qu'ils ont su l'élever dans son élément principal, c'est-à-dire dans les mots, à la hauteur d'un art juridique.

DEUXIÈME PARTIE

Etude de la forme en elle-même.

Avant d'aborder l'étude des lois de la forme, il est nécessaire de décomposer cette dernière en ses divers éléments, à raison de l'importance particulière de l'un d'eux qui doit surtout nous occuper.

Actions, signes et mots, tels sont les éléments que l'on rencontre dans les actes formels. Les deux premiers constituent la partie matérielle de l'acte, le dernier en constitue la partie parlée. Les plus importants parmi ces matériaux sont, sans contredit, les mots. On peut faire ressortir l'importance du mot comparée à l'importance des signes et actions, en disant que le premier est l'élément essentiel, le centre sur lequel repose l'acte tout entier, tandis que les seconds constituent une simple ornementation, un pur hors-d'œuvre. Aussi la moindre omission dans les mots entraîne-t-elle la nullité de l'opération tout entière. Une autre preuve de cette différence d'importance, c'est qu'on peut rencontrer des rapports dans lesquels le mot suffira à lui seul, comme dans la stipulation, tandis qu'on n'en trouve pas où les signes et actions soient suffisants indépendamment du mot. Enfin les actions et les signes doivent leur origine à la vie et à l'usage. Ce sont des actes de la vie quotidienne, maintenus par amour du passé, alors qu'ils n'avaient plus aucune signification. Le mot, au contraire, est dans son perfectionnement l'œuvre de la jurisprudence. Chaque mot trahit la main du juriste, c'est avec son aide que les prudents ont construit ces formules, ce style lapidaire qui rendaient les nuances les plus délicates des rapports de droit. On peut dire de la forme considérée au point de vue du mot qu'elle est une création juridique consciente et calculée, une langue profondément méditée.

a — *Signes et actions*. — Envisagées sous cet aspect, les formes peuvent se ramener à trois catégories : formes symboliques, représentatives et résiduelles.

Les formes symboliques sont celles qui ont pour but de représenter d'une manière sensible les choses de l'intelligence, les idées. Le symbole est l'expression sensible de ce qui est abstrait. C'est ainsi, par exemple, que la lance est le symbole de la propriété, parce qu'elle exprimait quelque chose d'intellectuel : le pouvoir juridique et la domination du propriétaire. Les symboles ne sont pas rares chez les Romains : La vie de ce peuple est riche sous ce rapport (1). Nous nous bornerons à en donner quelques exemples. Si la lance est le symbole de la propriété, elle est aussi le symbole du combat ; jetée par dessus la frontière ennemie, elle est une déclaration de guerre. Les fasces avec la hache entre les mains des licteurs sont l'expression du droit de vie et de mort qui appartient aux consuls. Le feu et l'eau sont les symboles de la communion religieuse, le pain est celui de la communauté domestique ; de là leur emploi dans la célébration

---

(1) Voir sur ce point les exemples nombreux donnés par Ihering, III, p. 246 et 2. Ceux que nous citons lui sont empruntés.

du mariage par confarréation. La charrue est le symbole naturel de la vie à poste fixe, c'est pour cela qu'on trace au moyen d'une charrue les limites d'une ville nouvellement fondée ; à l'endroit où seront les portes, on lève la charrue pour indiquer que la sortie est libre.

La tête est considérée comme le siège de la capacité et de la personnalité juridique. Aussi leur donne-t-elle son nom (*caput, capitis deminutio*). Le front est le siège de la pudeur, un voile couvre le front de la fiancée ; un fer rouge marque celui du calomniateur. L'oreille est le siège de la mémoire, on tire l'oreille du témoin pour exciter son souvenir.

La main est l'organe qui, après la langue, exprime le mieux la pensée humaine. Tendre la main à l'ennemi est le signe du pardon ; on se frappe dans la main en gage de fidélité dans les promesses (*Mandat*). Les mains des deux époux sont unies dans les noces ; on implore les dieux en tendant les mains vers le ciel. La main est le siège véritable de la force physique active : elle devient ainsi l'instrument, le symbole de la puissance juridique (*Manus*). L'appréhension du débiteur dans l'exécution personnelle, est peut-être le signe de la puissance qu'on prétend avoir sur lui.

Si le symbole est l'expression sensible de ce qui est abstrait, ce terme devient impropre quand il s'agit de désigner une forme tendant à représenter une chose qui, à son tour, est sensible. Nous avons dit que la lance est le symbole de la propriété, parce qu'elle représente quelque chose d'abstrait, la puissance juridique du maître, mais la baguette (*vindicta, festuca*) employée à la place de la lance, n'est plus un symbole, car elle n'exprime pas une idée, mais représente quelque chose de sensible, de matériel, la lance dont on se servait autrefois et dont on a cessé de se servir. La baguette est une représentation de la lance ; la forme est ici représentative. Ainsi quand les trente curies ne s'assembleront plus, trente licteurs en seront, non le symbole, mais la représentation. Ainsi dans l'action en revendication, la glèbe du champ (*gleba*), la tuile détachée de l'édifice (*tegula*), la motte de terre (*pars pro toto*), que l'on apporte dans le prétoire, sont des représentations de l'immeuble litigieux, sur lesquelles on accomplira les formalités prescrites, qu'on allait jadis avec le magistrat remplir sur les lieux mêmes (1). De même la marche apparente vers le fonds que le prêteur invitait les parties à exécuter dans la revendication, n'était pas un acte symbolique, mais un acte représentatif, rappelant la marche réelle vers le fonds. Enfin, dans la revendication, la *manuum consertio* n'est pas un symbole, mais la représentation d'une bataille réelle dans l'origine (2).

Les formes représentatives ont une signification. Elles conservent le souvenir du passé, rappellent des actes qui s'accomplissaient autrefois et sont établies intentionnellement pour en conserver la mémoire. Mais les formes résiduelles, dont il nous reste à parler, ont le caractère d'être dépourvues de toute signification. Ce sont des ves-

---

(1) Cicér., *Pro Murena*, 12. Gaïus, IV, § 17.
(2) Aulu-Gelle, 20, 10.

tiges du passé, des attestations de certaines coutumes, actions, institutions, modes de vie, auxquels on n'avait jamais reconnu le caractère de formes déterminées, mais qui se sont conservés religieusement dans certaines circonstances, tandis que partout ailleurs ils avaient disparu, sans toutefois avoir plus de signification qu'ils n'en avaient au début. J'emprunte à lhering quelques exemples qui feront disparaître le vague de cette définition (1). Il paraît qu'autrefois, en Angleterre, il était de mode de porter d'énormes perruques : cette mode s'est perdue peu à peu. Cependant le *Speaker* de la chambre des communes portent encore de nos jours cette énorme perruque que lui a léguée l'époque ancienne, tandis qu'elle est tombée de toutes les autres têtes. La ville de Hambourg nous offre, paraît-il, un exemple analogue : elle a conservé comme tradition du passé, l'usage des perruques pour certaines occasions, par exemple, pour les funérailles.

Les plus anciennes espèces de grains qu'aient connues les Romains, étaient l'épeautre (*far*) ; ils en faisaient une pâte qui leur servait de pain. Ce pain servait dans le mariage par confarréation comme symbole de la communauté domestique. Plus tard d'autres espèces de grains s'introduisirent, le pain se prépara autrement que l'ancien ; on maintient cependant dans le rite religieux, l'usage du pain primitif, préparé de la façon originale (2). Nous avons vu aussi que la future portait dans les noces

____

(1) Ihering, III, p. 194.
(2) Pline, *Hist. nat.*, XVIII, 19 ; Arnob., VII, 26.

un voile jaune (*flammeum*). Depuis longtemps la mode connaissait de meilleurs tissus, mais la future et la prêtresse n'abandonnaient pas la forme antique, de même que le prêtre continuait à porter des vêtements de laine (1). A l'époque primitive, quand le métal se pesait, on était contraint de se servir d'une balance. L'invention de la monnaie entraîna l'abandon de cette formalité ; cependant dans le *nexum* et la mancipation on conserva, sinon le pesage, du moins l'airain et la balance.

Toutes ces formes sont des restes, des vestiges d'usages anciens qui n'avaient rien que de très naturel lors de leur apparition. La forme n'a donc ici aucune signification *à priori.* Si le pain, en effet, est le symbole de la communion domestique, ce n'est pas parce qu'il est fait de telle ou telle pâte ; de même si la mariée se voile le front en signe de pudeur, peu importe la qualité du tissu.

Ce qui donne à ces usages tombés d'une manière générale en désuétude, mais conservés dans certains cas spéciaux, un caractère formaliste, c'est l'air étrange qu'ils ont au milieu d'une civilisation avec laquelle ils ne sont plus en harmonie.

De ces différentes espèces de formes, formes symboliques, représentatives ou résiduelles, quelles sont celles qui ont pénétré dans le droit romain et qui accompagnent les actes juridiques ?

Nous pouvons répondre que les formes symboliques

---

(1) *Servius ad Aen.*, XII, 120. Voir un autre exemple dans Pline, *Hist. nat.*, XXXIII, c. 4, *quo argumento etiam nunc sponsæ muneri ferreus annulus mittitur, isque sine gemma.*

n'y ont pas de place. Si on les rencontre en grand nombre dans la vie du peuple romain, elles n'ont pas pénétré dans le droit dont l'empire se partage entre les formes résiduelles, consistant en d'anciens usages maintenus alors que la civilisation croissante ne leur connaissait plus aucune raison d'être, et les formes représentatives, imaginées pour rappeler des formes antérieures qu'on avait été forcé d'abandonner.

Sans doute, nous rencontrons bien dans le *sacramentum*, la *hasta*, la lance, symbole de la propriété quiritaire, mais à elle seule, elle ne constitue pas l'opération tout entière et on peut affirmer que le *sacramentum* pris en bloc, c'est-à-dire dans les signes et gestes qui le constituent, n'est qu'une forme représentative d'une opération autrefois réelle et sérieuse, ou peut être même une simple forme résiduelle de cette opération. On peut en dire autant des actes matériels de la mancipation, et en particulier de l'appréhension de la chose, qui se rencontre également dans le *sacramentum* et la *manus injectio ;* si cet acte est le symbole de la puissance qu'on prétend avoir sur la chose, il n'est pas le seul que l'on rencontre dans ces opérations. De plus, ne peut-on pas dire que cette appréhension n'est qu'un signe indicatif de l'objet qu'on vend ou qu'on revendique.

Or, étant donné que le *sacramentum* et la mancipation ont prêté leurs formes à presque tous les actes solennels du droit romain, on peut conclure que les signes et actions ne sont que le produit d'usages. Nous verrons toutefois que ces usages n'étaient pas sans valeur légale, comme on l'a prétendu.

Les formes matérielles auraient donc pour principale cause, l'attachement des romains pour les institutions de leurs ancêtres, et la prédilection naturelle de l'homme pour l'élément extérieur.

« Cet attachement à la forme léguée par la tradition, mais dépourvue de toute signification quant au fond même des choses, ce culte de l'apparence extérieure paraissent tout d'abord sans importance et même blâmables, et la sagesse superficielle des hommes du progrès depuis le temps de Cicéron (1) jusqu'à nos jours en a fait des gorges chaudes. Mieux eut valu comprendre la chose que de la railler. Elle présente un côté fort sérieux et l'on peut y voir sans hésiter un des phénomènes les plus importants de l'histoire de la civilisation.

« La sûreté et la fixité de tout progrès reposent sur la continuité historique, sur la liaison intime du présent avec le passé. Or, la forme figure au premier rang de tout ce qui contribue à assurer cette continuité. Tous les autres éléments internes réels, historiques, échappent toujours de plus en plus à la conscience des masses pour ne plus rester familiers qu'à un petit nombre de gens instruits. La forme au contraire est visible et se reproduit toujours, c'est dans la forme que le peuple va puiser la conscience de la continuité historique. Plus forte est l'empreinte dont les a marquées une circonstance particulière, disparue depuis, constitutions, usage, mode, à

---

(1) Cicér., *Pro Cœcina*, chap. 23; *de offic.*, I, chap. 10; *Pro murena* chap. 11, 13; *de oratore*, 1, 55. — Gaius, IV, § 30 : *Nimia subtilita, veterum*. Const., 1, Liv. 2, 58.

laquelle elles doivent d'être, plus l'observateur trouve étrange certaines formes, plus comme certains portraits d'ancêtres aux costumes et aux atours depuis longtemps oubliés, elles éveillent en lui le sentiment de *l'éloignement historique*, et plus aussi elles lui font ressaisir le passé qui se détache visible à ses yeux et dans la pleine lumière de son caractère propre : elles conservent chez le peuple le souvenir des jours anciens, font revivre la mémoire des ancêtres et communiquent ainsi cet esprit de conduite dans les questions pratiques du présent que nous admirons à juste titre chez les Romains d'autrefois et chez les Anglais d'aujourd'hui (1). Le maintien des formes traditionnelles, même après qu'elles se sont survécu, est le résultat aussi bien que la source féconde de ce sens historique sans lequel on n'a jamais encore élevé d'édifice durable ni dans l'Église, ni dans l'État (2).

b — *Mots*. — Après avoir considéré la forme sous un de ses côtés, celui qui en constitue la partie matérielle, actions et signes, nous avons à l'envisager sous son autre face, c'est-à-dire dans sa partie parlée, dans les mots. Nous avons déjà fait observer que cet élément est de beaucoup le plus important des deux. Les signes et actions sont aux paroles ce que le cadre est au tableau. Celui-ci est le fond, la partie principale, l'autre est l'accessoire, l'ornementation. Les actions et les signes sont le produit d'usages, les mots et les formules sont l'œuvre intelli-

___

(1) Consult. sur le parallélisme entre les Romains et les Anglais, M. de Champagny, *Les Césars*, t. I, p. 41 et suiv.

(2) Ihering, III, p. 198, 199.

gente et raisonnée de la jurisprudence. Nous renvoyons pour tout ce qui concerne les mots à nos explicatious sur la loi de la détermination des termes des actes et de leur expression orale et sur la loi de la correspondance.

En résumé, actions, signes et mots, tels sont les matériaux qui ont servi à l'édification des actes formels.

Tantôt ces actes s'accompliront sans le concours d'autres personnes que les parties (contrat verbal et littéral) ;

Tantôt, au contraire, ils exigeront le concours du peuple, (*testamentum, adrogatio*) ou des autorités religieuses, (mêmes actes), ou des autorités civiles (censeur ou prêteur), ou enfin de témoins (*nexum, mancipatio,* etc.).

Nous avons présenté déjà les principaux actes formels qui sont la base du système des formes à Rome, et nous les avons expliqués, en ce qui concerne les signes et actions, par l'attachement des Romains pour les antiques usages ; en ce qui concerne les formules, par l'idée religieuse qui les assimilait à la prière et les réglait ; en ce qui concerne le concours des personnes étrangères aux parties, par l'intérêt de l'Etat ou de la religion. Mais indépendamment de cette origine, la forme était imposée par la force même des choses ; elle n'est pas en effet quelque chose d'étranger au droit et la preuve c'est qu'on la rencontre encore aujourd'hui, même dans les législations qui abandonnent le plus à la volonté libre des parties.

Quand le droit positif se fonde quelque part, il se trouve en face du problème de la forme. Trois solutions s'ouvrent alors devant lui : ou bien il se prononcera

pour l'absence complète de formes, ou bien pour la forme
absolue, ou bien enfin pour la combinaison des deux premiers principes. Or, si l'on affirme que de ces solutions il
n'y en a que deux qui se soient jamais réalisées, nul ne
doutera à première vue que ce ne soient la première et la
dernière, et grand sera l'étonnement d'apprendre qu'on
ne rencontre nulle part la première, tandis que la seconde
s'est parfaitement réalisée dans l'histoire. L'enseignement qui ressort de là, c'est que le droit ne souffre point
le manque absolu de la forme et qu'il préfère encore la
forme à outrance. La forme était surtout nécessaire, dans
ces temps où l'écriture n'était pas d'un usage vulgaire,
pour conserver le souvenir d'un acte. Elle était indispensable pour trancher les difficultés que peut soulever la
question de savoir quelle a été la volonté des parties
quand elles ont conclu cet acte. Ont-elles voulu transférer
immédiatement la propriété d'une chose ou seulement
s'obliger à ce transfert ? Aucun doute ne pouvait exister
sur ce point dans le droit romain ; la forme même le dis-
sipait. Dans le premier cas, en effet, les parties ont
dû employer les formes de la mancipation ou de l'*in jure
cessio ;* dans le second, la forme de la stipulation. Grâce
à la forme, le moment précis où les parties ont abandonné
la période des pourparlers pour passer à la conclusion
de l'acte, se trouve aussi déterminé. Enfin les formes
avaient cet avantage d'entraîner une certaine publicité
et de porter l'acte à la connaissance de tous.

CHAPITRE I.

LOI DE L'ÉCONOMIE DES FORMES.

Nous allons constater l'existence d'une loi qui nous prouvera que les jurisconsultes anciens ne se sont pas complètement désintéressés de la partie matérielle des actes formels, à savoir les signes et actions.

Toute législation dans laquelle la forme est prépondérante doit, pour ne point s'écraser sous l'infinité des matériaux et paraître arbitraire, utiliser les formes existantes pour un cas donné et les étendre à tous les cas analogues qui peuvent se présenter dans la suite. Or, les Romains des premiers temps ont excellé dans cet art ; ils ont connu l'économie de la forme, ainsi que nous le prouvera l'étude des cas d'application du *nexum* et du *sacramentum* dans la première de ses formes, la *vindicatio*. Ces deux formes primitives ont suffi pour ainsi dire à elles seules à l'activité juridique des Romains et nous les trouvons appliquées soit dans le droit de famille, soit dans le droit de propriété, soit dans le droit des obligations.

Prenons d'abord la *vindicatio* ; c'est une revendication fictive faite en présence du magistrat. Les parties qui veulent, l'une transférer, l'autre acquérir un droit, empruntent les formes d'un procès et font consacrer par une décision judiciaire une convention intervenue entre elles.

La *vindicatio* ainsi étendue sous le nom d'*in jure cessio*, en dehors de sa destination primitive, sert au transfert de la propriété des *res nec mancipi*, à la constitution des servitudes urbaines, des servitudes personnelles (usufruit, usage, habitation), à l'affranchissement *vindicta*, à l'émancipation, à l'adoption (1), au transfert de la *tutela legitima mulierum* et de l'*hereditas legitima* (2).

Tel est le champ d'application exclusif de l'*in jure cessio*, émanation du *sacramentum*.

____

(1) Dans l'émancipation, nous trouvons l'emploi simultané de la mancipation et de l'affranchissement *vindicta*.

Dans l'adoption nous rencontrons la mancipation et l'affranchissement *vindicta* tendant à la dissolution de la puissance paternelle, puis l'*in jure cessio* tendant à la reconstitution de la puissance paternelle au profit de l'adoptant.

(2) Il peut sembler étonnant que l'*in jure cessio* qui sert à transférer des *res incorporales*, des situations purement morales pour ainsi dire, telles que la puissance paternelle, la tutelle, n'ait pu servir au transfert des obligations. « *Obligationes.... nihil eorum recipiunt* » (Gaïus, II, 38). Mais ce n'est pas « sans raison que les jurisconsultes romains ont considéré comme inapplicables aux créances les divers actes translatifs de propriété ceux même qui comme le legs pouvaient porter aussi sur les choses incorporelles (Inst., Liv. II, 20, § 21). Dans les idées romaines tout transfert de créance nécessitait la présence et l'intervention du débiteur. Et cette intervention du débiteur n'était pas une vaine solennité, imposée par le formalisme de l'ancienne jurisprudence ; elle avait son utilité pratique : il importe à un débiteur de savoir à qui il a affaire, il lui importe de savoir quel est celui dont il peut redouter les poursuites, espérer des atermoiements ou des remises. Mais en exigeant l'intervention du débiteur, la loi romaine, qu'on le remarque bien, n'exige point son consentement : elle donne en effet deux moyens d'opérer le transfert, stipuler du débiteur où le poursuivre en justice ; dans la stipulation l'intervention du débiteur est active et volontaire ; dans la poursuite en justice son intervention est passive et forcée ; en un mot la créance ne peut se transférer sans lui, mais elle peut se transférer malgré lui. » (Gide, *Etudes sur la novation et le transport des créances*, p. 244.) Si la cession de la créance était toujours portée à la connaissance du débiteur au moyen de ces deux modes, les divers actes translatifs de propriété n'auraient pu réaliser ce résultat, puisque les seules personnes qui prennent part à ces actes, sont l'aliénateur et l'acquéreur.

Elle eut de plus un champ d'application commun avec la mancipation, c'est-à-dire qu'elle servit à l'aliénation des *res mancipi* et à la constitution des servitudes rurales.

Dans ces derniers cas, elle n'était pas nécessaire ; la mancipation y remplissait parfaitement son but, et même y avait presque seule un rôle actif (1). La logique cependant exigeait qu'on étendit *l'in jure cessio* à ces cas puisqu'elle est la fiction d'une revendication, et que l'action en revendication protégeait également les *res mancipi* et les *res nec mancipi* (2).

Mais l'étude de ces cas auxquels s'applique spécialement *l'in jure cessio* nous fournit la base de son origine. Dans tous ces cas, hormis celui du transfert d'une *res nec mancipi* en propriété, l'objet de la cession judiciaire était une *res incorporalis*. Or, la mancipation était réservée par sa naissance à certaines choses déterminées et ne pouvait pas s'étendre à d'autres. La tradition, si l'on admet qu'elle ait été reconnue à l'époque ancienne, ne pouvait servir qu'à la translation des choses corporelles ; la nécessité exigeait donc l'introduction d'un moyen nouveau, de là *l'in jure cessio*.

A quelle époque a-t-elle été introduite ? on ne saurait

____

(1) Gaïus, II, § 25 : *Plerumque tamen et fere semper mancipationibus utimur ; quod enim ipsi per nos parentibus amicis agere possumus, hoc non est necesse, cum majore difficultate, apud prætorem, aut apud præsidem provinciæ quærere.*

(2) D'ailleurs les formes de *l'in jure cessio* plus gênantes que celles de la mancipation, atteignaient aussi bien qu'elles le but qu'on avait voulu atteindre, c'est-à-dire entraver les aliénations.

le dire avec certitude. Toutefois la marche du développement historique en droit romain nous permet de conjecturer que ce n'est pas brusquement, mais lentement qu'elle est parvenue à s'implanter dans un domaine aussi vaste que celui que nous venons de lui assigner. La *manumissio vindicta* paraît être un des cas les plus anciens. C'est dans tous les cas le seul dont une date déterminée fixe la naissance. Tite-Live en mentionne l'application dans la première année de la République (1).

Quoi qu'il en soit, nous pouvons retenir de cet aperçu ce principe que les Romains, quand des besoins nouveaux se font sentir, au lieu d'innover, de créer de toutes pièces de nouvelles formes, poussent l'usage des moyens existants jusqu'aux extrêmes limites. Ils s'attachent pour cela à rechercher l'analogie entre l'opération nouvelle qu'il s'agit de réaliser et les opérations anciennes, et transportent aux premières les formes servant aux secondes. L'étude des cas d'application de l'*in jure cessio* nous fournit la preuve de cette analyse (2).

____

(1) Tite-Live, II, 5. — Elle est à la *manumissio censu* usitée jusqu'alors ce qu'est le testament *per æs et libram* au testament *calatis comitiis*, elle établit une forme appplicable en tout temps.

(2) Cette idée se trouve exprimée dans le travail précité de M. Gide, p. 243 : ... « L'emploi des détours et des fictions n'a rien que de conforme aux habitudes de la jurisprudence romaine : cette jurisprudence si riche en conceptions juridiques, était très pauvre en fait de formes et de procédés : un très petit nombre d'actes (mancipation, *in jure cessio*, stipulation) lui suffisait pour les emplois les plus divers, et on l'a spirituellement comparée au père de famille économe qui, tirant tout le parti possible des quelques ustensiles qu'il possède, les fait servir à des usages auxquels ils n'étaient pas naturellement destinés. Sous une législation où pour faire un testament, il faut recourir aux formes d'une vente ; où, pour affranchir un esclave et constituer une servitude, il faut engager

Nous en trouvons une autre preuve dans l'étude du *nexum* et de ses dérivations successives.

Nous avons assisté précédemment à la naissance de cette opération. Elle sert au début à réaliser les prêts d'argent avec engagement de la personne du débiteur au profit de son créancier. Cette opération se décomposait en deux éléments distincts : l'élément matériel, consistant dans le pesage du métal, l'intervention du libripens et des témoins la partie parlée qui comprenait les formules à prononcer (*nuncupatio*). Nous retrouvons ces vieilles formes du *nexum*, du moins dans leur partie matérielle, les formules à réciter devant varier avec le but poursuivi, dans toutes les parties du droit privé. On en rencontre l'emploi dans le droit de propriété, dans le droit de famille, dans le droit héréditaire. C'est aussi à ces formes que se rattachent les différents modes de s'obliger.

L'emploi de cette forme s'imposait dans tous les cas où l'argent figurait réellement : il n'avait alors rien qui pût étonner. Mais comme dans bon nombre de cas, la forme ne jouait qu'un rôle fictif, on ne peut expliquer sa présence que par la loi de l'économie, par le désir d'échapper à la nécessité de créer des formes nouvelles.

Droit de propriété et droit de famille. — Quand l'aliénation des choses que les ancêtres considéraient comme les plus précieuses eut commencé à s'introduire dans les

---

un procès fictif, doit-on s'étonner que la cession de créances revèle aussi des formes empruntées et se dissimule sous l'apparence d'une action judiciaire ou d'une novation ? » — Ce principe d'économie a aussi été mis également en lumière par M. Ihering dans le IV' volume de son ouvrage : *Esprit du Droit romain,* §§ 56 et suiv.

mœurs, pour la rendre plus difficile, on l'entoura, avons-nous dit, de formes gênantes. Ces formes furent emprun-tées au *nexum*. C'était une première extension de celui-ci.

L'opération *per œs et libram* fut appliquée aussi dans le droit de famille. C'est elle qui sert à consti-tuer la puissance particulière appelée *mancipium*, qui peut exister sur les fils et les filles (1). Elle sert également ment à la constitution de la puissance du mari sur sa femme, la *manus*.

Comme dans ces différents cas, il a pu y avoir au début une vente véritable, un pesage et un paiement réels, l'emploi de l'*œs* et de la *libra* s'explique à merveille.

Mais nous la voyons intervenir dans des hypothèses où la vente n'est que fictive, comme dans l'émancipation et dans l'adoption, pour dissoudre la puissance paternelle. Pour arriver à ces deux résultats, on emploie simultané-ment les deux formes que nous étudions, c'est-à-dire la mancipation et l'*in jure cessio*. Il faut savoir pour cela que la loi des Douze-Tables, limitant l'autorité du père de famille, ne lui permettait pas de disposer de la personne de son fils plus de trois fcis. Après trois ventes au profit d'un tiers, le fils échappait à la puissance paternelle et devenait *sui juris*, après que le tiers auquel appartenait le *mancipium* sur le fils, avait affranchi ce dernier. Quand donc un père voudra émanciper son fils, il fera de celui-ci trois mancipations successives suivies cha-cune d'un affranchissement *vindicta* par le tiers acquéreur

____

(1) Gaïus, I, §§ 116 et suiv.

du *mancipium* (1). Au troisième affranchissement le fils au lieu de retomber sous la puissance du père, comme cela avait eu lieu après les deux premiers, deviendra *sui juris*. Si l'émancipation a pour but de conduire à l'adoption, on se servira encore de ces trois mancipations fictives pour défendre la puissance paternelle, et au moyen de l'*in jure cessio* on reconstituera cette puissance au profit de l'adoptant.

On voit déjà dans combien de cas différents les vieilles formes matérielles du *nexum* ont trouvé leur application. Dans toutes ces hypothèses il y a un point commun, l'idée de puissance à créer. Ces puissances, soit sur une chose, soit sur une personne, sont différentes dans leur étendue et dans leurs caractères, mais toutes intéressent une famille et un culte ; les formes du *nexum* répondent à ce double intérêt, il était donc juste de les étendre à des cas analogues. Les formules seules devaient varier suivant le but que se proposaient les parties. Toutefois il importe de remarquer qu'une législation véritablement formaliste et arbitraire, n'aurait pas manqué, étant donné la diversité de ces hypothèses, de créer pour chacune d'elles des formes différentes.

Droit héréditaire. — Nous savons déjà comment se fit à l'origine le testament des Romains : il fallait le concours du peuple et des pontifes réunis dans les comices par curies, qui se réunissent à cet effet deux fois par an. En temps de guerre, c'était devant le front de l'armée

—————

(1) Le dernier affranchissement était le plus souvent fait par le père, auquel le fils avait été remancipé. Le père avait ainsi, vis-à-vis de son fils, les droits d'un patron.

que l'acte s'accomplissait (*in procinctu*). On comprend
les inconvénients de tels modes de procéder. Pour y
remédier, on ne créa pas de toutes pièces des formes
nouvelles, mais on s'adressa à l'opération de l'*œs* et de
la *libra* qu'on transporta dans le droit héréditaire. On
testa donc par une mancipation faite dans les formes
ordinaires, l'institué jouant le rôle de *familiæ emptor*,
le testateur lui mancipant son patrimoine et lui imposant par une sorte de pacte adjoint les legs et autres
dispositions qu'il se proposait de faire (*Uti legassit
super pecunia tutelave suæ rei, ita jus esto*) (1).

Ce dernier mode lui aussi avait le double inconvénient
et de révéler les volontés du testateur et ne pas lui permettre de révoquer ses dispositions. Pour le conjurer on
transforma le testament *per œs et libram*. Désormais le
testateur rédigera ses volontés par écrit (*tabulæ testamenti*) ; puis pour donner à cet écrit la force d'un testament, on remplira la cérémonie de la mancipation ; mais
celle-ci n'interviendra plus que pour la forme, par imitation du droit ancien (2). A la mancipation se joint la
nuncupatio, formule solennelle, par lequel le testateur
déclare à un tiers, jouant le role de *familiæ emptor* que
le papier qu'il tient à la main, renferme ses dernières
volontés. Le libripens, le *familiæ emptor* et les cinq
témoins assistent à cette déclaration.

A partir de cette époque la mancipation n'étant plus

______

(1) Ulpien, XI, § 14.

(2) Gaïus, II, § 104. A la mancipation s'ajoutait une formule spéciale
prononcée par le testateur : *Hoc ita ut in his tabulis cerisque scripta sunt,
ita do*, etc. Cette *nuncupatio* spéciale forme le fond même de la disposition.

sérieuse, le *familiæ emptor* et le *libripens* n'étaient au fond que des témoins sous des noms spéciaux. Le préteur comprit que les formalités antérieures étaient en réalité inutiles et que la force du testament résultait de la volonté écrite du testateur et du témoignage des personnes présentes. Aussi tînt-il pour valable tout testament fait en présence de sept témoins qui auraient apposé leur cachet et écrit leur nom sur l'acte.

A la même époque on trouve une autre forme civile de testament nécessaire pour ceux qui ne savaient pas écrire. Les interprètes l'appellent testament nuncupatif, parce qu'on n'a conservé de l'ancienne forme *per æs et libram* que la *nuncupatio*, déclaration orale, faite devant sept témoins. Cette dernière forme persiste jusque dans le dernier état du droit côte à côte avec une forme nouvelle composée de la réunion des formes primitives et d'un élément nouveau introduit par Théodose-le-Jeune : c'est pour cela que cette forme est appelée tripartite (1). Aucune trace de la forme *per æs et libram* ne subsiste plus dans ce dernier mode de tester ; on ne s'attache plus qu'à mettre hors de doute la volonté du disposant.

L'application des vieilles formes du *nexum* au droit héréditaire est la preuve la plus forte de la tendance des Romains à se servir jusqu'au bout des formes à leur disposition. Ce n'est en effet qu'au prix d'une dérogation considérable au cérémonial ordinaire de la mancipation que celle-ci a pu s'introduire dans la théorie des testaments. Dans la première, c'est le *familiæ emptor* qui

____

(1) Const., 21, Liv. VII, 23.

parle ; dans la seconde, c'est le *mancipant*. Il y a donc interversion et changement dans les formules. Cette dérogation se justifie d'ailleurs d'elle-même, car qui parlerait dans un testament, sinon le testateur ? La loi des Douze Tables semblait l'exiger : « *Uti Legassit* » et *legare* ne peut se faire sans parler.

Quand au testament oral se substitue le testament écrit, l'*œs* et la *libra* n'interviennent plus que par pure forme. Les deux parties ici portent la parole : nouvelle dérogation à la théorie de la mancipation, car la loi des Douze-Tables n'accorde la parole qu'à l'une d'entre elles : « *Quum nexum faciet mancipiumque, uti lingua nuncupassit ita jus esto.* »

Enfin il y a une différence de fond entre le testament, acte à titre gratuit, unilatéral et à cause de mort, et la vente acte onéreux, synallagmatique et entre vifs.

Nous venons de voir l'introduction des formes du *nexum* dans le droit héréditaire et leurs transformations successives.

Appliquées dans le droit des obligations, elles ont passé par les mêmes phases.

Droit des obligations. — Le *nexum* a été vraisemblablement la première et unique opération juridique des Romains. Elle consistait, soit dans une vente réelle de la personne du débiteur, soit dans un simple lien d'obligation. Ces sortes d'engagement étant dans le principe la conséquence de prêts d'argent, l'emploi de la balance n'avait rien que de très naturel, puisque l'argent se donnait au poids. A l'époque de Servius Tullius, au dire de Pline, on commença, sur l'ordre de ce roi, à fondre des lingots

d'airain pesant une livre (*as*), ce qui n'empêcha pas d'en
constater le poids au moyen de balance (1). Peu de
temps après l'expulsion des rois, on commença à frapper,
à l'instar des colonies grecques, des pièces de monnaie
dont la valeur attestée par la République, se déterminait
non plus par le poids mais par le nombre, *non pondere,
sed numero*. Pendant un certain temps, ces deux espèces
de monnaies existèrent côte à côte (2). Mais insensible-
ment les lingots disparurent et il ne resta que la *pecunia
numerata, signata forma publica populi romani*. Dès
avant la loi des Douze-Tables, l'argent se compte et cependant cette même loi nous parle encore du *nexum*, lequel
est défini : *Quodcumque per æs et libram geritur,* » ce
qui prouve que l'on avait continué à se servir de la balance malgré son inutilité. Son rôle et celui du libripens
étaient donc devenus fictifs de réels qu'ils étaient autrefois. Il n'y a plus là qu'une forme résiduelle d'une opération autrefois sérieuse. Cela tient à ce que les idées de
balance et d'argent étaient si étroitement unies dans
l'esprit des Romains qu'ils ne purent les séparer. Ils
s'étaient accoutumés à voir figurer la balance dans cet
acte important, et par une tendance naturelle de l'esprit
à accorder la prépondérance à ce qui frappe le plus, c'est
à son emploi qu'ils attribuèrent l'effet de l'opération tout

______

(1) Pline, *Hist. nat.*, XVIII, 3. 12. « *Servium rex ovium bouumque
effigie primus æs signavit.* » XXXIII, 3, 13. « *Signatum est nota pecu-
dum, unde et pecunia appellata. —* Gaïus, I, 122. « *Olim æreis tantum
numis utebantur, et erant asses, etc…., eorumque numorum vis et
potestas non in numero erat, sed in pondere numorum.* »

(2) Tite-Live, IV, 60, nous montre l'usage simultané du pesage et de
la *numeratio*.

entière. Aussi la balance continuera-t-elle à être nécessaire pour engager le débiteur. La numération des espèces et leur remise à l'emprunteur seront au début insuffisantes pour l'obliger ; il faudra qu'à cette numération vienne se joindre la fiction du pesage primitif.

Mais quand les relations se furent multipliées dans la société romaine, on en arriva peu à peu a négliger ces formes gênantes qui étaient une entrave fâcheuse pour la rapidité des transactions. On considéra que la numération des espèces et leur remise en propriété au profit de l'emprunteur (*datio in mutuum*), étaient une cause suffisante d'obligation. A côté du prêt d'argent, le seul au début, vînt alors se ranger le prêt de toutes choses fongibles. C'était logique, la *datio* étant devenue la cause génératrice du lien de droit (1). Telle est l'origne des contrats qui se forment *re*.

Si le pesage fut abandonné quand la remise des espèses eut été considérée comme suffisante, il demeura nécessaire quand cette remise n'avait pas lieu. On se trouvait dans cette hypothèse toutes les fois qu'une personne voulait s'obliger envers une autre sans en avoir rien reçu, mais en vue d'un bénéfice ultérieur ou dans le but de lui faire une donation. Or, les Romains positifs et avares, ne comprenaient pas qu'on pût être obligé si l'on n'avait rien reçu. Comment dès lors faire naître une telle obliga-

---

(1) Quant aux autres contrat *re* (*commodat*, dépôt, gage), ils n'apparaissent qu'à une époque plus récente. L'hésitation des jurisconsultes à les admettre, tient à ce que dans ces trois cas, la *res* consiste non pas dans une translation de propriété, mais dans une simple remise de la possession. Le § 47, IV, de Gaïus, contient une trace de cette origine plus récente.

tion ? Elle ne peut se former faute de cause. On recourra alors à un prêt fictif, lequel s'opèrera au moyen d'un pesage fictif fait dans la forme du *nexum*. Le créancier frappera la balance avec l'airain, remettra une pièce de monnaie au débiteur, et c'est en conséquence de ce prêt que le débiteur sera obligé. Mais cette formalité présentait les inconvénients dont nous avons déjà parlé. Aussi l'abandonna-t-on peu à peu, considérant la *nuncupatio*, partie parlée du *nexum*, les paroles solennelles comme suffisantes pour donner naissance à l'obligation. De là, les contrats qui se forment *verbis*, la stipulation (*stipulatio*), mot dont la racine *stips*, c'est-à-dire *numus* (pièce de monnaie), semble rappeler l'origine et le développement successif de cette institution (1).

Plus tard quand les moyens graphiques se furent répandus, tout père de famille soigneux prit l'habitude de tenir un registre domestique sur lequel il inscrivait tous les mois les prêts et les paiements à lui faits ou par lui effectués, en un mot l'argent sorti de sa caisse et l'argent rentré. D'un côté *acceptum ferebat* (colonne de l'avoir) ; de l'autre *expensum ferebat* (colonne du doit). C'est au moyen de ce *codex accepti et expensi*, que se forme l'ancienne obligation littérale. Elle résultait d'une double inscription faite sur le registre du créancier avec le consentement de l'obligé. Cette double inscription relatait

---

(1) Varron, *de lingua lat.*, IV, 36 : *Hoc ipsum stipendium a stipe dictum, quod œs quoque stipem dicebant.... Id apparet, quod.... dicunt, et qui pecuniam alligat, stipulari et restipulari.* » Festus, V : « *Stipem esse numum signatum.... et cum spondetur pecunia, quod stipulari dicitur.* » Voir d'autres étymologies dans Paul, Liv. V, tit. 7, 1, et Isidore, Orig., V, 24.

une numération fictive faite au profit du futur créancier par le futur débiteur (*acceptum a Titio decem*), et au pesage, un prêt fictif fait par le créancier au débiteur (*expensum Titio decem*). Nous retrouvons encore dans ce contrat une trace palpable du *nexum*. Les termes mêmes dont on se sert pour désigner l'opération en font foi : le terme *expensi latio* qui désigne l'opération, les mots *pecunia accepta lata*, *expensa lata*. La relation entre l'ancien *nexum* et le contrat *litteris* est si étroite que jamais l'objet du contrat ne put être autre chose qu'une somme d'argent.

Telle est la théorie généralement reçue sur le contrat *litteris*. Cependant ces dernières années une doctrine nouvelle s'est introduite qui attaquant la théorie ancienne dans son fondement même, nie que le contrat *litteris* se soit formé par une inscription sur le codex et fait du *nomen transcriptitium* un titre indépendant et séparé (1). Mais cette doctrine nouvelle n'est pas contraire à la fiction d'un pesage qui serait toujours exprimé par le mot *expensum*. Le contrat *litteris* quel que soit son mode de formation se rattacherait toujours au *nexum*.

Les contrats *re*, *verbis* et *litteris* sont donc des dérivations du *nexum*. Pour le contrat *re*, le plus important, le prêt, cela ne peut être mis en doute. Pour le contrat *litteris*, les termes qui servent à le désigner, en sont également une preuve irréfragable. Cette idée d'un pesage au profit d'un tiers est dans le rapport le plus intime

----

(1) *Buonamici. Sulle litterarum obligationes dell'antico diritto romano*, dans l'*Archivio Giuridico* de Serafini. Vol. XVI, janv. et fév. 1876.

avec la notion du prêt. Enfin nous avons établi qu'il en est de même de la stipulation ; aussi les jurisconsultes confondent-ils cette dernière avec le prêt sous le nom commun de *creditum* (1), souvenir de leur origine commune.

On peut conclure de l'aperçu qui précède que le nombre des formes à Rome était fort restreint. La forme n'existe que dans la mesure où son secours est rigoureusement nécessaire pour le droit ; elle s'arrête quand elle pourrait devenir une gêne pour lui. La mancipation, l'*in jure cesssio* et la stipulation, telles sont les trois formes principales à l'aide desquelles on peut conclure tous les actes qui peuvent se présenter dans la vie d'un peuple. A l'aide des deux premières, tantôt fonctionnant chacune dans sa sphère spéciale d'action, tantôt combinées, on peut accomplir tous les actes juridiques que supposent le droit de famille et le droit de propriété. La stipulation de son côté peut embrasser à elle seule tout le domaine des obligations. Sa forme simple peut servir à réaliser les actes les plus divers ; elle est le moule dans lequel ou peut jeter la matière de toute convention.

Si l'on rencontre à côté de ces trois formes, des formes différentes pouvant remplir le même but ou fonctionnant dans un domaine qui leur est propre, cela tient à ce que ces formes spéciales, ou bien nées les premières, avaient été conservées par respect (affanchissement *censu* et affranchissement *vindicta*), ou bien nées postérieurement réalisaient un progrès (stipulation, contrat *litteris* qui peut

(1) L. 2, § 5. Liv. 12, I.

être conclu entre absents), ou bien enfin étaient nécessaires
eu égard à la gravité particulière de l'acte (adrogation).

CHAPITRE II.

LOIS CONCERNANT LES MOTS.

L'étude de cette partie la plus importante de la forme
doit malheureusement rester incomplète, en raison de
l'insuffisance des matériaux qui nous sont parvenus. Les
formules employées dans une foule d'actes, ou bien nous
font défaut, ou bien ne nous sont parvenues qu'avec des
lacunes. Ainsi nous ne possédons rien des formules du
nexum, de la *coemptio*, de la *confarreatio* et de la *diffar-
reatio*. Dans les formules de la *nexi solutio* et de la *mancipatio*, les mots décisifs sont précisément ceux qui manquent (1). Les actions de la loi contiennent des formules
nombreuses; peu d'entre elles sont arrivées jusqu'à nous.

D'un autre côté, les données que nous possédons n'ont
d'autre base que les écrits des jurisconsultes classiques.
Ces écrits, datant d'une époque où la forme s'était profondément relâchée, ne rapportent que ce qui était en vigueur de leur temps, et on ne pourrait y voir sans danger
un tableau fidèle de l'état des choses à l'origine. Dans
la période classique, l'esprit de la jurisprudence ancienne
se perdait; les formes étaient odieuses comme toutes les

____

(1) Gaïus, II, 104 et III, 174.

choses dont on a perdu le sens. Les scrupules qui auraient fait reculer un juriste devant la déviation la plus légère en rapportant une formule, commençaient à s'évanouir (1).

Des formules nouvelles vinrent même prendre place à côté de la formule antique, contrairement à l'esprit de l'époque primitive. Il résulte clairement d'un texte de Gaïus qu'il n'existait d'abord qu'une formule d'institution d'héritier. C'est la formule : *heres esto.* De son temps une nouvelle forme vint s'adjoindré à cette dernière : *Sed et illa jam comprobata videtur, Titium heredem esse jubeo.* Ulpien, quelques années plus tard, en connaîtra une troisième (2).

On peut faire la même observation à ŗ'égard des formules admises pour les legs (3).

Noùs pouvons, par voie d'induction, conclure de ces quelques exemples, mis en lumière par la découverte de

_(1) Comp. par exemple la formule de la mancipation dans Gaïus (I. 179) : *isque mihi emptus est hoc œre œneaque libra* avec celle de Paul (Vat. frag., § 50), *emtus mihi est pretio.* — Comp. aussi les formules de l'institution avec crétion et de l'adition dans Ulpien, XXII, 27 et 28 et dans Gaïus, II, 165 et 166, et l'échange des conjonctions *cum* et *quod ;* des mots *scies* et *scieris, quod ni ita* et *nisi ita.*
Nous trouvons un autre exemple de la différence entre la formule du temps de Gaïus et celle du temps d'Ulpien qu'un demi-siècle seulement sépare. Ainsi Gaïus (III, 102) nous dit : *Inutilis est stipulatio, si sestertia decem a te dari stipuler et tu sestertia quinque mihi promittas.* Ulpien, au contraire (L. I, § 4.; Liv. 45, I), résoud la question différemment : *Si stipulanti mihi viginti respondeas, non esse contractam obligationem, nisi in decem constat.*

(2) Ulpien, XXI. — Gaïus, II, 117.

(3) Ulpien, XXIV, § 4. — Gaïus, II, 201.

Gaïus, que les mêmes transformations ont dû se produire ailleurs.

Malgré tout, il nous est encore permis de découvrir, à l'aide de ce qui nous reste, les lois véritables qui gouvernaient les mots. Ces lois peuvent se ramener à deux : l'une, en vertu de laquelle les termes des actes étaient déterminés à l'avance ; l'autre, qui exigeait la prononciation orale de ces termes.

1° *Détermination des termes des actes.*

Cette loi ne se trouve expressément formulée nulle part. On y trouve cependant des allusions dans les textes des jurisconsultes et des écrivains, et c'est pour nous une base suffisante. C'est ainsi qu'Ulpien parlant de la *confarreatio*, nous dit : « *Farreo convenit uxor in manu certis verbis* » (1) ; et à propos de la mancipation : *eaque fit certis verbis* (2) ; Gaïus nous dit aussi de la *manus* par *confarreatio* qu'elle a lieu *cum certis et solemnibus verbis* (3) ; et enfin le même jurisconsulte à propos des actions de la loi nous dit encore : « *Leguum verbis accomodatæ erant, et ideo immutabiles proinde atque leges observabantur* » (4).

Malgré cela, certains auteurs n'admettent pas que cette détermination ait quelque chose d'intentionnel et puisse constituer une loi de la forme ; pour eux, les prétendus

---

(1) Ulpien, XI, 1.
(2) *Id.*, XIX, 3.
(3) Gaïus, I, 112. — IV, 29. — Aul.-Gel., XI, 1.
(4) Gaïus, IV, 11. — L. 2, § 6. Liv. 1, 2.

termes sacramentels des actes ne seraient autre chose que des expressions « usitées, consacrées par l'usage » (1).

Cette assertion a sa part de vérité, en ce sens que les formules ne sont pas une création directe de la loi. Ce n'est qu'indirectement que cette dernière était une source de formules ; c'est ainsi qu'elle a servi à composer les formules importantes des *legis actiones*. Toutefois on ne peut pas dire que les termes des actes n'ont qu'une valeur coutumière et inconsciente. Ils sont un produit d'une jurisprudence intelligente dont la présence est à chaque instant révélée par l'harmonie, l'art, la logique qui règnent dans tout le système des formes. Nous avons du reste une preuve expresse de cette origine en ce qui concerne les formules relatives à la procédure. La loi 2, § 6, au titre de *origine juris*, nous dit formellement que les formules sortent des mains des pontifes Voilà donc cette origine constatée. Mais n'oublions pas d'observer, en passant, que les pontifes étaient en même temps les dépositaires de la loi des Douze-Tables, les fondateurs et les interprètes du droit civil. On peut donc conjecturer qu'ils ne furent pas étrangers à la rédaction des formules qui s'y rencontrent.

Quoi qu'il en soit les termes étaient déterminés à l'avance et nous verrons plus bas s'ils pouvaient être changés sans danger pour la validité de l'acte tout entier.

La détermination des termes des formules n'était pas également rigoureuse pour tous les actes juridiques. La

----

(1) Maynz, I, § 34, note 21, et II, § 245, note 14.

liberté des parties était plus ou moins enchaînée suivant les cas et tantôt un seul mot, un seul terme sacramentel suffisait, tantôt au contraire il fallait prononcer une série de termes également indispensables. Cette différence dans la forme n'était que la conséquence d'une différence dans le fond. On comprend en effet que suivant la nature de l'opération, il faille laisser aux parties une plus ou moins grande latitude de discussion. Celle-ci précède l'opération solennelle qui n'intervient après que pour fixer leurs volontés, au moyen de termes techniques. C'est ainsi, par exemple, que dans la stipulation, les parties pouvaient s'entendre à l'avance, discuter leurs prétentions réciproques, puis, lorsqu'elles étaient tombées d'accord, faire cesser la période des pourparlers, pour entrer dans celle de la réalisation de l'acte. Cette réalisation avait lieu au moyen d'un seul mot sacramentel : *Spondes-ne ?*

Dans la procédure, il en est de même ; la discussion libre précède. La formule de la revendication fait allusion à cette liberté : « *Secundum suam causam, sicut dixi* » (1). La formule ne devenait nécessaire que pour les éléments décisifs de l'acte, afin de les faire ressortir, de fixer et de concentrer dans une seule proposition le véritable point de la contestation et d'empêcher ainsi le débat de s'égarer.

Dans le testament, au contraire, pas la moindre liberté de mouvements. D'un bout à l'autre, l'acte est soumis à des formes fixes : institution d'héritier, exhérédation,

------

(1) Gaïus, IV, 16.

legs, nomination de tuteur, interpellation au *familiæ emptor*, tout avait sa forme et sa place déterminées.

Cela tient à la différence qui sépare cet acte des deux précédents. Dans les deux premiers nous rencontrons deux parties en présence, un accord de volontés nécessaire, ou tout au moins un litige entre deux personnes et dont il s'agit de déterminer la portée. On comprend dès lors que les débats préliminaires soient indispensables. Le testament, au contraire, est un acte unilatéral, l'expression de la seule volonté du testateur qui commande. On n'avait pas à tenir compte de la volonté de l'héritier qui, héritier nécessaire, doit obéir, ou qui, héritier externe, peut, s'il le juge convenable, se dispenser de faire adition.

Cette différence entre le fonds des actes n'échappait pas aux Romains (voir *Loi de la Concordance*), et elle se manifestait par une différence dans la détermination des formules.

Ainsi dans certains actes un seul mot suffit (1) ; dans d'autres toute une série de termes est obligatoire, et parmi ces dernières formules, il y a encore des variations. Les unes sont élastiques, c'est-à-dire, souffrent des modifications, additions ou retranchements (2) ; les autres

____

(1) Ainsi dans la *sponsio : spondeo* ; dans la *fidepromissio : fidepromitto* ; dans la *fidejussio : fidejubeo* ; dans l'*acceptilatio : acceptum habeo* ; dans l'*heredis institutio : hæres esto* ; dans l'exhérédation : *exhæres esto*.

(2) Telle étai la formule de la *cognitoris datio : Non tamen sic putat certis verbis cognitorem dari debere, ut siquid fuisset adjectum vel detractum non valeat actio ut in legis actionibus fuisset* (Vatic. frag., § 118). — Telle était également la formule de l'*in jure cessio* pour la constitution d'un usufruit *ad diem*. (Vat. frag., § 48).

sont fixes et ne supportent aucun changement ; certains blancs seuls attendent qu'on les remplisse (1) ; enfin d'autres formules sont complètement invariables (2).

Quoi qu'il en soit, dans la mesure plus ou moins large où elle existait, la détermination des termes produisait toujours le même effet ; toujours elle obligeait les parties et, négligée par elles, laissait dans le néant l'acte qu'elles avaient voulu accomplir. Gaïus nous parle de cette rigueur à propos des actions de la loi. Tout le monde connaît l'exemple célèbre du plaideur qui avait perdu son procès, parce qu'il avait employé le mot *vitibus*, au lieu du mot *arboribus* inscrit dans la loi (3). On serait tenté de conclure du silence de Gaïus relativement aux formules étrangères à la procédure, qu'elles n'étaient pas soumises à la même inflexibilité, réservée seulement à la procédure ancienne. Ce serait une erreur. Car cela était si peu le propre de la procédure ancienne, qu'il en était exactement de même dans la procédure formulaire (4).

La règle s'étend au droit civil et on ne peut concevoir

-----

(1) Dans la formule de l'adition avec crétion, le nom du défunt doit rester en blanc : *cum Mœvius heredem instituit.* — Dans la procédure formulaire les noms Aul. Ag. et Num. Neg. sont des noms fictifs, destinés à être remplacés. — Dans la *nexi solutio* l'indication de la somme reste en blanc. Il en est de même dans la *manus injectio.* — Dans la déclaration de guerre le nom de l'ennemi doit entrer à une place déterminée ; Tite-Live, I, 32. : *Audite fines (Cujuscumque gentis sunt nominat) .... populum illum (quicumque est nominat).*

(2) Telles sont les formules du *familiæ emptor* et du testateur. — Gaïus, II, 104.

(3) Gaïus, IV, 11.

(4) Quintil., *hist. orat.*, VII, 3. « *Quum si uno verbo sit erratum, tota causa cecidisse videamur.* »

qu'il en soit autrement, puisque les formules de la procédure et celles du droit civil émanaient de la même autorité, c'est-à-dire des pontifes. Une stipulation, par exemple, dans laquelle on n'avait pas employé le mot *spondeo*, ne valait que comme simple pacte. Une acceptilation dans laquelle on avait négligé les mots *acceptum habeo*, laissait subsister la dette qu'on avait voulu éteindre. Si Gaïus ne nous parle de cette sévérité qu'à propos de la procédure, c'est que là le danger était plus grand que dans le droit civil ; c'est qu'il y avait une différence, non pas dans la conséquence du défaut de formes, qui était toujours la nullité, mais dans les dangers derniers que couraient les parties. Dans la procédure, une méprise entraîne et pour toujours la perte du procès. Dans un acte de droit civil, une erreur entraîne sans doute la nullité, mais on peut la réparer en recommençant l'acte tout entier. Voilà pourquoi Gaïus insiste d'avantage sur la procédure, mais au fond et dans les deux cas, c'est toujours la nullité.

Et comment peut-il en être autrement, si la forme est une condition de validité de l'acte ? La moindre déviation dans la formule entraînant l'absence de la cause destinée à produire l'effet, l'effet ne se produit pas.

Voilà pourquoi la forme n'admet ni le plus, ni le moins, ni addition, ni retranchement. C'est telle cause qui produit tel effet ; il faut cette cause, et rien de plus, comme rien de moins (1).

____

(1) L. 77, Liv. 50, 17.

De là un simple changement dans le genre des mots entraînait la nullité de l'acte. Ainsi le mot *ovis* à l'origine masculin, devînt féminin dans l'usage postérieur. La formule de la *multæ dictio* lui conserva son genre primitif. Employé avec le genre féminin, il était une cause de nullité : «.... *Nisi eo genere diceretur, negaverunt justam videri multam* » (1).

On comprend aussi pourquoi les formules au début ne pouvaient être traduites dans une langue étrangère. Si tels mots déterminés devaient produire un effet, comment cet effet eût-il pu résulter de l'emploi d'autres mots, de mots grecs, par exemple?

2° *Nécessité de l'expression orale.*

La loi des Douze-Tables fait allusion à cette règle de la forme en ce qui concerne le *nexum* et la mancipation : *Uti linguâ nuncupassit, ita jus esto.* Mais à part cela, cette loi pas plus que la précèdente ne se trouve écrite nulle part. Elle était tellement évidente que les textes n'en parlent pas.

D'ailleurs, à défaut de textes, le raisonnement et les exemples empruntés au droit privé, public et religieux suffisent pour son établissement.

Si l'usage de l'écriture est fort ancien à Rome (2), il est certain aussi qu'il n'était pas très répandu et ne

____

(1) Aul.-Gell., XI, 1.

(2) Mommsen, *Hist. rom.,* Traduct. française. Liv. I, ch. XIV. — Denys d'Halicarnasse, Liv. IV.

pouvait servir de moyen vulgaire pour accomplir les actes juridiques.

Ce qu'il y a de plus primitif et de plus simple, c'est sans contredit la parole. Elle exprime la pensée directement et la révèle à l'auditeur, qui la reçoit sans avoir d'effort d'intelligence à faire. L'écriture au contraire a quelque chose de savant. Celui qui écrit, accomplit une opération abstraite par laquelle il note par des signes les sons qui auraient servi à révéler sa pensée, s'il l'avait exprimée oralement ; et de la part de l'autre partie, il faut une nouvelle opération qui consiste à replacer sur chaque signe le son qu'il exprime, à reconstituer la parole et enfin la pensée. On conçoit aisément dès lors que l'expression écrite n'est pas le mode originaire.

Rationnellement d'ailleurs, l'écriture intervenant dans un acte juridique, dans un contrat, par exemple, ne peut créer le contrat. Elle suppose un accord de volontés antérieur exprimé par la parole, et elle se borne à le constater. Si donc à l'époque antique, on a usé, à Rome, d'annotations écrites, c'était à côté de la parole, mais non à sa place.

Renfermer, quand on veut conclure un acte juridique, son objet, ses clauses et conditions, dans un acte écrit et se borner à déclarer oralement qu'on veut le contenu de ce document, c'est scinder l'opération et séparer l'objet de l'acte du consentement. On ne peut plus dès lors avoir la certitude que ces deux éléments essentiels, la volonté et l'objet, sont en rapport étroit dans l'esprit des parties. Ce qu'on veut, ce n'est point telle chose déterminée, certaine, exprimée, c'est quelque chose qui se trouve dans le document, tout autre peut-être que ce que croit et veut celui qui parle. De cette façon on peut consentir sans savoir à quoi on consent. Les témoins qui assistent à l'acte ne le connaissent pas d'avantage et ils n'en voient que l'ombre.

Un tel mode de procéder est commun chez les peuples modernes et encore le législateur prend-il des précautions pour assurer l'intelligence du consentement. C'est ainsi que, dans les actes authentiques, la formalité de la lecture est exigée des notaires (1) ; mais un tel mode de procéder était certainement contraire au génie primitif des Romains. De même que dans la mancipation, le *familiæ emptor* désignait avec la main l'objet de l'opération juridique, celui qu'il avait en vue dans son esprit, de même dans les autres actes, il fallait exprimer oralement l'objet de la volonté. Nous en trouvons un exemple frappant dans la stipulation. Au début non seulement le stipulant devait énoncer tout le contenu de l'acte, l'objet de l'obligation : *Spondes-ne hominem Stichum dare ?* mais le promettant devait, en répétant la formule employée par le stipulant, montrer que sa volonté était bien conforme à celle de ce dernier : *Hominem Stichum dare spondeo.* Une simple affirmation arbitraire, le mot *oui*, n'aurait pas suffi. On n'aurait pas su, avec assez de certitude, si les deux volontés concordaient. Il en était de même dans l'obligation corréale et dans le cautionnement. Quant au serment, celui qui le prêtait, ne pouvait pas se contenter

---

(1) Loi du 25 Vent., an XI, art. 13.

de dire : *Je le jure ;* il devait répéter la formule qui lui avait été dictée. Nous en trouvons un exemple dans le serment au drapeau que faisait l'armée. Toutefois, dans ce cas, en raison de la multitude des parties, on s'habitua à n'exiger plus que d'un seul la formule exacte et mot pour mot (*præ jurare*) les autres se bornant à dire : *moi aussi* (1).

D'autres exemples nous sont fournis par le droit public et par le droit religieux. On conservait les lois, les traités, les vœux publics par l'écriture ; leur force cependant ne venait pas de l'écriture, mais bien de leur expression orale. Les lois ne sont parfaites que par la proposition et l'acceptation orales ; la formule des traités mentionne expressément la lecture faite. Tite-Live nous à transmis cette dernière formule : « *Legibus (fœderis) deinde recitatis : Audi inquit.* Jupiter,... *ut illa palam prima postrema* (du commençement jusqu'à la fin), *ex illis tabulis ceráve recitata sunt illis legibus populus romanus prior non deficiet* (2). On lisait donc d'un bout à l'autre les clauses insérées sur les tablettes destinées à garder le souvenir du traité. Dans le droit religieux, on conservait les vœux au moyen de l'écriture, mais les écrivains nous affirment qu'il devait en être donné lecture : « *De libro, de literis fausta vota præfatus* » (3).

-----

(1) Ihering, III, 278. — *Præjurationes facere dicuntur hi, qui ante alios conceptis verbis jurant, post quos in eadem verba jurantes tantummodo dicunt :* idem *in me* (*Festus*).

(2) Tite-Live, I, 24.

(3) Appuleius, *métam.*, Lib., XI. — Val. Maxime, IV, 1, § 10.

Dans le droit privé, signalons la sentence du juge qui, rédigée par écrit, devait être lue à peine de nullité. Const. 1, 2, 3, VII, 44.

Il est deux actes dans le droit privé qui semblent contredire notre règle, ce sont le testament et le contrat *litteris*.

Quant au testament, il n'est pas douteux qu'à l'origine il se concluait oralement puisqu'il avait lieu dans la forme d'une loi. Quand on eut substitué à cette première forme, la forme plus simple de la mancipation, la *nuncupatio*, déclaration orale, servit à le réaliser. Celle-ci subsista jusqu'à la réforme de Théodose, dans la forme civile réservée à ceux qui ne savaient pas écrire (testament nuncupatif). Mais dans la forme la plus usitée, celle qui consistait dans la rédaction d'un écrit fermé, secret, il faut reconnaître que la *nuncupatio* bornait son rôle à indiquer que les volontés du testateur se trouvaient dans l'écrit. Le testament dans une de ses formes avait donc entamé notre règle. Mais cela s'explique par le but que poursuivaient les réformes apportées dans cette matière, à savoir, tenir secrètes les volontés du testateur ; cela s'explique aussi par l'inutilité pour l'héritier de connaître ces volontés avant la mort du *de cujus* et enfin parce que, libre de renoncer, on ne pouvait le considérer comme s'étant engagé inconsidérément.

La présence du contrat littéral semble moins facile à expliquer. Voici ce que dit à son propos M. Ihering : « Le contrat littéral ne fut dès l'origine que l'enregistrement effectué par les deux parties d'une dette d'argent établie d'une autre manière ; c'est ce que prouvent sans doute aucun les expressions : *expensum et acceptum ferre*. Cet acte n'était donc, d'après son but originaire, et dans sa forme extérieure, qu'un moyen de preuve. Cependant, comme on attribue à cet enregistrement une force probante absolue, on y trouva indirectement un mode de s'obliger tout particulier, indépendant de la conclusion de tout autre contrat, d'un prêt, par exemple, et dans ce sens il était vrai de dire qu'on se trouvait là en présence d'un contrat proprement dit. Il en fut du contrat littéral comme de la force obligatoire de la sentence judiciaire. Purement déclaratifs à l'origine, tous les deux ne font que reconnaître une obligation déjà existante ; mais cette reconnaissance ne pouvant être affirmée, l'un et l'autre de ces actes deviennent de véritables actes constitutifs. Au point de vue pratique donc le contrat littéral pouvait être une dérogation à notre règle, mais si l'on veut examiner son caractère juridique, on n'en peut tirer aucune objection contre nous » (1).

La conséquence de cette loi des formules, c'est que ceux qui ne pouvaient pas parler, les muets, et ceux qui ne pouvaient pas entendre, les sourds, étaient victimes de leur infirmité, et ne pouvaient prendre part aux actes qui exigeaient l'emploi de paroles (2).

<hr>

CHAPITRE III.

LOI DE LA CONCORDANCE DES FORMES.

Quand une force quelconque a produit un effet, il faut pour détruire cet effet qu'une autre force égale et de

<hr>

(1) Ihering, III, 279 et 280.

(2) L. 48. Liv. 44, 7. — L. 6, § 1, Liv. 28, 1. — Ulp., XX, 7, 13.

même nature vienne agir en sens contraire. Ce principe n'est pas vrai seulement dans le domaine physique, mais aussi dans le domaine du droit. C'est ainsi que pour anéantir une translation de propriété et remettre les choses dans l'état où elles se trouvaient antérieurement, il faut une translation nouvelle de l'acquéreur à l'ancien propriétaire. C'est ainsi encore que pour détruire une obligation existante, il faudra une nouvelle convention agissant en sens contraire de la première, c'est-à-dire venant détruire le lien de droit que la première avait créé. Or, à Rome, la volonté était impuissante à l'origine, à produire seule un effet juridique quelconque. Il lui fallait le secours de la forme, qui était en quelque sorte le vêtement officiel dont elle devait être revêtue pour être efficace. La convention, par exemple, restait sans sanction, si les parties avaient négligé l'emploi du *nexum* au début, et plus tard l'emploi des *verba* ou des *litteræ*, mis par le droit à leur disposition. La forme étant tout et constituant la force qui produisait les effets juridiques, il fallait, pour détruire tel ou tel effet, employer une forme identique à celle qui avait servi à le faire naître. C'est ce que les jurisconsultes de l'époque classique expriment dans un certain nombre de textes que nous aurons occasion de citer, et c'est ce qu'on appelle communément aujourd'hui la règle du *contrarius actus*, d'après les termes mêmes dont se servent les jurisconsultes romains (1).

____

(1) L. 35, Liv. 50, 17. — L. 153, *eod.* — L. 100, *eod.* — L. 80, Liv. 46, 3.

Mais cette concordance ne se restreint pas aux seuls actes qui président à la formation et à l'extinction du droit. Si les jurisconcultes ne nous en parlent qu'à propos des obligations, c'est que c'est dans ce domaine que la règle restait la plus frappante à l'époque classique ; mais ainsi entrevue, cette concordance n'était qu'une des faces d'une loi que l'on pourrait placer sous la dénomination plus générale de loi de la correspondance ou de la concordance des formes. Tout droit, en effet, naît, s'exerce en justice, s'il est contesté, et meurt. Il faut accomplir des actes différents pour faire passer le droit par ces différents états ; mais comme il n'en reste pas moins, dans chacune de ses phases, le même droit, naissant, s'exerçant en justice ou s'éteignant, on comprend qu'une concordance doit nécessairement exister entre les actes qui tendent à le faire naître, à l'éteindre, ou à le faire reconnaître en justice. Tous, en effet, ont un centre commun, le droit objectif. Quand un débiteur, en effet, paie sa dette, le paiement qu'il accomplit est bien un acte isolé, mais il n'en est pas moins dans une relation intime avec la dette même qu'il s'agit d'éteindre. De même, quand un créancier poursuit en justice le paiement de sa créance, on comprend qu'un rapport étroit existe entre l'action qu'il exerce et le droit qu'il veut faire respecter.

Au fond et au point de vue du droit considéré en luimême, tel que nous l'entendons aujourd'hui, débarrassé des formes qui l'enveloppaient à Rome, une connexité nécessaire existe donc entre ces différents actes juridiques, création, extinction, exercice en justice du droit. Mais ce qu'il y a de remarquable, c'est que ces relations

intimes entre les différents actes juridiques ont trouvé
dans les formes qui les enveloppaient à Rome et dans les
formules qu'on devait prononcer, leur expression morphologique. Nous ne voulons pas dire par là que le débiteur qui voulait payer sa dette ou le créancier qui en
poursuivait la reconnaissance dût mentionner dans la formule la dette dont il s'agissait ; il est impossible, en
effet, de réclamer ou de payer une dette sans la désigner ; mais nous entendons montrer que la forme elle-
même, que sa coupe suffisait à elle-seule pour révéler le
rapport existant entre deux actes. En un mot, on rencontre dans la forme, la même logique, la même unité
que celle qu'on rencontre dans les principes mêmes du
droit ; la forme, au lieu d'être arbitraire, variable, est
une et conséquente comme les règles juridiques elles-
mêmes.

C'est cette concordance que nous voudrions étudier
dans sa généralité, sans nous restreindre à l'étude de
l'analogie qui existe entre les modes de formation et
d'extinction des droits. Nous irons même plus loin, et
pour bien mettre en relief l'intelligence qui règne dans le
système des formes, nous montrerons qu'il y avait, entre
la forme que revêt un acte et cet acte lui-même, une
corrélation parfaite, si bien qu'à l'inspection de l'enveloppe on pouvait reconnaître la nature juridique de son
contenu. Nous verrons que la forme savait se plier
aux distinctions du fond du droit, et que les actes
les plus variés avaient une forme spéciale en rapport

avec leur nature propre et au moyen de laquelle cette nature se reflétait en quelque sorte au dehors.

C'est par cette dernière face de la règle de la concordance que nous allons débuter.

SECTION I.

Concordance entre la forme et l'acte qu'elle revêt.

Ce n'est pas dans la partie matérielle des formes (signes et actions) qu'il faut chercher cette expression. Ces formes, nous l'avons dit, sont le produit d'usages, de nécessités imposées par la civilisation de l'époque où elles sont nées. On n'y rencontre pas autant la main du juriste que dans la partie parlée, dans les mots.

Cette présence cependant n'y est pas totalement étrangère ; nous l'avons constatée déjà quand nous avons étudié la loi de l'économie des formes. C'est ainsi que nous avons vu les juristes transporter l'*œs* et la *libra* et les autres éléments du *nexum* dans tous les cas où il s'agissait d'obligation à créer ou à éteindre et de puissance à acquérir sur une personne ou sur une chose *mancipi*. C'est ainsi que nous les voyons détacher du *sacramentum* la *vindicatio* et créer avec elle l'*in jure cessio*, mode d'acquisition général des choses corporelles et incorporelles. Il y a dans cette extension un esprit de généralisation qui montre qu'une intelligence y a présidé. Car il ne faut pas dire que ces formes étaient nécessaires dans tous leurs cas d'application. Elle n'était certainement pas imposée par la nature des choses dans l'acquisition de la *manus par coemptio*. La vente ici était fictive ; la nécessité de peser un métal qu'on ne livrait pas, ne s'imposait pas. — On pourrait en dire autant dans le cas du *mancipium* (*noxœ deditio*).

Mais si le juriste ne s'est pas désintéressé de cette partie de la forme, ce n'est pas elle qu'il a choisie pour être l'expression extérieure des caractères intimes d'un acte ; elle n'était pas assez souple pour cela. Sans doute ces formes ont bien une certaine expression, un certain cachet révélateur, mais elles ne font présumer que d'une manière vague l'acte que les parties vont accomplir, de sorte qu'un sourd, assistant à l'acte, n'aurait pas pu, à la vue des gestes et des signes extérieurs accomplis sous ses yeux, désigner d'une manière précise le but de l'opération. L'emploi de l'*œs* et de la *libra*, par exemple, porte bien l'esprit sur un groupe d'actes déterminés (*manus, mancipium emancipatio, mancipatio, nexi datio, nexi solutio*) ; mais lequel de ces actes va-t-on accomplir ?

On pourrait en dire autant de l'*in jure cessio* dont le domaine cependant est plus restreint ; du *sacramentum* dont les formalités révèlent bien un procès, mais sans déterminer la nature du droit contesté, et enfin de tous les autres actes formels.

Enfin les signes et actes étant des usages conservés après qu'ils avaient perdu leur raison d'être, le peu de précision, qu'ils pouvaient avoir parfois, était encore plus apparent que réel. S'ils éveillent l'idée d'une contestation, ou d'une transmission de droit, c'est moins par une vertu propre que par une force de convention que l'habitude leur attribue et que tous connaissent.

Si les formes matérielles en raison de leur raideur, de leur manque de souplesse, devaient éloigner les juristes, les formes verbales au contraire devaient être de leur part l'objet d'une étude minutieuse. Il n'est pas de situation dans le droit tout entier (public, religieux ou privé) qu'ils n'aient individualisée, après une analyse scrupuleuse et de cette situation et de la valeur des mots, qui devaient la rendre. Aussi leurs formules arides sont-elles pleines de logique et fondées sur les lois incontestables de la pensée et du langage. Entre leur mains, la forme se plie à toutes distinctions du fond, au point que le caractère essentiel de chaque acte se reflète et s'imprime dans la forme qui le recouvre. Ihering dans son beau travail sur le formalisme (1) a reconstitué leur art à l'aide des formules qui nous sont parvenues.

Les actes qui peuvent s'accomplir dans le vaste domaine du droit émanent de personnes différentes.

C'est tantôt l'autorité législative qui fixe les rapports des sujets avec le pouvoir ou les rapports des personnes privées entre elles.

C'est tantôt l'autorité judiciaire qui intervient pour appliquer le droit aux rapports entre particuliers.

Enfin les particuliers peuvent, par des actes multiples, produire entre eux des effets de droit.

---

(1) *Op. cit.*, III, p. 285 et suiv.

Ces actes émanant de personnes différentes sont divers dans leurs effets ; divers aussi sont-ils dans leurs formes ; mais leurs caractères intimes se reflètent dans les mots employés pour les accomplir.

Autorité législative. — Tout acte émané de l'autorité législative (peuple assemblé dans les comices ou dans les tribus, *leges, plebiscita*), est un ordre *(jus)*, aussi la forme qu'on emploiera pour l'exprimer est celle du commandement, c'est-à-dire l'impératif. La loi des Douze-Tables est pleine d'enseignements sur ce point. Toutes ses décisions sont renfermées sous cette forme.

Les prescriptions du droit religieux émanant en quelque sorte des dieux, auxquels appartient sans contredit le droit d'ordonner, sont aussi conçues à l'impératif, par exemple : *piaculum dato, aram ne tangito.*

Comme la loi est quelque chose d'impersonnel, en ce sens que c'est une règle abstraite, qui, une fois créée, subsiste d'elle-même et sans le secours de personne, l'impératif est le temps qui lui convient le mieux ; et en effet il l'individualise, lui donne une existence propre en vertu de laquelle elle commande.

Le pouvoir législatif n'appartenait qu'au peuple. Le sénat est sans doute un rouage de ce pouvoir, mais ce n'est pas lui qui décide, qui ordonne, il n'est que le préparateur des décisions du peuple ; il émet des avis, dans les premiers siècles du moins, il propose, il recommande. Aussi le subjonctif qui est la forme du désir plutôt que celle d'un ordre, ou qui donne à l'ordre une forme plus douce, plus humble, et l'infinitif qui est la forme de la croyance et de l'opinion, servaient au sénat pour exprimer ses propositions. Plus tard, quand il fut revêtu du pouvoir législatif, c'est-à-dire vers la fin de la République, il continua à se servir de l'une et l'autre formes (1).

Autorité judiciaire. — Deux personnes participent à l'administration de la justice, le préteur et le juge.

Le premier est le représentant de la loi, puisque sa fonction c'est d'appliquer en pratique les règles abstraites du droit. Aussi le préteur qui parle au nom de la loi, qui dit le droit (*juris dictio*), a-t-il le pouvoir d'ordonner ; il parlera donc dans les limites de sa compétence à l'impératif. C'est ainsi que ses instructions au juge et aux parties sont conçues sous cette forme. *Judex esto, condemna, absolve, adjudicato*, dit-il au juge, et dans la procédure du *sacramentum*, il dit aux parties : *mittite ambo hominem ; inite viam* (2).

Mais le préteur, *juris civilis custos* (3), *viva vox juris civilis* (4), ne se borna pas à cette mission d'appliquer purement et simplement le droit civil. Peu à peu l'usage agrandit ses attributions et lui reconnut le droit non seulement de confirmer le droit civil, mais encore de le compléter et de le corriger (5). Chaque année, il déclarait dans son édit la manière dont il rendrait la justice, interprétant le droit existant, le corrigeant et le complé-

------

(1) Exemples : La phrase d'introduction était : *placere, videri, curœ fore, censere, arbitrari*, etc. V. Brisson, p. 186 et suiv.

(2) Cic., *Pro Muren.*, c. 12. — Gaïus, IV, 16.

(3) Cic., *de leg.*, III, 8.

(4) Marcien, L. 8, Liv. I, 1.

(5) L. 7, § 1, *eod.*

tant. Dans ces deux derniers cas, comme il n'était pas investi du pouvoir législatif, il ne lui était pas permis de revêtir ses innovations de la forme impérative. Aussi recourait-il à d'autres formes.

Toutes les règles qu'il établissait, portait l'empreinte de leur origine.

L'ordre ne venant pas du législateur, n'était pas conçu à l'impératif, mais sous la forme plus douce du subjonctif. Exemples : *Exhibeas* (1) ; *restituas* (2) ; *ne quid facias.... sive immittas* (3). Ou bien, comme l'ordre était dû à la volonté personnelle et changeante du préteur, les formules des édits et des interdits portaient le cachet de cette personnalité. Cela se manifeste dans l'emploi de la première personne du futur ou de l'indicatif : *vim fieri veto* (4) ; ou bien : *actionem, judicium, in integrum restitutionem, interdictum, bonorum possessionem dabo, non dabo, jubebo ; pacta conventa servabo*, etc. Cet emploi de la première personne tient à ce que le préteur ne pouvait pas édicter des règles impersonnelles et immuables. Il ne pouvait pas dire, par exemple : «*pacta conventa servabuntur ;* il ne pouvait que promettre d'user de son autorité personnelle pour les protéger. Et encore ne pouvait-il le faire que pendant la durée de ses fonctions, c'est-à-dire pendant un an, son successeur pouvant chan-

------

(1) L. 1, pp., Liv. 43, 29.

(2) L. 1, pp., Liv. 43, 2.

(3) L. 2, pp., Liv. 43, 8. — L. 1, pp., Liv. 43, 12.

(4) L. 1, pp., Liv. 11, 8. — *Ibid.*, L. 1, § 5. — L. 2, § 45. — Liv. 43, 8.

ger l'édit. S'il ne voulait pas promettre plus qu'il ne pouvait tenir, il ne pouvait donc que dire, je donnerai une action, je maintiendrai les pactes, je défends qu'on fasse violence. Cette nuance de style n'est donc pas un simple hasard ; elle est due à une intention bien arrêtée et c'est pour cela qu'on ne rencontre pas dans les édits d'autre forme que celle-là.

La seconde personne qui participe à l'administration de la justice est le *judex*.

Le juge est appelé seulement à donner un avis. Aussi dans le cours du procès, il ne peut faire aucune injonction aux parties ; aussi sa sentence ne sera-t-elle pas un ordre ou une défense à la partie succombante, mais une opinion (*sententia*), une explication, (*pronuntiatio*), sur une controverse. Nous en trouvons la preuve dans le *sacramentum*. Le procès se fait sous la forme d'un pari ; ce pari est soumis à la décision du juge et il prononce en déclarant lequel des deux *sacramentum* est, à ses yeux, *justum* ce qui implique la perte de l'autre. La décision concerne en apparence une tout autre question que celle qui divise les parties et ce n'est qu'indirectement que cette dernière est tranchée ; pas de condamnation possible, puisqu'il ne s'agit pas d'une réclamation, mais d'une assertion sur un point quelconque. Il en est de même dans le droit postérieur pour les *sponsiones* et les questions préjudicielles. Dans ces cas le mot solennel est *videri*, expression de l'opinion (1).

____

(1) Cicér., *Acad. prior*, II, 47 : *majores voluerunt... quæ judices cognovissent, ea non ut esse facta, sed ut videri, pronuntiarent.* — Dans

Dans la procédure formulaire, dans le cas où l'affaire soumise au juge comporte une condamnation, il a dû employer l'impératif. La loi 59, § 1, au titre de *re judicatâ*, nous en fournit la preuve : « *Solve quod petetitum est,* » fait-elle dire au juge. L'emploi de ce temps, dans ce cas, n'a rien qui doive étonner. Il ne s'agit plus ici d'une simple assertion, mais d'un ordre à donner, et le pouvoir de le donner a été transmis au juge par le prêteur dans la formule : *si paret condemna.*

Actes juridiques faits par des particuliers. — Au-dessous du législateur qui édicte les règles de droit, au-dessous de l'autorité judiciaire qui les applique, nous trouvons les personnes privées dont les rapports sont fixés par ces règles.

Les actes juridiques que ces personnes passent entre elles, tendent à faire naître des droits à leur profit, à les éteindre, à les transmettre, ou à les faire respecter en justice.

Les droits sont ou réels ou personnels.

Les caractères de l'acte et celui du droit vont se refléter dans la forme qui les entoure.

Examinons, par exemple, les formes de la mancipation de l'*in jure cessio*, de la stipulation et du testament.

L'assertion, l'affirmation sont les formes de la mancipation et de la cession judiciaire : « *Hunc ego hominem*

---

la procédure *per sacramentum*, le jugement paraît avoir porté *sacramentam (rei* ou *actoris) justum videri.* — Keller (*Proc. civ. et actions,* § 66) nous dit qu'aucun terme solennel n'était prescrit ; mais il semble démenti par Varron (*de ling. lat.,* VI, 61). Cet auteur affirme le contraire pour l'ancienne époque « *judex quibusdam verbis dicendo finit.*

*ex jure quiritium meum esse aio isque mihi emplus
hoc œre œneaque libra* (Gaïus, I, 119) ». « *Hunc ego
hominem ex jure quiritium meum esse aio* » (Gaïus, II,
24). Cette affirmation absolue est en corrélation étroite
avec le caractère absolu du droit auquel il se rapporte.
Le *familiœ emptor* dans la mancipation et le demandeur
dans l'*in jure cessio*, affirment l'existence de leur droit
sans faire intervenir une question de personne. C'est bien
conforme au caractère du droit réel qui consiste en un
rapport qui permet au titulaire d'user de son droit sans
avoir à demander à un tiers de lui en fournir la jouissance.

L'obligation au contraire est un rapport de droit entre
une personne et une autre personne. C'est un lien qui
astreint l'une à une prestation envers l'autre. L'obligation, à la différence du droit réel dont le caractère est
d'être absolu et opposable à tous, a un caractère purement relatif et ne peut être invoqué que contre une personne déterminée. Ce caractère se manifeste dans la forme
de la stipulation. Celle-ci en effet est une question, mais
une question est une forme relative. (*Spondes-ne ? Dabis-
ne ?*) Faite par un individu, elle suppose nécessairement un
autre individu auquelle elle s'adresse. Le rapport d'une
personne à une autre qui est le fait même de l'obligation
se trouve donc indiqué extérieurement par la forme de la
stipulation. De plus dans la stipulation les deux parties
parlent à la différence de ce qui se passe dans la mancipation. En un mot, la formule de la mancipation est conçue *in rem*, celle de la stipulation est conçue *in personam*.

La forme par demande et réponse se rencontre partout

où il s'agit d'un rapport à établir. Nous la trouvons dans le procès. L'aveu du défendeur a pour objet de l'obliger envers le demandeur ; aussi faudra-t-il qu'il intervienne en réponse à une question. L'aveu fait devant le prêteur (*in jure*) si important qu'il fût pour le demandeur ne pouvait jamais valoir comme *confession in jure*. Il devait être sollicité (*interrogatio in jure*) ; cela résulte en effet d'un texte d'Ulpien : « *Si sine interrogatione quis responderit, se heredem pro interrogato habetur* » (1). La raison en est simple, l'aveu comme tel ne crée aucun rapport entre le demandeur et le défendeur. L'aveu doit avoir été provoqué par le demandeur pour que le rapport existe. Quand il est ainsi fait, il a lieu *in personam* et non pas *in rem*.

N'y a-t-il aucun intérêt à ce que l'aveu et la promesse soient provoqués par une question précédente ? Ne pourraient-ils être spontanés et être acceptés ensuite par l'intéressé ? Cet ordre dans les formules est certainement motivé par une raison de fond. Supposons un aveu, ou une promesse, et une acceptation de cet aveu ou de cette promesse intervenant ensuite. L'acceptation suivant l'aveu ou la promesse, n'établit pas nécessairement un rapport entre l'auteur de l'aveu ou de l'engagement et celui qui accepte, ou du moins elle ne suffit pas à elle seule pour établir ce rapport. Si j'ai dit, je reconnais tel droit ou je promets telle chose, rien ne prouve que ce soit en faveur de celui qui accepte. L'aveu et la promesse ainsi faits sont en quelque sorte un blanc seing dont tous peuvent

______

(1) L. 9, Liv. II, 1.

profiter et dont personne par conséquent ne peut prétendre profiter exclusivement. Quant, au contraire, le créancier parle le premier, quand l'aveu est provoqué, la promesse et l'aveu sont faits au profit d'une personne déterminée ; le rapport est certain.

Avant de passer aux formes du testament, il est indispensable de dire quelques mots du contrat *litteris*, car la
règle de la concordance entre la forme et le fond, a servi
de base à la théorie qui voit dans le *transcriptitium
nomen* un titre inscrit sur le codex. Le texte de Gaïus
décrit dans le contrat *litteris* une opération qui a pour
effet le remplacement d'une obligation par une autre (1).
Il y a deux éléments de fond, il doit y avoir deux
éléments de forme (2). Car il faut en droit romain que
les conditions dont le concours constitue un acte juridique « transparaissent » (3) dans la forme que cet acte
revêt. De là la nécessité d'une double inscription ; une *acceptilatio* qui exprimera l'extinction de la dette ancienne
et une *expensilatio* qui traduira le prêt fictif donnant
naissance à la dette nouvelle. Les deux actes juridiques
qui constituent le contrat *litteris* auront de cette façon
leur expression morphologique, et grâce à cette double
opération les *nomina transcriptitia* se distingueront
facilement sur le codex des simples *nomina arcaria*.

Ceux qui, repoussant cette théorie, font du *nomen
transcriptitium* un titre indépendant du codex pensent

---

(1) Gaïus, III, 128 et suiv.

(2) Gide, *Observ. sur le contrat litteris.*, p. 75.

(3) Accarias, II, n° 578.

aussi, conformément à notre règle, que les deux éléments de la *transcriptio* devaient avoir leur expression dans les formules. Cette expression devient pour l'obligation qui s'éteint la mention de la cause ; pour l'obligation qui nait, l'*expensum* (1).

On peut conjecturer aussi que la formule de la novation contenait l'expression des éléments internes qui se rencontrent dans cet acte.

Nous venons de constater la concordance qui existe entre le droit réel et la forme qui sert à la transmettre, entre le droit personnel et la forme qui préside à sa naissance ; voyons maintenant le mode volontaire de transmission du patrimoine entier, c'est-à-dire le testament.

A l'origine, il se fait dans les Comices, dans la forme des lois. A l'exemple de la loi elle-même, ses clauses seront toutes conçues à l'impératif : *Hœres, exhœres, liber, damnas esto, cernito, capito, sibi habeto, præcipito, sumito, sinito* (2). Cette forme particulière du testament, qui est celle d'un ordre, s'explique donc historiquement.

----

(1) Théophile, dans sa paraphrase du Liv. III, tit. 25 des instit. de Justinien, mentionne la cause de l'obligation ancienne : *quos ex causa locationis debes*.

(2) Gaïus, II, 117, 193, 201, 209, 216. — On pouvait se servir aussi de la formule : *Heredem esse jubeo* qui, tout en contenant un ordre n'était pas conçue à l'impératif. Mais ce n'est certainement pas la formule primitive. Cela résulte de ce que Gaïus nous dit : *Sed et illa jam comprobata videtur : Heredem esse jubeo.* — Dans les legs, nous rencontrons aussi les formules *do lego*. D'où vient cette anomalie ? On ne peut dire ici que ces termes sont d'origine plus récente. Gaïus, II, 193 et Ulpien, XXIV, 3, ne nous donnent pas à le supposer. Cela s'explique peut-être parce que la *nuncupatio* du testament portait les mêmes termes: *ita do, ita lego* (Gaïus, II, 104).

Mais elle est également significative, si l'on songe à la nature intime de cet acte. Le testament est avant tout le produit de la volonté exclusive du testateur ; propriétaire absolu de son patrimoine, il en dispose comme il l'entend, il en dicte la loi : *legem dicere suœ rei, legare*. Les Douze-Tables lui ont reconnu ce droit : *Uti legassit super pecunia tutelave suœ rei, ita jus esto*. C'était conforme à la nature des choses, car on ne voit aucune volonté capable de limiter celle du testateur. Il n'a aucun compte à tenir de celle de son héritier, il peut lui imposer ses conditions. Sans doute, celui-ci, s'il est héritier externe, pourra ne pas accepter l'hérédité, mais s'il l'accepte, il sera obligé de se soumettre aux volontés du testateur. Sa volonté à lui ne concourt pas à la confection même du testament ; elle ne se manifeste qu'en dehors de cet acte, après qu'il est créé et parfait. En un mot, le testament, à la différence de la convention qui suppose l'intervention de deux volontés tombant d'accord, agissant de concert, est l'acte unilatéral d'une volonté absolue, sûre de n'être pas modifiée ; l'impératif dans les termes concorde donc avec le fond.

Dans le fidéicommis, au contraire, la forme n'est plus celle d'un ordre, mais celle d'une prière. Le testateur voulant par un moyen détourné faire fraude à la loi, en gratifiant des personnes incapables d'être gratifiées, institue un héritier capable et le prie de remettre l'hérédité à une autre personne qu'il désigne. Cette forme timide s'explique ici encore. Le testament confère à l'héritier choisi un droit inébranlable ; s'il remet l'hérédité à l'incapable désigné, c'est par pure condescendance, par respect pour le désir du testateur, mais rien ne saurait l'y contraindre. Le testateur ayant ici à compter avec la volonté d'autrui, impuissant sans elle, ne pouvait plus ordonner, il ne pouvait que prier, que se confier à la bonne foi, *fidei committere*.

Les formules de legs renfermées dans le testament sont aussi intéressantes à comparer. Celle du legs *per vindicationem* est ainsi conçue : *Titius capito, sumito, sibi habeto (hunc servum, hanc rem)*. Simple désignation du légataire et de la chose. La formule ne contient pas la mention de l'héritier. Ici le légataire est en rapport direct avec l'objet légué sans qu'il soit besoin de l'intervention de l'héritier pour établir le rapport. Cela tient à ce que la propriété est un droit réel existant directement sur une chose au profit d'une personne. Le legs *per damnationem*, au contraire, qui est un legs de créance, est ainsi conçu : *Heres meus damnas esto dare Titio hominem Stichum*, ou bien : *Heres meus dato Titio hominem Stichum*. Dans ce cas nous rencontrons la désignation de la chose, de l'héritier et du légataire, l'héritier étant débiteur et le légataire créancier. Cette désignation était nécessaire, car une obligation est un rapport entre deux personnes déterminées, et le créancier ne peut arriver à l'obtention de l'objet de l'obligation qu'en passant par le débiteur. Il y a donc entre ces deux formes une différence imposée par le fond, et on ne peut pas dire qu'elles auraient pu être retournées, la formule du legs *per vindicationem* être substituée à celle du legs *per damnationem* et réciproquement, car l'obligation

tend à une prestation, à un *dare facere* du débiteur ;
l'acquisition de la propriété au contraire consiste, dans
l'opinion des Romains, à prendre, à *sumere, capere.*

Les deux autres formes de legs qu'il nous reste à
examiner, ne faisaient pas double emploi avec les premières, mais elles avaient chacune leur destination spéciale. La forme *sinendi modo* moins large que la forme
per damnationem, puisqu'elle ne pouvait embrasser la
chose d'autrui, avait sur elle cet avantage de n'imposer
à l'héritier qu'une simple abstention ; plus large que la
forme *per vindicationem*, elle pouvait porter sur la chose
de l'héritier, et sur les choses dont le testateur n'avait
que la propriété bonitaire. De sorte que si le testateur
voulait léguer une chose dont il n'avait que la propriété
bonitaire, mais sans imposer à son héritier l'obligation
de la livrer, il était forcé de recourir à la forme *sinendi
modo*. Tel était le cas d'application spéciale de cette
forme.

Le legs *per præceptionem* à son tour avait son utilité
propre. Quand un testateur voulait donner à l'un de ses
héritiers un objet déterminé à l'exclusion des autres, il
pouvait sans doute employer la forme *per vindicationem*
ou *per damnationem*, mais l'action qu'il conférait à son
légataire dans ce cas était différente de l'action en partage ;
si au contraire il recourait à la forme *per præceptionem*,
l'héritier avantagé pouvait plus simplement, par l'action
en partage elle-même, se faire attribuer la chose léguée
au moyen de l'adjudication (1), c'est-à-dire sans qu'il

____

(1) Gaïus, II, 219.

soit besoin d'une procédure spéciale. Ce résultat ne pouvait être obtenu que par cette formule de legs (1).

Si nous suivons les personnes privées en justice, nous aurons l'occasion de constater de nouveau, une concordance dans leurs actes entre la forme et le fond. Nous pourrions dès maintenant comparer les formules du *sacramentum* ou de l'instruction donnée par le prêteur au juge sous la procédure formulaire, avec la nature du droit que les parties veulent faire valoir. Mais nous serions amené à anticiper sur la question de la concordance entre le mode d'établissement du droit et son exercice en justice ; aussi renvoyons-nous à cette partie de notre étude.

Nous nous bornerons ici à remarquer la manière dont on fait parler les parties. Elles s'adressent tantôt au prêteur, tantôt à elles-mêmes. L'une quelconque d'entre elles n'a pas le droit de donner des ordres à l'autre, puisqu'elles sont sur le pied d'égalité devant le magistrat ; aussi ne parleront-elles pas à l'impératif. On ne leur fait pas dire : *Ambula mecum in jus*, mais : *In jus te voco ;* ou bien, *dic ex quâ causâ vindicaveris*, mais : *Postulo anne dicas ex quâ causâ…..* etc. ; elles diront aussi : *Sacramento te provoco*. Enfin la formule employée dans la poursuite des droits personnels, telle qu'elle nous est restituée par

____

(1) L'ordre suivi dans les dispositions testamentaires, la place de l'institution d'héritier, celle des legs, etc., sont aussi déterminées par la nature des différentes dispositions. C'est ainsi que l'institution doit précéder le legs, parce qu'on ne conçoit pas une charge imposée à qui n'a encore rien reçu (Gaïus, II, 229, 230). Ce motif ne s'applique ni à l'exhérédation, ni à la *tutoris datio* qui ne sont pas des charges pour l'héritier, aussi peuvent-elles précéder l'institution (L. 1, pp., Liv. 28, 5).

M. Heffter, d'après les *notæ* de Valerius Probus, serait conçue de la même façon : *Quando te in jure conspicio, postulo an fias auctor* (1).

A plus forte raison, leurs réquisitions au préteur ne seront-elles pas conçues à l'impératif ; elles ne diront pas : *da mihi judicem*, mais *judicem arbitrumve postulo uti des*, dans la *judicis postulatio*.

Nous rencontrons certains cas cependant où une personne privée parle à l'impératif ; mais il est à remarquer que dans tous ces cas il est certain qu'il sera obtempéré à son injonction (*Litis contestatio*, *testes estote*). (*Nuncupatio testamenti : testimonium mihi perhibetote*).

SECTION II.

Concordance entre les modes d'extinction et de création du droit.

C'est surtout dans le droit des obligations que nous rencontrons cette corrélation. Elle est étrangère au droit de propriété et cela tient à la nature même des choses. Le droit de propriété doit durer toujours ; il ne s'éteint que par des causes accidentelles et indépendantes de la volonté du titulaire et toujours au détriment de la société. Le propriétaire peut à la vérité transférer son droit, mais le droit n'est pas éteint pour cela, il ne fait que changer de maître. Il est dans la destinée de l'obligation, au contraire, de s'éteindre un jour ou l'autre ; il faut qu'elle s'éteigne pour que le créancier en recueille

____

(1) Valer. Prob., *de notis*, § 4.

tous les avantages et pour que le débiteur rentre dans son indépendance.

Or, nous avons vu que des formes déterminées présidaient à la naissance des obligations. (Voir *Loi de l'économie des formes*, p. 53 et s.) Eh bien ! des modes indentiques à ceux qui les ont fait naître, serviront à les détruire. Cette règle, que les jurisconsultes classiques posent encore d'une manière absolue (1), n'était cependant plus d'une vérité rigoureuse à leur époque. Elle n'exis-tait plus que pour la stipulation et les contrats consensuels. Aussi n'est-ce que par une induction fondée sur certains cas d'application de la règle à l'origine, cas d'application dont le souvenir nous a été tramsmis, que nous pouvons rétablir la loi dans son intégrité. Ainsi « Tite-Live (2) rapporte qu'un centurion, illustré par de hauts faits d'armes, traversait le *forum*, conduit en prison pour n'avoir point exécuté une sentence de condamnation, lorsque Manlius Torquatus intervint, acquitta la somme due et non content de ce paiement réel, recourut au paiement fictif *per œs et libram*. Que conclure de là, sinon que la numération des espèces n'eut pas suffi à libérer le débiteur (3) ? Un usage non moins significatif

---

(1) L. 100. Liv. 50, 17.

(2) Tit.-Liv., IV, 14.

(3) « On a donné une autre explication du passage de Tite-Live. On a dit que le paiement fait par Manlius l'avait rendu créancier du centurion, et que c'est cette nouvelle obligation qui avait besoin d'être éteinte par *œs et libram*. Mais il est aisé de répondre que, d'après le récit de Tite-Live, Manlius paye comme donateur et qu'en admettant le contraire, ce n'est pas *per œs et libram* qu'il deviendrait créancier, d'où il suit que ce n'est pas non plus en cette forme qu'il pourrait éteindre sa créance (Accarias, II, p. 705, note 1).

nous est révélé par Cicéron (1). Dans les cas où un légataire partiaire voulait se dérober à la charge des *sacra*
sans perdre le bénéfice du legs, il commençait par libérer l'héritier *per œs et libram*. Le legs ainsi anéanti, il
en stipulait le contenu, et par là recouvrait sa créance,
mais sans plus rien devoir ni aux dieux du défunt ni à
ses mânes. Que prouve cet usage ? Évidemment qu'une
stipulation faite *novandi causa* n'aurait pas éteint l'obligation de l'héritier envers le légataire ; sinon, le recours à la solennité *per œs et libram* n'eut été qu'une
complication dépourvue de sens et le légataire eut directement stipulé *id quod sibi legatum erat.* J'arrive donc
à cette première conclusion : il y avait des obligations
qui ne pouvaient s'éteindre conventionnellement que *per
œs et libram.* Ceci admis, je généralise et je dis qu'à
l'origine, étant donnée une obligation engendrée par un
des contrats où les effets du consentement sont déterminés et limités par un élément formel, les parties ne pouvaient l'éteindre d'un commun accord qu'en recourant
aux formes mêmes qui lui avaient donné naissance » (2).

Cette généralisation est certainement admissible, parce
que les textes des jurisconsultes classiques, par leur caractère absolu, l'autorisent ; parce que les nombreux cas
d'application que nous rencontrons de la règle çà et là
dans les différentes parties du droit, confirment sa raison
d'être ; parce qu'enfin cette règle rigoureuse est fondée
sur la raison.

----

(1) *De legib.*, II, 21.
(2) Accarias, II, p. 705 et 706.

Et d'abord les textes des jurisconsultes. C'est la loi 100, au titre de *regulis juris :* « *Quæ jure contrahuntur, contrario jure pereunt* », nous dit Gaïus ; et Pomponius dans la loi 80, au titre de *solutionibus*, nous dit aussi : « *Proüt quidque contractum est, ita et solvi debet.* » Sans doute le commentaire qu'il donne de la règle dans la suite du texte, dément la rigueur qu'il y attache, mais s'il s'exprime ainsi, c'est sous l'impression d'une tradition qui commençait seulement à s'effacer (1).

Ensuite nous rencontrons tant dans les autres parties du droit civil que dans le droit religieux des exemples qui nous prouvent que cette règle a dû être absolue au début.

La révocation du legs (*ademptio legati*) de la part du testateur, exige l'emploi de *verba contraria*, c'est-à-dire qu'il fallait reproduire les mots dont on s'était servi pour constituer le legs, en y joignant une négation. Ainsi, par exemple, la formule du legs *per vindicationem* étant ainsi conçue : *do, lego, capito, sumito,* etc., la formule de la révocation devait être, *non do, non lego, non capito, non sumito ;* dans le legs *per damnationem, damnas ne esto* prenait la place de *damnas esto dare ;* dans l'affranchissement de l'esclave, au lieu de *liber esto*, on disait *liber ne esto* (2).

---

(1) Paul, dans la loi 153, Liv. 50, 17, est moins affirmatif. Il dit : *Fere quibuscumque modis obligamur, iisdem in contrarium actis liberamur.*

(1) Ulpien, XXIV, 29 : « *Legatum quod datum est, adimi potest,... dum tamen eodem modo adimatur, quo modo datum est.* » Inst., II, 21, pp. — Le fidéicommis du droit nouveau n'est assujéti à aucune forme et peut être révoqué par la simple manifestation d'un regret (Const. 27, Liv. 6, 42).

Le mariage par *confarreatio* qui s'accomplissait à l'aide de formes déterminées à l'avance, ne pouvait se détruire qu'avec le secours d'une formalité inverse appe-lée *diffareatio* (1). Pour rendre une chose sacrée, il fal-lait une cérémonie à laquelle Cicéron fait allusion, mais sur laquelle il ne nous renseigne pas (2). Cette cérémonie s'appelait *consecratio* ou *dedicatio*. Pour faire perdre à la chose sacrée son caractère, il fallait une solennité in-verse appelée *exauguratio*. Tite-Live (3) rapporte que cette solennité fut pratiquée avant la fondation du Capi-tole, afin que le sol qu'on voulait consacrer à Jupiter fut libre de toute affectation à d'autres divinités. L'*exaugu-ratio* comportait des paroles solennelles auxquelles Cicé-ron (4) fait allusion, et son nom même indique que l'on y prenait les auspices. Aulu-Gelle (5) nous apprend qu'il y avait aussi une *exauguratio* pour les vestales, qui ayant atteint l'âge de quarante ans, voulaient sortir du sacer-doce et se marier.

Une solennité religieuse présidait à la fondation des villes ; on en déterminait l'enceinte à l'aide de la charrue, et quand on voulait procéder à leur destruction, on accomplissait les mêmes rites : *Nam ideo ad exaugu-randas et diruendas civitates aratrum adhibitum, ut eodem ritu quo condita subvertatur* (6).

---

(1) *Festus* V° *Diffareatio*.
(2) Cicér., *Pro domo*, 46.
(3) Tite-Live, I, 55.
(4) Cicér., *Orat.*, 42.
(5) Aul.-Gel., VJ, 7.
(6) *Servius ad Aen.*, IV, 212.

Ces exemples qui nous sont parvenus nous montrent le bien fondé de notre généralisation, et nous permettent en même temps de restituer certains autres cas sur lesquels nous n'avons aucun renseignement positif.

C'est ainsi qu'il est permis de croire que la *manus* constituée par *coemptio* se dissolvait par la mancipation suivie d'affranchissement. Cela est rendu probable non-seulement par la règle de la concordance, mais encore par l'analogie de la *manus* avec la puissance paternelle et par un texte mutilé de Gaïus qui donne à le supposer (1).

Il est vraisemblable aussi que le testament lorsqu'il se passait à l'origine *calatis comitiis* et dans la forme pure de la mancipation, ne pouvait être révoqué que par une loi nouvelle ou par une remancipation du *familiæ emptor*. La difficulté que présentait une telle révocation, aurait figuré parmi les causes de l'abandon de ces modes de tester (2).

La règle que nous venons d'établir et qui ressort de ses cas d'application est d'ailleurs fondée en raison, quand un législateur attribue à certaines formes, à elles seules, la vertu de produire un effet, n'est-il pas logique d'exiger la même forme pour détruire cet effet ? Qu'y a-t-il de plus naturel que l'effet soit détruit par une cause identique à la cause productrice, mais agissant en sens contraire ? *Nihil tam naturale est, quam eo genere quidque dissolvi quo colligatum est* (3).

---

(1) Gaïus, I, 137.
(2) Accarias, II, p. 758, n° 321.
(3) L. 35, Liv. 50, 17.

Notre règle établie, nous pouvons maintenant en étudier l'application aux obligations dans le droit ancien, dans le droit classique et dans le droit de Justinien.

§ 1. — Droit ancien.

Les causes formelles d'obligation qui se sont rencontrées à des époques différentes pendant cette période sont le *nexum*, la stipulation, et le contrat *litteris*. Vers la fin de la république, certains contrats consensuels auraient été admis dans la liste des contrats du droit civil à raison de leur utilité pratique. Comme la volonté dans ces contrats n'est astreinte à aucune forme, nous pourrions les passer sous silence, mais comme il y a ceci de particulier qu'ils ne peuvent être dissous que par mutuel dissentiment et non par un autre mode d'extinction, on peut les faire rentrer dans notre étude. D'ailleurs les jurisconsultes parlent toujours du *contrarius actus* à propos de notre règle (1).

Nexum. — C'est l'engagement *per æs et libram*. Il ne pouvait se dissoudre que par un acte correspondant à celui de son établissement, *nexi solutio*, *liberatio*. Ce mode à l'origine était réel, comme nous le voyons dans le paiement fait aux Gaulois au Capitole (2) ; plus tard il devint fictif et demeura comme souvenir du temps où le métal se donnait au poids.

Gaïus nous parle de ce mode d'extinction et nous dit qu'il peut être employé comme moyen d'exécuter un

---

(1) L. 80, Liv. 46, 3. — L. 35, Liv. 50, 17.
(2) Tite-Live, Liv. III.

paiement imaginaire. La forme suffit à elle seule pour produire l'effet libératoire indépendamment de toute numération d'espèces. Il ajoute que cette forme est réservée à des cas déterminés, la dissolution d'un *nexum*, l'exécution d'une sentence de condamnation et le paiement d'un legs *per damnationem* : « *Quod et ipsum genus certis in causis receptum est, veluti si quid eo nomine debeatur, quod per æs et libram gestum est, sive quid ex judicati causa debitum sit* (1). «... *Similiter legatarius heredem eodem modo liberat de legato quod per damnationem relictum est* » (2).

Dans ces trois cas, le paiement n'était pas libératoire, si l'emploi du *nexum* opérant en sens contraire, avait été négligé. La numération des espèces, la prestation de l'objet dû ne suffisait pas. Le débiteur, au contraire, était libéré lors même qu'il n'avait rien payé, si le créancier l'avait déchargé de sa dette en observant les formes de ce paiement apparent.

Gaïus nous montre bien d'une part que cette forme pouvait servir à réaliser un paiement imaginaire ; dans son § 173, il dit en effet : *Est etiam alia species imaginariæ solutionis per æs et libram.* L'idée que par contre la numération à elle seule n'aurait pas suffi pour éteindre la dette est justifiée par les textes déjà cités (p. 115 et 116) de Tite-Live et de Cicéron.

Il nous resterait à expliquer pourquoi la solennité *per æs et libram* s'employait pour éteindre les obligations

____

(1) Gaïus, III, 173.
(2) *Id.*, III, 175.

consacrées par une sentence judiciaire et celles qui résultaient d'un legs *per damnationem* ayant pour objet des choses *quæ numero aut pondere constant*. Pour ces dernières, l'explication est facile. Le testament se concluait à l'origine *per æs et libram* et fut longtemps regardé comme un véritable contrat entre le *familiæ emptor* et le testateur (1) ; il était dès lors naturel que l'obligation mise à la charge de l'héritier fut détruite par le mode qui avait servi à la former. D'autre part, la forme même de ce paiement simulé au moyen du métal et de la balance, semblerait indiquer qu'il n'a dû s'appliquer dans sa forme primitive qu'aux obligations de choses nommées par les romains *certa pecunia*, qui s'estiment au poids ou au nombre après l'introduction de la monnaie (*quod pondere, numero constat*). C'est ce que nous dit Gaïus (2), en ajoutant que quelques jurisconsultes pensaient qu'il fallait y joindre celles qui s'estiment à la mesure (*mensura*). La justification de cette addition se trouve dans l'idée que les Romains se font des choses qui se mesurent (3). Les choses qui se mesurent reviennent en somme à se confondre avec les choses qui se pèsent. D'autre part, toute obligation créée par testament étant née *per æs et libram*, ne devait-on pas dire qu'elle devait s'éteindre quelque soit d'ailleurs son objet, *per æs et libram*. Cette idée semble confirmée par le passage

---

(1) Gaïus, II, 105.

(2) *Id.*, III, 175.

(3) *Id.*, III, 90.

déjà cité de Cicéron, puisqu'il en résulte qu'un legs partiaire peut s'éteindre *per œs et libram* (1).

Quant au *judicatus*, comment se fait-il qu'on employât
asusi ce mode pour le libérer ? On peut conjecturer qu'en
raison de la concordance entre les modes d'établissement
du droit et les modes d'exercice en justice d'une part,
entre l'action qui était en quelque sorte un projet de jugement et ce jugement d'autre part, la formule de condamnation avait quelque analogie avec la formule du *nexum*,
ce qui nécessitait l'emploi de l'*œs* et de la *libra* pour
éteindre la condamnation (2).

Stipulation. — La stipulation était la seconde forme
servant à donner naissance à des obligations. A ce mode
de formation correspondait un mode d'extinction identique, l'acceptilation. C'était la forme solennelle de la
remise d'une dette stipulée ; elle n'avait d'application
que dans ce cas unique : « *Acceptum fieri non potest,
nisi quod verbis colligatum est. Acceptilatio enim verborum obligationem tollit, quia et ipsa verbis fit, neque
enim verbis potest tolli quod non verbis colligatum est* » (3).
Dans l'un comme dans l'autre cas, l'acte était conclu
au moyen de termes solennels et en forme interrogative ;
seulement dans l'acceptilation, la formule de la stipula-

---

(1) Cicér., *de legib.*, II, 21.

(2) Il en résulterait que l'obligation du *judicatus* serait née du *nexum*,
contrairement à l'opinion de M. Tambour (note 39), d'après lequel
l'obligation du *judicatus* naît d'un autre contrat que le *nexum*. La vérité
serait que le *nexum* produisait des effets différents suivant l'intention des
parties (Vente réelle, ou simple engagement).

(3) L. 8, § 3. Liv. 46, 1.

tion était retournée. Dans cette dernière, en effet, c'était le créancier qui posait la question et le débiteur qui répondait ; dans l'acceptilation, au contraire, c'était le débiteur qui posait la question (*acceptumne habes ?*) et le créancier qui répondait (*acceptum habeo*). Dans l'un et l'autre cas, ce sont les paroles qui constituent la cause de l'opération juridique. Si l'acceptilation a eu lieu sans être accompagnée de paiement, l'obligation n'en est pas moins éteinte. Si, au contraire, le paiement a été effectué sans être accompagné de paroles solennelles, la dette n'en subsiste pas moins.

Quand nous étudierons l'état de notre règle à l'époque classique, nous reviendrons sur la corrélation entre la stipulation et l'acceptilation. Comme elle est encore entière dans cette période, les textes des jurisconsultes nous font moins défaut et nous permettent de l'étudier dans ses détails.

A côté de l'acceptilation se rencontre un autre mode d'extinction des obligations nées *verbis*, à savoir la novation. Cette seconde opération ne fait pas double emploi avec la première et son utilité explique la coexistence avec elle ; au lieu d'éteindre purement et simplement la dette, elle produit en outre cet effet de substituer à la *verborum obligatio* qu'elle éteint une dette nouvelle également née *verbis* et dont l'objet est identique à l'objet de la dette ancienne.

Il est reconnu que la novation n'avait lieu que *verbis*. La règle n'est nulle part formulée au Digeste, mais le titre de *novationibus* en fournit des applications à chaque pas (1). De plus, nous ne rencontrons au même titre aucun exemple de dette novée par le contrat *litteris* ou par la *litis contestatio*. Enfin, Gaïus à propos de la novation ne nous parle·nullement de la *litis contestatio* ou du contrat *litteris*. Cela étant établi, le mode extinctif auquel on réservait spécialement à Rome le nom de novation ne devait s'appliquer qu'aux stipulations. Cela résulte de notre règle : *Quæ jure contrahuntur, contrario jure pereunt.* Cela résulte de la loi 8 précitée qui sans doute n'est plus à l'époque où elle est formulée aussi absolue qu'elle semble le dire, mais qui est encore l'expression d'un principe autrefois rigoureux. On peut également déduire cette conséquence du § 21, *de legibus* de Cicéron, que nous avons rapporté plus haut (2). Si, dans ce cas, le légataire recourt à une double opération pour transformer la dette de l'héritier, à la formalité *per œs et libram* pour l'éteindre et à la stipulation pour la faire revivre transformée, c'est que la stipulation *novandi causa* n'aurait pu produire cet effet. Et pourquoi n'aurait-elle pu produire cet effet ? Parce que le mode d'extinction du droit n'aurait pas concordé avec son mode de formation. Enfin la loi 2, à notre titre, semble, interprêtée *à contrario*, confirmer cette manière de voir. Elle nous dit qu'à l'époque classique la novation est devenue un mode général d'extinction des obligations et qu'elle ne s'appli-

---

(1) L. 1, § 1. Liv. 46, 3 : *Verbis novari potest,* L. 6, pp, *eod. : Si ita fuero stipulatus. — L. 7, eod., cum stipulamus.... stipulatione novari,* L. 8, § 1.... *Si in stipulationem fuerint deducta....* L. 8, § 2, etc., etc.

(2) Voir p. 116.

que plus seulement aux obligations nées *verbis : Quodcumque enim sive verbis contractum est, sive non verbis,
novari potest.*

Contrat litteris. — Nous n'avons que peu de renseignements sur le contrat *litteris*, mais on peut conjecturer
qu'il s'éteignait par des écritures en sens inverse. D'après
la doctrine générale, le créancier avait fait une *transcriptio* sur son registre pour faire naître l'obligation :
ainsi il écrit dans la colonne de l'*acceptum : acceptum
decem a Titio*, et dans la colonne de l'*expensum : expensum Titio decem*. Pour éteindre cette obligation, il faut,
d'après notre règle, accomplir l'opération inverse, et les
deux éléments qui se rencontrent dans la création devront se retrouver dans l'extinction. Par qui devra-t-elle
être effectuée? par le créancier? Supposons-le un instant.
Exécutera-t-il cette opération en portant dans la colonne
de l'*acceptum : expensum Titio decem* et dans la colonne
de l'*expensum : acceptum a Titio decem ?* La seconde
opération serait matériellement sans doute l'opposé de
la première, mais ce mode d'agir semble inadmissible.
On ne comprend pas en effet qu'on rejette dans une colonne ce qui doit se trouver dans l'autre ; qu'on porte à
la colonne de l'*acceptum* quelque chose d'*expensum* et à
la colonne de l'*expensum* quelque chose qu'on a reçu.

On a dit, pour expliquer comment se faisait l'*acceptilatio litteris*, qu'elle ne constituait pas un acte à part,
mais qu'elle n'était qu'une *transcriptio* ordinaire. Seulement ce qui distinguait l'*acceptilatio litteris* du contrat
lui-même sur le registre, c'est la mention de la cause de

l'obligation qui se rencontrait toujours dans la *transcriptio* (vente, louage, etc.). « C'est seulement par ces indications accessoires qu'un contrat *litteris* se distinguait sur le códex d'une remise de dettes. Cette remise en effet devait s'opérer par l'inscription suivante : « Cent sesterces reçus de Titius en paiement ; cent sesterces comptés à Titius en don ». L'acceptilation par l'écriture n'étant qu'une transcription ordinaire, on s'explique pourquoi Gaïus n'en a pas fait une mention spéciale, lorsqu'il énumérait les modes d'extinction des obligations » (1).

Cette conjecture, selon nous, reste douteuse ; car elle se heurte à une loi qui domine tous les contrats à Rome, c'est que c'est toujours le bénéficiaire de l'acte juridique qui doit prendre l'initiative. Dans la stipulation, par exemple, le créancier parle le premier. Dans l'acceptilation, le débiteur qui est ici bénéficiaire de l'acte, puisqu'il en attend sa libération, interrogera le créancier. Dans le contrat *litteris*, le créancier prend l'initiative en tant qu'il s'agit de faire naître l'obligation ; Gaïus est formel sur ce point (2). Ne sera-ce pas au débiteur à prendre l'initiative de l'extinction de la dette, à jouer ici le rôle actif, à opérer l'acceptilation sur son registre ? Une dernière considération confirme cette manière de voir, c'est que si on abandonne au créancier le soin d'opérer lui-même l'acceptilation sur son registre, le débiteur sera à

---

(1) Gide, *Observations sur le contrat litteris. Revue de legislat. française et étrangère,* annéé 1873, p. 139, note 2.

(2) Gaïus, III, 129.

sa merci ; il ne tiendra qu'au créancier de ne pas opérer la mention nécessaire pour que le débiteur continue à être obligé.

Pour ces différents motifs, il vaut mieux admettre que l'*acceptilatio litteris* était accomplie par le débiteur lui-même. Il la faisait sur son registre avec le consentement du créancier, et la mention de la cause de l'opération servait à la distinguer d'une *transcriptio* créatrice d'obligation. Le débiteur écrivait, colonne de l'*acceptum* : reçu de Titius cent sesterces à titre de prêt, et dans la colonne de l'*expensum*, comptés à Titius cent sesterces en paiement. De cette façon, une concordance parfaite existe entre le mode de création de l'obligation et son mode d'extinction. — Cette concordance désignait clairement la créance qu'on avait voulu éteindre.

Si l'on adopte la théorie d'après laquelle le *nomen transcriptitium* est la transformation d'une obligation antérieure (*vetus debitum*), en une obligation nouvelle (*in novum creditum*), au moyen de la solennité des écritures (*per scripta solemnia transformatum*) (1), mais au moyen d'écritures sans rapport avec le codex, on arrive encore à concevoir un mode d'extinction analogue au mode de création de la créance. Cette dernière naissait donc au moyen de la solennité des écritures. Comme l'opération comprenait deux éléments de fond, une dette à éteindre (*vetus debitum*) et une dette à créer (*novum creditum*), ces deux éléments ont dû transparaître dans la forme. La formule qui devait constater une remise de deniers,

---

(1) Paraphrase de Théophile sur le titre 21 du Liv. III des institutés.

l'*expensilatio*, devait donc en même temps constater la nature, la cause de l'obligation préexistante. C'est ce qui résulte du texte de Théophile.

Cela étant, le mode extinctif de l'obligation *litteris* devait concorder, d'après notre règle, avec son mode de formation. Or, même dans cette dernière théorie, on conçoit sans peine un mode d'extinction corrélatif au mode de formation. Le débiteur pouvait rédiger avec l'assentiment du créancier une formule mentionnant le *vetus debitum* remplacé par le *novum creditum* né de l'*expensilatio*, et faisant disparaître ce dernier par la mention d'une *acceptilatio*, opération inverse de l'*expensilatio*.

On ne peut donc tirer de notre loi de la concordance des formes un argument en faveur de l'un ou de l'autre système.

Contrats re et consensu. — Jusqu'ici nous avons vu l'application de notre règle aux actes formels, *nexum*, contrats *verbis* et *litteris*.

Mais ce n'était pas là les seuls modes de s'obliger, admis par le droit civil romain. On pouvait encore, nous l'avons vu plus haut, s'obliger *re* (p. 77). On pouvait aussi s'obliger *solo consensu*. Aucun élément formel ne concourt à la formation de ces contrats, car toutes les conditions exigées pour leur existence, sont des conditions de fond, découlant de leur essence même. Le *mutuum* ne peut en effet se comprendre sans la remise en propriété de la chose qui en fait l'objet et l'*emptio venditio* suppose nécessairement un consentement réciproque, un objet et un prix.

Etudier la règle de la concordance relativement à ces contrats, c'est dès lors, semble-t-il, sortir des limites de notre travail et ne pas se borner à l'étude de la forme. D'autre part, ne paraît-on pas autorisé à soutenir que la loi de la correspondance n'est vraie qu'appliquée aux actes formels ? Car si le contrat *re*, le *mutuum*, ou un contrat *consensu* quelconque, ne peut s'éteindre, le premier, que par le paiement, la dation en propriété d'une chose semblable à celle qui a été livrée, le second que par un *mutuus dissensus*, n'y a-t-il pas là un résultat forcé, imposé par la nature des choses ?

Cependant il n'est pas inutile de parler des modes d'extinction propres à ces contrats, parce que les textes qui parlent de la loi du *contrarius actus*, mentionnent toujours son application, soit aux contrats *re*, soit aux contrats *consensu* (1), ensuite parce que le caractère formel du droit romain et notre règle ont exercé une véritable influence même sur ces contrats et enchaînent, dans une certaine mesure, ici encore, la volonté.

S'il est naturel en effet que le *mutuum*, le prêt d'une somme d'argent, s'éteigne par le paiement même d'une somme égale, il y a quelque chose de rigoureux qu'il ne puisse s'éteindre *jure civili* que par ce mode. Le débiteur n'aurait pas pu, bien certainement, se libérer par une *acceptilatio*, soit parlée (2), soit écrite, parce que celle-ci n'aurait pas été en relation avec la dette née du prêt. Il n'aurait pas pu d'avantage se libérer par le mutuel dis-

(1) L. 35, Liv. 50, 17. — L. 80, Liv. 46, 3.
(2) L. 8, § 3. Liv. 46, 1.

sentiment. Celui-ci, convention nue, n'était pas autorisé dans cette circonstance et restait dans le domaine des simples pactes, sans effet devant le droit civil, et n'engendrant pour le préteur qu'une exception exigeant une mention spéciale dans la formule. *Jure civili*, la dette subsistait. Bien plus, les parties n'auraient pas pu convenir que le débiteur livrerait une autre chose à la place de la chose due. Sans doute, la *datio* en paiement ne restait pas sans effet devant le prteur, mais devant le droit civil elle restait inefficace. Les jurisconsultes ne voyaient dans cette opération qu'une translation en propriété et un pacte de *non petendo*, par lequel le créancier renonçait à son action, pacte nul devant le droit civil et n'engendrant en droit prétorien qu'une exception. Telle a dû être la théorie primitive (1).

De même le contrat *consensu* ne peut s'éteindre que *contrario consensu* et *non verbis* ou *litteris* (2).

Et il faut, pour qu'il puisse s'éteindre de cette façon, que les choses soient encore entières (*rebus adhuc integris*) (3). Si l'une des obligations, dans la vente, par exemple, a été exécutée, le *contrarius consensus* ne peut pas suffir à éteindre l'autre, bien qu'en raison et d'après nos idées modernes cela puisse se faire. En un mot le

---

(1) Gaïus, III, § 168.

(2) Cependant l'acceptilation valant au moins comme simple pacte et celui-ci suffisant pour détruire les contrats consensuels, ceux-ci pouvaient être détruits par une acceptilation. Telle est du moins la solution des textes classiques (L. 5, pp., *de rescind. vendit.*) (L. 23, *de acceptil.*). En était-il de même à l'origine ? On peut le croire, car la cause de dissolution a autant de force que la cause de création.

(3) LL. 3 et 5, Llv. 18, 5.

contrarius consensus n'opère qu'autant qu'il peut éteindre simultanément toutes les obligations nées du contrat. Et la raison, c'est que les contrats consensuels produisant des obligations synallagmatiques, le mode d'extinction qui prétend y correspondre doit nécessairement produire une double libération. De même que le consentement primitif a obligé du même coup les deux contractants, de même le consentement contraire ne délie pas l'un sans délier l'autre. D'où la convention qui se propose la libération d'un seul ne vaut jamais que comme pacte de *non petendo*.

D'après le pur droit civil, ces modes d'extinction étaient donc exclusivement réservés aux obligations formées par le mode identique.

Les développements qui précèdent nous ont montré le caractère absolu de notre loi dans le droit ancien. Chaque mode de création des obligations a pour corrélatif un mode d'extinction identique qui lui est exclusivement réservé. Selon que les obligations se forment *re, verbis, litteris* ou *consensu,* elles s'éteignent *re, verbis, litteris* ou *consensu.*

Suivons notre règle dans le droit classique et dans le droit de Justinien et voyons les transformations qu'elle a subies à ces époques.

§ 2. — Epoque classique et droit de Justinien.

Nous n'aurons pas à faire une étude spéciale de notre règle sous chacune de ces deux époques. Ce que nous dirons de l'état de la loi de la concordance à l'époque classique, sera également vrai à l'époque de Justinien, puisque c'est dans les textes du Digeste conservés par cet empereur et revêtus par lui de la force obligatoire que nous puisons nos renseignements. Toutefois, nous aurons soin de faire remarquer, chemin faisant, les innovations survenues à cette dernière époque, toutes les fois que l'occasion s'en présentera.

La loi de la concordance ne tarda pas à perdre de sa rigueur sous l'influence de considérations et de nécessités pratiques.

Le contrat, c'est-à-dire la convention reconnue et sanctionnée par le droit civil, n'était pas en effet la seule source des obligations. Celles-ci pouvaient naître *ex delicto* ou quasi *ex contractu*. « *Obligationes aut ex contractu nascuntur, aut ex maleficio, aut proprio quodam jure ex variis causarum figuris* » (1). Or, les obligations nées *ex delicto* ne pouvaient s'éteindre par un moyen identique. Un vol ne pouvait s'éteindre par un vol. Il en est de même pour les obligations nées quasi *ex contractu*, le paiement seul pouvait les faire disparaître. Enfin, quand les contrats *consensu* avaient été admis dans la liste des contrats du droit civil, si on avait proclamé qu'ils pourraient s'éteindre par le *mutuus dissensus*, on avait reconnu aussi que le paiement entraînerait leur anéantissement. C'était logique, puisque le paiement n'est en somme qu'une convention tendant à éteindre une obligation préexistante tout en donnant satisfaction au créancier. Or, ce qu'il importe de remar-

____

(1) Gaïus, L. 1, pp., Liv. 44, 7.

quer, c'est que dans tous ces cas, le paiement était un mode général d'extinction *ipso jure.*

Cette généralisation, commencée sous l'influence de la nécessité, ne devait pas tarder à s'étendre, étant donnée surtout cette idée que le paiement est le mode normal d'extinction des obligations, celui que le créancier a eu en vue, le seul qui lui importe et sans lequel l'obligation manque totalement de sens. Ces considérations étaient plus que suffisantes pour que la jurisprudence cédât ici encore à la tendance habituelle qui la poussait à corriger le vieux droit civil.

Aussi à l'époque classique, le paiement, de mode spécial d'extinction des obligations est devenu mode général, et s'applique aussi bien aux contrats *verbis* et *litteris,* qu'aux contrats *re* et *consensu.*

Cela résulte du § 168 du Commentaire III, de Gaïus, où le jurisconsulte nous présente le paiement comme un mode général d'extinction des obligations : « *Tollitur autem obligatio præcipue solutione ejus quod debetur* ».

Justinien, à son tour, consacre cet effet général du paiement : « *Tollitur autem omnis obligatio solutione ejus quod debetur* » (1).

Nous avons dit que dans le droit primitif, le paiement de la chose même qui faisait l'objet de l'obligation entraînait seul l'extinction de cette dernière. C'était raisonnable et conforme à notre loi. La *res,* c'est-à-dire la translation en propriété d'un objet déterminé étant la cause de la dette, il fallait une cause identique pour la

---

(1) Instit., Liv. III, tit. 29, pp.

détruire, et partant la prestation d'un objet semblable à celui qui avait été prêté. A l'époque classique, ce principe est entamé, sinon par l'école proculienne qui reste fidèle à l'ancienne doctrine, du moins par l'école sabinienne, qui voit dans la *datio in solutum* un mode d'extinction *ipso jure*. Gaïus mentionne cette controverse : ... *Quæritur si quis consentiente creditore, aliud pro alio solverit, utrum ipso jure liberetur, quod nostris præceptoribus placet, an ipso jure maneat obligatus, sed adversus petentem exceptione doli mali defendi debeat, quod diversæ scholæ auctoribus visum est* » (1). Or, assurément, l'opinion proculienne était plus conforme à la vérité (2), et si l'on admet que l'opinion contraire s'expliquait, la *datio in solutum* s'analysant en une vente suivie de compensation, il faut reconnaître qu'il y avait là une exception à notre règle de la concordance, puisqu'il y a extinction d'une dette par une autre dette.

A l'époque justinienne, la controverse est définitivement tranchée par un texte des institutes qui nous dit : « *Tollitur omnis obligatio solutione... vel si quis, consentiente creditore, aliud pro alio solverit* » (3). C'est l'opinion sabinienne qui l'a emporté.

A côté du paiement, se place un autre mode d'extinction commun à toutes les obligations, à savoir la novation.

______

(1) Gaïus, III, 168.

(2) Voir page 131.

(3) Instit., III, 29, pp. — On pourrait dire que la controverse subsiste, puisque les textes en faveur de l'une et de l'autre opinion sont conservés au Digeste.

Au début, elle ne s'applique qu'aux obligations nées *verbis*. Restreinte dans cette limite, elle réalisait déjà de grands avantages.

Avait-elle eu lieu par changement de créancier, elle atteignait le même but que la *procuratio in rem suam ;* c'était un moyen indirect de céder une créance.

Elle remplissait l'effet d'un paiement, si elle avait eu lieu par changement de débiteur. L'ancien débiteur en effet désintéressait son créancier, non pas en lui fournissant l'objet dû, mais en lui donnant à sa place un autre débiteur, obligé à la prestation de l'ancienne dette.

Enfin elle pouvait servir à substituer une dette à terme ou une dette conditionnelle à une dette pure et simple et réciproquement.

Ces avantages étaient déjà considérables : malheureusement l'application rigoureuse de notre loi n'en permettait aux parties la réalisation que dans le cas où la dette primitive était née *verbis*. Etait-elle née *re*, *litteris* ou *consensu*, il était impossible de les obtenir. C'était déjà un premier inconvénient, mais ce n'est pas tout, il était encore d'autres avantages que la loi de la concordance empêchait la novation de réaliser. Supposons possible la novation d'un contrat *consensu* (vente, louage, société, mandat) ; à la place d'une action de bonne foi, le créancier va obtenir une action de droit strict. La dette n'était-elle pas liquide, le débiteur aura de cette façon l'avantage de la ramener à une somme fixe. S'il était tenu en vertu d'un mandat ou d'une société, le compte, jusqu'ici incertain, se trouvera nettement déterminé et le juge perdra son pouvoir d'appréciation. En un mot les parties peuvent arriver à ce résultat de changer la nature de l'action et de liquider la dette, si on leur permet de nover une dette quelconque par stipulation. Elles peuvent gagner en plus de rendre possibles deux choses, qui jusque-là ne l'étaient pas, c'est à-dire l'acceptilation d'une part, et d'autre part l'accession d'un *sponsor* ou d'un *fidepromissor*. L'acceptilation en effet ne pouvait éteindre que les obligations *verbis ;* les contrats *re, litteris* ou *consensu* ne pouvaient donc s'éteindre par ce mode. De leur côté les *sponsores* et les *fidepromissores* ne pouvaient garantir que les obligations verbales : « *Nam illi quidem nullis obligationibus, accedere possunt, nisi verborum* » (1). C'était logique, l'obligation accessoire devant être conçue à l'image de l'obligation principale. Or, l'obligation accessoire se formant *verbis* (et il ne pouvait en être autrement, puisque le *sponsor* et le *fidepromissor* s'engagent sans avoir rien reçu, gratuitement), on en tira cette conséquence que la *sponsio* et la *fidepromissio* ne pourraient garantir que des obligations verbales. Car l'obligation accessoire doit être identique à l'obligation principale non seulement quant au fond, mais aussi quant à la forme (2).

(I) Gaïus, III, 119.

(2) Il est nécessaire de mentionner ici un aspect particulier de la règle de la concordance des formes : Nous voulons parler de la corrélation entre les formes de l'obligation accessoire et celle de l'obligation principale.

L'accessoire suivant la nature du principal, devant en être l'image, les jurisconsultes rommains en avaient conclu fort logiquement que cela impliquait non seulement l'identité d'objet, mais aussi l'identité de cause.

C'est pour éviter ces inconvénients pratiques que peu
à peu on en arriva à faire fléchir la règle et à considérer
la novation comme pouvant éteindre toute dette, quelle
que soit sa cause. Comme le paiement, auquel du reste

Or, les engagements accessoires ne pouvaient se contracter que dans la
forme verbale. Il était impossible en effet, étant donnée une obligation
principale née d'un emprunt, d'un achat ou d'un vol, que celui qui voulait la garantir, se fît lui-même emprunteur, acheteur ou voleur. Comme
il s'engageait sans avoir rien reçu, il n'avait d'autre ressource que la
forme verbale.

Or, en vertu de la loi de la concordance, l'obligation accessoire devant
être semblable à l'obligation principale, les *adpromissiones* ne pouvaient
accompagner que les obligations *verbis*.

La forme primitive de l'*adpromissio* fut la *sponsio* : elle remonte à
l'époque primitive où le débiteur principal lui-même ne pouvait s'engager
que par la formule *spondeo* et où le contrat de stipulation appartenait
par essence au *jus civile*. Elle n'était donc possible qu'entre citoyens
Romains. Plus tard, quand la création de nouvelles formules eut mis la
stipulation à la portée des pérégrins, il fallut bien leur permettre de contracter et de recevoir des engagements accessoires ; de là la *fidepromissio*
qui fut ouverte à tous, sans distinction de nationalité. (Gaïus, III, § 120.
— Accarias, II, p. 339.)

L'*adpromissio* suit donc la même marche que la *promissio* elle-même.

Le progrès réalisé n'était pas encore satisfaisant, car la *sponsio* et la
fidepromissio ne pouvant accéder qu'à des obligations verbales (Gaïus,
III, § 119), demeuraient insuffisantes comme moyens de crédit. Il est vrai
que la novation fournissait un moyen assez simple de ramener à une
obligation verbale les autres obligations nées d'une autre cause, mais
elle avait cet inconvénient d'exiger du débiteur et son agrément et la
possibilité physique et légale de consentir.

C'est pour remédier à cet état de choses qu'une nouvelle forme d'ad-
promissio fut inventée ; puisque les paroles sont tout, on les changera.
Ainsi prit naissance la *fidejussio*. Le créancier disait : *idem fide tua esse
jubes ?* et l'adpromissor répondait : *idem fide mea esse jubeo*. Cette formule contient la différence essentielle qui sépare les effets de la forme
nouvelle des effets des formes anciennes. La caution ici prend l'initiative
de l'opération. Elle ordonne au créancier de contracter avec le débiteur
sous sa foi. Or, il est de principe à Rome que celui qui a donné un
ordre, est tenu envers celui qui l'a exécuté (action *quod jussu*). Ici le
fidéjusseur est obligé, parce qu'il a donné l'ordre au créancier de contracter avec le débiteur, et que, par conséquent il a pris les risques de l'ob-

les jurisconsultes l'assimilaient (1), elle donnait satisfaction au créancier, soit en lui fournissant une nouvelle créance, ou un nouveau débiteur, soit en lui permettant de se libérer envers son propre créancier (délégation) ; pour toutes ces raisons on l'assimila au paiement et on en fit un mode général d'extinction des obligations. Ce progrès est réalisé à l'époque classique. Ulpien nous dit en effet : « *Omnes res transire in novationem possunt : quodcumque enim sive verbis contractum est, sive non verbis, novari potest* » (2).

De cette façon, on arrive à réaliser les avantages auxquels s'opposait notre loi de la concordance.

Toute créance quelle qu'en soit la cause peut être cédée par novation. Ce mode n'est plus réservé aux seules créances nées *verbis*. Ce progrès était nécessaire. La créance est un aliment pour la spéculation, pour le commerce ; la novation devint le moyen pratique et général de la transférer.

---

servation sur lui. La fidéjussion pouvait précéder l'obligation principale ; c'était même là ce qui devait se passer le plus fréquemment, étant donné la teneur de la formule ; elle pouvait aussi la suivre, ce qui était nécessaire dans le cas où l'obligation principale était née d'un délit (L. 50, pr., Liv. 15, 1). — Mais celui de ses caractères qui touche le plus à notre sujet, c'est qu'elle peut accéder non seulement à toute obligation contractuelle, comme le dit Gaïus (III, § 19), mais d'une manière générale à toute obligation (L. 8, §§ 5 et 6, Liv. 46, 1).

(1) Dans le cas de délégation, en effet, Celsus, L. 21, § 1, *De donato*, remarque qu'on sous-entend trois numérations d'argent qui n'ont pas eu lieu : l'une est réputée faite par le délégué au délégant, une autre par le délégant au délégataire, et la troisième par le délégataire au délégué. Les deux premières libèrent le délégué envers le délégant et le délégant envers le délégataire. La dernière sert à expliquer l'obligation du délégué envers le délégataire.

(2) L. 2, Liv. 46, 2. — L. 4, Liv. 15, 2.

Une action de bonne foi put être transformée en action de droit strict ;

Une dette non liquide, devenir liquide ;

Toute obligation put s'éteindre par acceptilation et obtenir l'accession d'un *sponsor* ou d'un *fidepromissor*.

A l'époque classique, le paiement et la novation sont donc devenus des modes généraux d'extinction des obligations, peu importe la cause de celles-ci.

Aussi Pomponius est-il trop absolu quand il nous dit que toute obligation doit se résoudre par le mode inverse à celui qui lui a donné naissance : « *Proüt quidque contractum est, ita et solvi debet* ». Ce principe ainsi formulé est le souvenir d'une règle autrefois rigoureuse et dont la tradition est encore vivante, mais ce n'est plus qu'un souvenir. Du reste la fin du commentaire enlève au début sa portée restrictive et le jurisconsulte reconnaît que l'obligation *verbis* peut s'éteindre non seulement par paroles, mais encore par le paiement : « *Et cum verbis aliquid contraximus, vel re, vel verbis obligatio solvi debeat : verbis, veluti cum acceptum promissori sit : re, veluti, cum solvit quod promisit* » (1). On pourrait faire la même observation à propos de la règle : « *Omnia quæ jure contrahuntur, contrario jure pereunt* » (2), si le jurisconsulte ne semblait, dans ce texte, se borner à établir la possibilité d'une corrélation entre la création

____

(1) L. 80, Liv. 46, 3.
2() L. 100, Liv. 50, 17.

et l'extinction du droit. Enfin, Ulpien, qui dans la première partie de son texte : *Nihil tam naturale est quam eo genere quidque dissolvere quo colligatum est,* mérite le même reproche que les jurisconsultes précédents, ramène la règle dans la suite du texte à sa véritable mesure : « *Ideo verborum obligatio verbis tollitur : nudi consensus obligatio contrario consensu dissolvitur* » (1). Il nous la donne ainsi dans sa véritable étendue à l'époque classique, c'est-à-dire applicable seulement aux obligations *verbis,* et aux obligations *consensu.*

En résumé, à l'époque classique, si des traces de la rigueur primitive de notre règle se rencontrent dans les textes, en réalité l'application de cette règle est limitée à deux théories, la théorie de l'acceptilation et celle du *mutuus dissensus.* La première ne peut éteindre que des obligations *verbis,* le second que des obligations *consensu.* Et ces deux modes autrefois obligatoires pour les parties, l'acceptilation étant le compliment obligé du paiement, sont devenus facultatifs. Les parties peuvent toujours recourir aux modes d'extinction généraux, c'est-à-dire au paiement pur et simple et à la novation. Notre règle n'est plus vraie qu'en tant que l'acceptilation et le *mutuus dissensus,* lorsqu'on a recours à eux, ne peuvent s'appliquer qu'aux obligations verbales ou consensuelles.

Ainsi l'obligation *verbis* peut s'éteindre par deux modes généraux, le paiement et la novation, et par un mode spécial, l'aceptilation.

______

(1) **L**. 35, *eod.*

De même l'obligation consensuelle peut s'éteindre par deux modes généraux, le paiement et la novation, et par un mode spécial, le *mutuus dissensus*.

Il semble étonnant que ces deux modes spéciaux aient subsisté après que le paiement et la novation étaient devenus des modes généraux d'extinction des obligations. On se l'explique pourtant. Pour l'acceptilation, sa survie tient au rôle spécial, exclusif, qu'elle était appelée à remplir. Seule, en effet, elle pourra désormais réaliser un paiement imaginaire, extinctif *jure civili* (1). Le pacte de *non petendo* n'engendrera qu'une exception. L'acceptilation devient ainsi le moyen d'opérer une remise de dette, et comme telle elle joue des rôles très variés. La remise de dette en effet peut avoir lieu *donationis causa*, ou *dotis causa*, ou parce que le débiteur s'étant engagé indûment, a réclamé sa libération par une *condictio indebitæ promissæ ;* dans ce dernier cas, le seul moyen de le libérer est l'acceptilation. Enfin celle-ci pourra encore servir d'instrument de transaction : elle constituera la première partie de ce contrat innomé. Supposons en effet une créance litigieuse. Celui qui se prétend titulaire du droit, consent à l'abandonner, mais à la condition que son débiteur lui conférera de son côté un avantage. L'acceptilation sera ici le *facio ut debitor faciat* ou det.

Ajoutons que malgré la suffisance du paiement réel, il n'était pas inutile de le faire accompagner d'une acceptilation, parce que cette dernière une fois établie, suppri-

---

(1) Gaïus, III, 139.

mait toute contestation sur la valeur du paiement. Le débiteur aurait pu sans doute se procurer une quittance, mais il pouvait la perdre ou bien le créancier pouvait en contester la sincérité. En supposant enfin que le créancier reconnût le paiement, il pouvait prétendre qu'il n'avait pas été translatif de propriété. L'acceptilation supprimait tous ces débats, car on n'avait à s'occuper que des paroles prononcées : elles suffisaient à délier le débiteur, comme elles avaient suffi à l'enchaîner.

Cette utilité de l'acceptilation nous explique sa conservation. Elle nous explique aussi comment on a cherché à la rendre applicable à toute obligation, voire même aux droits réels. Nous éclairerons ce dernier point en étudiant la stipulation aquilienne.

Quant au *mutuus dissensus*, sa survie s'imposait. Son admission, en effet, comme celle des contrats *consensu* eux-mêmes, était trop conforme au progrès en voie de se réaliser dans le domaine du droit et tendant à donner toute liberté à la volonté de l'homme et à la débarrasser des formes gênantes, pour qu'on pût la condamner après l'avoir consacrée. C'eut été un retour en arrière.

C'est l'application de notre règle à ces deux modes d'extinction qu'il nous reste à étudier. Nous n'aurons que peu de choses à dire sur le *mutuus dissensus*. En ce qui le concerne, la règle est ce qu'elle était déjà dans le droit primitif.

Quant à l'acceptilation, comme elle est encore à notre époque complètement sous l'empire de la loi de la concordance, nous trouvons sur elle dans les textes des renseignements qui nous permettent de l'étudier d'une façon plus approfondie.

Acceptilation.

Appelée par destination à éteindre les obligations *verbis* (1), elle correspond trait pour trait à la stipulation à éteindre ; on peut dire qu'elle en est en quelque sorte l'empreinte, l'image renversée.

Cette idée se justifie : 1° Par la comparaison des formes générales de toute stipulation et de toute acceptilation ;

2° Par la comparaison des formes spéciales de telle stipulation déterminée et de l'acceptilation qui doit l'éteindre ;

3° Par la comparaison des effets de l'une et de l'autre, effets dûs à la forme et déterminés par elle.

1° *Concordance générale.*

Dans toute stipulation nous rencontrons une interrogation et une réponse orales. Le créancier parle le premier et le débiteur répond : *Verbis obligatio fit ex interrogatione et responsione, velut dari spondes ? spondeo* (2).

L'acceptilation comme la stipulation se compose d'une question et d'une réponse orales, seulement les rôles sont renversés. Ici, c'est le débiteur qui interroge le

____

(1) L. 8, § 3, Liv. 46, 4.

(2) Gaïus, III, 93. — *Inst.*, III, 15, pp.

premier et le créancier répond (1) : *Quod ego tibi promisi, habes-ne acceptum ? habeo* (2).

Au début, la conception de la stipulation n'est pas libre ; des termes solennels sont déterminés à l'avance et les parties ne peuvent en employer d'autres. La même rigueur a dû se rencontrer dans l'acceptilation. Et au fur et à mesure que la stipulation s'est débarrassée de la rigueur primitive, l'acceptilation elle-même en fut affranchie par voie de conséquence. Elles suivent donc l'une et l'autre la même route, se modifiant l'une et l'autre dans la même mesure, comme deux opérations qui ne vont pas l'une sans l'autre.

Ainsi, au début, la seule forme de stipulation est celle-ci : *spondes-ne ? spondeo*. C'est la forme romaine par excellence : les étrangers ne peuvent s'en servir. La seule forme d'acceptilation dut être celle-ci : *Quod spopondi acceptumne habes ? acceptum habeo*. Elle était réservée au seuls citoyens romains.

Quand la stipulation fut devenue une institution du droit des gens et que d'autres formules : *promittis? promitto, dabis? dabo, fidejubes? fidejubeo*, prirent place à côté de la formule antique, le même progrès dût nécessairement se réaliser dans l'institution corrélative, l'acceptilation (3).

---

(1) C'est l'application de la règle générale en vertu de laquelle l'initiative appartient, dans toute opération juridique, à celui qui en retire les avantages (Comp., Stipulation. Contrat *litteris*. C'est le créancier qui fait l'inscription — *mutuum*).

(2) Gaïus, III, 169. — *Inst.*, III, 19, pp.

(3) Gaïus, III, 92, 93. — Comp., L. 8, § 4, Liv. 46, 4.

Il semble résulter de la lecture de Gaïus qu'à l'origine, la langue latine était la seule admise dans la stipulation. La règle était la même pour l'acceptilation. Ce ne fut que peu à peu que l'usage du grec fut admis. Un texte d'Ulpien semble bien nous le montrer en ce qui concerne l'*acceptilatio* : *Et ideo puto et græce posse acceptum fieri, dummodo sic fiat, ut latinis verbis solet :* Εχεις λαβών δηναρια τοσα; Εχω λαβών (1). Justinien reproduit cette formule aux institutes (Liv. III, tit. 19, § 1), bien qu'à son époque aucune formule ne fut plus exigée.

Il fut même permis d'interroger dans une langue et de répondre dans l'autre, pourvu qu'il y ait *congruentia : dummodo congruenter respondeatur* (2).

Enfin, vers le troisième siècle, on permit de stipuler non plus seulement en grec ou en latin, mais dans une langue quelconque, pourvu que les parties se comprissent (3).

Ces deux derniers progrès, dont il n'est parlé qu'à propos de la stipulation, ont certainement dû se réaliser en même temps dans l'acceptilation, qui n'est qu'une stipulation renversée.

Malgré tous ces progrès, la forme n'avait pas encore disparu, car les formules étrangères devaient être la

------

(1) L. 8, § 4, *eod.* — Comp., L. 1, § 6, Liv. 45, 1. — Le jurisconsulte se demande si le Carthaginois, l'Assyrien ou toute autre langue serait admise ; hésitation qui montre qu'on ne s'est départi que peu à peu de la langue latine.

(2) L. 1, § 6, Liv. 45, 1.

(3) L. 1, § 6, *eod.*

traduction exacte de la formule latine. Ce n'est qu'en l'an 409 que les paroles solennelles furent déclarées inutiles par la constitution de l'empereur Léon : « *Omnes stipulationes, etiamsi non solemnibus, vel directis, sed quibuscumque verbis consensu contrahentium compositæ sunt, vel legibus cognitæ, suam habeant firmitatem* (1).

Avant de quitter cet aperçu sur la concordance générale entre la forme de toute stipulation et de toute acceptilation, observons que s'il devait y avoir continuité entre la demande et la réponse de la stipulation, de même l'interrogation et la réponse dans l'acceptilation ne devaient pas être séparées par un intervalle appréciable. Il ne fallait pas qu'un acte juridique quelconque put s'intercaler entre elles (2). La règle a dû s'appliquer dans l'une comme dans l'autre opération, parce qu'elle est une conséquence de la forme et que la forme se rencontre dans les deux actes. La forme en effet est nécessaire pour l'existence de l'acte juridique, et comme telle elle doit exister tout entière et non en partie. Or, si l'acte a été divisé, si un intervalle trop considérable de temps s'est rencontré entre les deux éléments qui le constituent (demande et réponse), ces deux éléments deviennent

____

(1) Const., 10, Liv. 8, 38. — *Inst.*, III, 15, 1. — Le même progrès avait été réalisé en 342 par une constitution des empereurs Constantin et Constance (Const., 1, Liv. 2, 58). En 339, les mêmes empereurs avaient supprimé les formules des testaments (Const., 15, Liv. 6, 23). *Idem* pour les legs (Const., 21, Liv. 6, 37).

(2) L. 137, pp., Liv. 45, 1. — L. 6, § 3, Liv. 45, 2. — L. 12, pp., *eod.* — L. 1, § 1, Liv. 45, 1.

inutiles parce qu'ils sont sans rapport certain entre eux, parce qu'ils ne forment pas un tout. Or, la forme à pour but d'assurer l'existence du concours des deux volontés.

2° *Concordance spéciale entre chaque stipulation et chaque acceptilation.*

Etant donnée une stipulation particulière, l'acceptilation doit coïncider exactement avec elle. De là des effets, quant à la forme et quant au fond.

a — *Quant à la forme.* — La formule adressée au créancier doit être calquée sur la formule que lui-même avait employée pour stipuler. Le débiteur devait reproduire le verbe dont le créancier s'était servi, et, par exemple, si l'obligation avait été contractée dans la forme : *spondeo*, on ne pouvait se servir du verbe *promittere* dans l'acceptilation : il n'y aurait plus eu concordance. Cette règle apparaît encore à l'époque classique : « *Nisi consentiat acceptilatio cum obligatione, et nisi verum est quod in acceptilatione demonstratur, imperfecta est liberatio ; quia verbis verba ea demum resolvi possunt, quæ inter se congruunt* » (1).

b — *Quant au fond.* — L'objet de la dette et les personnes qui ont figuré dans la stipulation, doivent se retrouver dans l'acceptilation. Et ces effets résultaient de la forme elle-même. Dans la stipulation, ces éléments de fond transparaissent dans la forme ; s'ils ne transparaissent pas de nouveau dans l'acceptilation, il n'y aura plus

---

(1) L. 14, Liv. 46, 4.

concordance entre les formes de création et celles d'extinction du droit.

Aussi en ce qui concerne l'objet ne suffisait-il pas dans l'acceptilation qu'il fût identique à celui de la stipulation ; il fallait que cette identité apparût à première vue, et cela par une désignation précise. Rien ne prouverait sans cela que les parties se sont entendues sur la dette à éteindre. Toutefois il faut reconnaître qu'à l'époque classique on s'écarte sans trop de scrupule de notre règle. C'est ainsi que s'il a été stipulé un esclave, et que l'acceptilation porte que le créancier a bien reçu *Stichus*, Julien considère cette acceptilation comme libératoire (1). Toutefois, s'il se pose la question, c'est que la réponse n'allait pas de soi, et si Ulpien qui donne cette solution s'abrite sous l'autorité de Julien, c'est qu'il y avait là une innovation.

L'identité d'objet exigée par la règle de la concordance entraînait deux conséquences : 1° l'acceptilation ne peut avoir un objet différent de celui de la stipulation et partant la *datio in solutum* ne peut avoir lieu par ce mode d'extinction (2) ; 2° l'acceptilation ne pouvait pas avoir lieu pour partie. Telle fut la règle au début. A l'époque classique on tend à s'écarter de sa rigueur, et Gaïus se pose la question de savoir si l'acceptilation partielle est valable, mais sans oser la résoudre : « *An autem in partem acceptum fieri possit, quæsitum est* » (3). Mais

----

(1) L. 13, § 4, Liv. 46, 4.

(2) Accarias, II, p. 712.

(3) Gaïus, III, 172.

Justinien ne la met plus en doute (1), et les textes insérés dans sa compilation ne laisseraient pas soupçonner la controverse (2). On admit l'acceptilation partielle, parce qu'on voyait en elle un paiement fictif et que par conséquent au fur et à mesure que l'on s'éloignait plus des formes primitives, on tendait à l'assimiler au paiement véritable et à la soumettre aux mêmes règles. Sous Justinien, la forme n'existant plus, il n'y avait plus de raison de ne pas assimiler complètement l'acceptilation au paiement.

Quant aux personnes, elle doivent être les mêmes que celles qui ont figuré dans la stipulation. Cela résulte de la règle de la concordance et des formules mêmes que Gaïus et Justinien nous ont transmises. C'est le débiteur lui-même qui interroge et c'est le créancier lui-même qui répond. Nous avons ici un de ces *actus legitimi* dans lesquels les parties ne peuvent se faire remplacer (3).

Un tiers ne pouvait certainement pas faire acceptilation pour le créancier, car on ne peut priver quelqu'un de son droit sans sa volonté. Mais, ce qui est plus remarquable, la tendance à assimiler l'acceptilation à un paiement n'alla pas jusqu'à permettre à un tiers de libérer par acceptilation le débiteur, bien qu'on puisse toujours payer pour autrui. Ces personnes ne pouvaient même pas figurer dans l'acceptilation, soit à la place du créancier, soit au profit du débiteur, avec le consentement de ces

---

(1) *Inst.*, Liv. III, 29, 1.
(2) LL. 9 et 10, Liv. 46, 4.
(3) L. 77, Liv. 50, 17.

derniers : « *Tutor, curator furiosi, acceptum ferre non
potuit ; nec procurator quidem potest facere acceptum...
Ne his quidem accepto fieri potest* » (1).

Cette règle, qui exclut de l'acceptilation toute personne étrangère au rapport de droit qu'il s'agit d'éteindre,
est fort gênante quand l'un des intéressés est fou ou infans,
puisqu'elle empêche l'intervention du tuteur ou du curateur ; elle n'est pas moins gênante si l'une des parties est
absente ; muette ou sourde, car l'acceptilation suppose,
comme la stipulation, la présence de deux personnes qui
parlent et qui entendent. Mais on trouvait heureusement
dans les autres institutions existantes un remède à ces
inconvénients. Le premier remède était la novation.
Toute personne capable de nover la créance ou la dette
d'autrui, pouvait, usant de ce procédé, transporter le
droit ou l'obligation en sa propre personne, et cela fait,
consentir ou recevoir l'acceptilation en son propre nom :
« *Tutor, curator furiosi acceptum ferre non potuit ; nec
procurator quidem potest facere acceptum : sed hi omnes
debent novare : possunt enim et sic accepto facere. Ne
his quidem accepto fieri potest : sed novatione facta,
poterunt liberari per acceptilationem. Nam et in absen-
tium persona hoc remedio uti solemus ; stipulamur ab
aliquo in novandi causa, quod nobis absens debet : et ita
accepto liberamus, a quo stipulati sumus ; ita fiet ut
absens novatione, præsens acceptilatione liberetur* » (2).
Le second remède se trouvait dans la possibilité pour les

---

(1) L. 13, § 10, Liv. 46, 4. — *Contra*, L. 3, *eod*.
(2) L. 13, § 10, *eod*.

personnes *alieni juris* de libérer le père de famille par une acceptilation dans laquelle elles figuraient elles-mêmes. C'est la conséquence de la représentation complète du père par son fils, quand celui-ci agit à l'effet de rendre meilleure la condition de son père : *Vox filii, vox patris* (1).

3° *Concordance entre les effets de la stipulation et ceux de l'acceptilation.*

L'acceptilation comme la stipulation étant faite au moyen de paroles solennelles, trouve en elle-même sa propre cause. Les paroles suffisent pour produire le résultat poursuivi. On s'en tient donc ici comme en matière de stipulation aux paroles dont les parties se sont servies.

La stipulation crée une obligation de droit civil ; l'acceptilation l'éteint *ipso jure* avec tous ses accessoires.

Un effet propre à l'acceptilation, lequel tient à la structure affirmative de la formule, c'est d'exclure l'adjonction de tout terme ou de toute condition. Le créancier affirme avoir reçu ce qui lui est dû : or, on reçoit ou on ne reçoit pas, mais il est impossible de présenter un fait comme accompli et en même temps de le donner pour futur ou incertain (2).

De tout ce que nous venons de dire, il résulte que

---

(1) *Inst.*, Liv. III, 19, 4.
(2) L. 77, Liv. 50, 17.

l'acceptilation correspond bien trait pour trait à la stipulation, qu'elle en est l'empreinte, l'image exacte.

A raison de ses formes, elle n'avait été destinée à éteindre que les obligations *verbis*, et tel fut en effet le droit primitif. La règle *quæ jure contrahuntur* le voulait ainsi et des textes spéciaux à l'obligation verbale nous prouvent que la règle fut plus rigoureuse en cette matière que partout ailleurs (1). Cependant, après discussion, les jurisconsultes décidèrent qu'elle éteindrait aussi les obligations nées de la *dotis dictio* et du *jusjurandum liberti* (2). De sorte que finalement elle s'applique à toute espèce d'obligations verbales. Malgré cette interprétation large, la règle demeure étroite et l'acceptilation ne peut éteindre une obligation née *re*, *consensu* ou *litteris*. Sans doute quand le débiteur principal obligé en vertu de l'une de ces causes a fourni un fidéjusseur, l'acceptilation que lui-même ne demanderait pas valablement, peut être fournie à ce dernier, et comme elle ne libère jamais l'un des débiteurs sans libérer tous les autres, puisque la dette est censée payée, le débiteur principal se trouve indirectement libéré (3).

Mais cela ne suffit pas aux besoins de la pratique, car l'acceptilation constituant un paiement imaginaire, peut être nécessaire ou utile dans bien des hypothèses où la dette principale n'est garantie par aucun fidéjusseur. Nous avons montré précédemment cette utilité

---

(1) L. 8, § 3, Liv. 46, 4. — Gaïus, III, 170. — *Inst.*, Liv. III, 29, 1.
(2) L. 13, pp., Liv. 46, 4.
(3) L. 13, § 7, *eod.*

(pages 142 et 143), remise de dette, *condictio indebitæ promissæ*, transaction). Heureusement lorsque la novation fut devenue un mode général d'extinction des obligations, les parties purent, avec son aide, transformer une obligation quelconque en obligation verbale et la rendre ainsi susceptible d'être éteinte par acceptilation (1). Dès cette époque, à regarder au fond des choses, on peut dire que l'acceptilation est devenue un mode d'extinction général.

Nous venons de voir comment les jurisconsultes romains avaient su, par des détours ingénieux, éviter les inconvénients fort graves qui résultaient en pratique de l'application de la règle de concordance.

Cet aperçu rapide nous a prouvé une fois de plus avec quelle sagesse ils savaient utiliser jusqu'aux dernières limites du possible les moyens à leur disposition. Nous avons montré que l'acceptilation était un instrument de transaction (p. 142) ; comme telle, elle se restreint aux seules créances nées *verbis ;* combinée avec la novation, elle permet de transiger à propos de tout droit personnel. Une personne a un droit personnel litigieux. Elle veut éviter un procès, que la résistance du débiteur rend imminent, pour s'éviter l'ennui des débats ou les chances d'un insuccès ; le prétendu débiteur se trouve dans les mêmes dispositions d'esprit. En conséquence, chacune des parties consent à abandonner une part de ses prétentions, mais en échange d'un avantage que lui fournira l'autre partie. Le créancier consent à renoncer à sa créance,

---

(1) *Inst.*, Liv. III, 29, **1.**

mais en échange d'une somme d'argent. Le débiteur donnera cette somme d'argent, mais en échange, il veut l'anéantissement de l'obligation qu'on lui impute. Les parties atteindront ce but, dans le cas où la dette est verbale, par une simple acceptilation ; dans le cas où elle résulte d'une autre cause, par la combinaison de la novation qui ramène la dette à une obligation verbale et de l'acceptilation qui éteint cette dernière. De cette façon le créancier aura rempli sa promesse, il aura renoncé à son droit. Mais il ne l'aura fait qu'en vue d'un avantage ultérieur, à la condition, dans l'espèce, que le débiteur lui donnerait une somme d'argent. Sa promesse étant exécutée, il pourra poursuivre le débiteur par l'action *præscriptis verbis*, car nous sommes en présence d'un contrat innommé, d'un *facio ut des*.

Le moyen de transiger sur un droit personnel était donc facile.

Il n'en était pas de même en ce qui concerne les droits réels. Supposons un droit réel litigieux. Une personne veut revendiquer contre une autre un immeuble que celle-ci détient et que la première prétend lui appartenir. Pour éviter le procès, les parties transigent sur les bases suivantes : Le prétendu propriétaire renonce à son action en revendication ; en échange, le possesseur lui promet une somme d'argent déterminée. Comment les parties donneront-elles à ce pacte une force obligatoire ? Ce pacte étant synallagmatique, l'exécution de la part de l'une des parties le transformera en contrat innommé. Malheureusement on n'atteindra pas pour cela le but poursuivi. Celui contre lequel on revendique peut bien payer la somme promise, mais comment le revendiquant obtempèrera-t-il à l'action *præscriptis verbis ?* Il faut qu'il renonce à son action de revendication, mais pour cela il n'a qu'un seul moyen, c'est le pacte de *non petendo.* Or, ce pacte n'éteignant pas de plein droit son action en revendication, son adversaire n'aurait pas la certitude de n'être plus inquiété dans l'avenir et il n'aurait pour sa défense qu'une exception.

Si l'on pouvait nover les droits réels et les transformer en obligation *verbis* susceptibles d'acceptilation, rien ne serait plus facile que de les éteindre ensuite. Malheureusement un droit réel ne peut pas se nover directement en obligation.

La difficulté fut cependant cette fois encore tournée par les jurisconsultes classiques ; et voici par quel raisonnement on est arrivé à la trancher.

Sous la procédure formulaire, lorsqu'on est parvenu à la fin de la procédure *in jure*, on dit que le droit est conduit devant le *judex* ou *arbiter*, *deducitur in judicio.* Il est de principe alors que le droit se transforme en une créance pécuniaire. Le demandeur n'a plus droit qu'à une somme d'argent ; son droit, soit personnel, soit réel, s'est transformé en une créance pécuniaire. Si les parties à ce moment veulent transiger et arrêter le procès, cela leur est facile. La novation leur permettra de transformer la créance née de la *litis contestatio* en obligation verbale et de l'éteindre ensuite par acceptilation. Elles auront ainsi réalisé la première partie de la transaction.

Malheureusement, il est rare qu'on transige une fois arrivé à la *litis contestatio ;* de plus, ce moyen n'évite pas tout à fait les ennuis du procès, puisque la procédure *in jure* est accomplie. Pour empêcher toute introduction d'instance, il faudra dès maintenant, avant toute action, nover la créance qui viendra plus tard, au moment de la *litis contestatio*, prendre la place du droit réel auquel on veut renoncer, puis faire suivre cette novation d'une acceptilation. Cette double opération sera conditionnelle et sera subordonnée à la réalisation de la *litis contestatio*, à l'estimation du droit par le juge, et le droit réel par conséquent ne sera éteint que conditionnellement. Le droit conservera une existence théorique et en quelque sorte abstraite. Mais en pratique le défendeur est à l'abri de toute poursuite, car si l'on intente contre lui l'action en revendication, la condition venant à s'accomplir, le droit qu'on voudra faire valoir s'éteindra *ipso jure*, la novation et l'acceptilation produisant leurs effets.

Ce raisonnement fut fait par un jurisconsulte du nom d'Aquilius Gallus, et à l'aide de sa formule, dont les termes déterminés à l'avance embrassaient tous les droits qui peuvent figurer dans un patrimoine, on pouvait transformer un droit quelconque, réel ou personnel en obligation *verbis* et l'éteindre ensuite par acceptilation.

Cette formule appelée du nom de son inventeur, stipulation aquilienne, se compose de deux parties : une stipulation novatoire et une acceptilation.

Voici cette formule telle qu'elle se trouve conservée aux institutes de Justinien (1) :

____

(1) *Inst.*, § 2, *eod.* — L. 18, § 1, Liv. 46, 4.

« *Quidquid te mihi ex quacumque causa dare, facere oportet, oportebit, præsens in diemve, quarumque rerum mihi tecum actio, quæque abs te petitio, vel adversus te persecutio est, eritve, quodve tu meum habes, tenes, possides, dolove malo fecisti quominus possideas : quanti quæque earum rerum res erit, tantam pecuniam dari stipulatus est Aulus Agerius, spopondit Numerius Negidius. Item ex diverso Numerius Negidius interrogavit Aulum Agerium : Quidquid tibi hodierno die per Aquilianam stipulationem spopondi, id omne habes ne acceptum ? Respondit Aulus Agerius ; habeo acceptumque tuli.* »

« Pour toutes les obligations de donner ou de faire que tu as ou auras envers moi, présentement ou à terme, en vertu d'une cause quelconque ; pour toutes les actions personnelles, réelles ou extraordinaires, dont tu es ou seras tenu envers moi ; pour toutes les choses miennes que tu as, détiens, possèdes, ou par dol as cessé de posséder ; pour toutes ces choses Aulus Agérius a stipulé qu'il lui serait donné une somme d'argent équivalente, Numérius Négidius l'a promis. Puis à son tour, Numérius Négidius a interrogé Aulus Agérius en ces termes : tout ce que je t'ai promis aujourd'hui par la stipulation aquilienne, le tiens-tu pour reçu ? Oui, et je l'ai porté comme tel. »

Il faut remarquer quel soin et quelle prévision Aquilius Gallus a mis pour que sa formule embrassât tous les droits possibles : *Causa* est l'expression générique ; *oportet, oportebit* embrassent le présent et l'avenir ;

prœsens in diemve est relatif à la modalité des dettes à terme ; *actio*, c'est l'action *in personam* ; *petitio*, l'action *in rem* ; *persecutio*, le recours extraordinaire (1) ; *habes* a trait à la vindication proprement dite ; *tenes* à la détention physique ; *possides* à la possession civile ; les expressions *dolove malo fecisti quominus possideas*, indique l'obligation de celui qui s'est frauduleusement dépouillé de la possession d'une chose pour frustrer celui qui avait le droit de la réclamer.

Remarquons aussi qu'il résulte des termes de la formule que ce n'est pas le droit lui-même qu'on peut stipuler, ce qui dans la plupart de ces cas aurait été impossible, mais son estimation telle qu'elle devra être faite par le juge chargé de liquider « *quanti ea res erit.* » C'est donc au droit supposé déduit en justice que la stipulation s'applique, car ces derniers termes sont exactement ceux qu'on a coutume d'insérer dans les *condemnationes incertæ* (2). Ce qui achève de convaincre, c'est la désignation même des parties : le stipulant y est apppelé Aulus Agerius et le promettant Numerius Negidius, noms sous lesquels nous apparaissent le demandeur et le défendeur dans les actions judiciaires.

En tant qu'elle s'applique à des droits personnels, la stipulation aquilienne n'a rien d'original. On pouvait arriver au résultat poursuivi sans supposer le droit déduit *in judicio*. Mais son coté neuf, s'est d'arriver à éteindre *ipso jure* un droit réel.

---

(1) Voir sur cette traduction la loi 178, § 2, Liv. 50, 16.
(2) Gaïus, IV, 51.

Que la stipulation aquilienne ait été destinée à être suivie dans tous les cas d'une acceptilation immédiate, un peu de sens pratique à défaut de textes précis suffirait pour le prouver. L'obligation qu'elle crée n'est pas destinée à vivre, car à quoi bon remplacer des droits antérieurs par une créance d'argent dont l'indétermination ne serait qu'une source de difficultés, puisque pour la liquider, il faudrait tôt ou tard ou une convention nouvelle ou une intervention du juge. Cela résulte aussi des textes. Le jurisconsulte Florentinus avant d'exposer la formule nous dit en effet : *Ejus rei stipulatio, quam acceptilatio sequatur, talis exposita est* (1). N'est-ce pas dire que le caractère de la stipulation est de rendre possible une acceptilation ? Enfin cette même idée apparaît aussi dans les institutes : nous y voyons l'acceptilation demandée en ces termes : *Quidquid tibi hodierno die per aquilianam stipulationem spopondi ;* c'est bien montrer que les deux formules d'Aquilius Gallus forment un seul tout (2).

Que la stipulation aquilienne suppose un droit litigieux, cela ressort de la rubrique sous laquelle sont placés les textes qui en parlent. Il sont presque tous au titre de *transactionibus* (3). Rappelons-nous aussi que le droit nové est celui qui résulterait de la *deductio in litem*, ce

---

(1) L. 18, § 1, Liv. 46, 4.

(2) L. 4, Liv. 2, 15. — Const., 4, 32, 40, Liv. II, 4. — L. 38, Liv. 4, 3.

(3) Digeste, Liv. 2, 15. — Code, Liv. II, 4, et les textes cités à la note précédente.

qui suppose un procès. Enfin, cette partie de la formule : « *Quod tu meum habes* » implique que le promettant détient une chose dont le stipulant se prétend propriétaire, ce qui révèle avec évidence les éléments d'un litige.

Comme conclusion, la stipulation aquilienne, et par là il faut entendre la réunion des deux formules reproduites aux institutes, intervient, ou en conséquence d'une donation pure et simple, ou à la suite d'une conventiou de transaction, pour éteindre *ipsojure* des droits litigieux qui n'ont pas encore été l'objet d'une *deductio in litem*. Appliqué au droit de créance, le détour imaginé par Aquilius n'a pas de raison d'être : car une stipulation *novandi causa* aurait produit plus simplement le même effet. Appliqué aux droits réels, son utilité est incontestable; c'est le seul moyen de transiger sur eux (1).

Cette étude sur la stipulation aquilienne qui est le complément de l'étude de la novation et de l'acceptilation a une importance incontestable au point de vue de notre loi de la concordance des formes. Datant de la fin du

---

(1) Qu'on ne dise pas que la transaction étant une convention synallagmatique dont l'une des deux obligations doit avoir été été excutée, il sera possible de la réaliser par le procédé suivant. Celui qui se prétend propriétaire transferra la propriété de la chose par tradition ou mancipation à son contradicteur, et celui-ci sera obligé. Car celui qui se prétend propriétaire n'a pas la possession de la chose, sans cela il ne revendiquerait pas ; or, pour aliéner, il faut posséder. De plus, pour savoir si la mancipation ou la tradition a une valeur quelconque et partant si l'autre partie est obligée, il faudrait rechercher si le *tradens* est véritablement propriétaire et partant faire le procès qu'on a voulu éviter. — Même observation pour le simple pacte de remise (Accarias, II, 723, note 1).

VIIe siècle, cette formule aquilienne nous montre que dès le commencement de la période classique, notre règle avait déjà fléchi, puisque la novation n'est plus un mode spécial propre aux obligations *verbis*, mais un mode général d'extinction. Elle transforme en effet en obligations verbales les droits nés de la *litis contestatio*, lesquels n'ont certainement pas leur source dans des paroles solennelles. Cette formule nous montre aussi que l'acceptilation est toujours restée le mode réservé aux obligations *verbis*, puisque pour pouvoir éteindre un droit par acceptilation, il est nécessaire de le transformer préalablement en droit né de la solennité des paroles. Cette exigence se rencontre encore à l'époque justinienne.

Elle nous montre enfin, comment les jurisconsultes romains s'efforçaient d'échapper et savaient échapper en effet aux entraves des formes, tout en les respectant. Quand il s'agissait de transiger sur un droit réel, on semblait se heurter à une impossibilité absolue. Un pacte, une convention nue contenant les concessions réciproques des parties est dépourvue de sanction. Renoncer à son droit réel est impossible, il faut le transférer. Or, dans l'espèce, la translation ne se comprend pas (1). Le pacte de *non petendo* est insuffisant. Enfin l'acceptilation n'a pas de place ici. Il faudra donc transformer le droit réel, le plier aux exigences de l'acceptilation et le faire correspondre avec elle. Nous avons vu comment l'effet de la *litis contestatio* en a fourni le moyen et par quel

---

(1) Voir la note de la page précédente.

détour ingénieux on est arrivé à donner à la transaction un effet absolument obligatoire.

Contrarius consensus.

Nous avons vu déjà comment les contrats consensuels exigeaient pour être détruits un accord de volontés semblable à celui qui leur avait donné naissance, mais poursuivant un but contraire. Pour qu'il y ait concordance complète entre le *mutuus consensus* et le *mutuus dissensus*, il fallait que ce dernier put éteindre du même coup les deux obligations que le premier avait fait naître ; il fallait donc que les choses fussent encore entières, sinon la corrélation n'aurait pas été parfaite entre la création et l'extinction du droit. L'une des obligations avait-elle été exécutée, le *contrarius actus* devenait impossible ; et, selon toutes les probalités, quand celui qui avait reçu le paiement en avait remis l'objet à celui qui l'avait fourni, les choses n'étaient pas pour cela, à l'origine, considérées comme restituées. D'après les principes, en effet, l'obligation une fois payée se trouve radicalement éteinte. Si le créancier rend au débiteur l'objet que celui-ci lui a fourni, il n'y a pas restitution de l'ancien état de choses, mais une opération nouvelle, sans rapport avec la première. L'obligation exécutée est donc définitivement éteinte ; quant à celle qui subsiste, si on s'entend pour en faire remise, elle n'est éteinte qu'*exceptionis ope*.

Tels sont très probablement les principes primitifs. En droit classique, cette interprétation s'élargit. Et d'abord, on se demande si tout acte d'exécution peut faire obstacle au *contrarius consensus*. On admet unanimement qu'après la tradition de la chose vendue, si nous prenons la vente pour exemple, ou après le paiement total ou partiel du prix, le contrat ne peut plus être anéanti par convention. Mais que décidera-t-on si le vendeur pour obéir à une clause de son contrat fournit un fidéjusseur et que, du reste, aucun autre acte d'exécution n'ait eu lieu? C'est ici que les jurisconsultes se séparent. D'après Papinien, les parties peuvent encore résoudre la vente, et par voie de conséquence le fidéjusseur est libéré de plein droit : « *Si inter emptorem et venditorem convenerit, priusquam aliquid alterutra parte solveretur, ut ab emptione discedatur : fidejussor eo nomine acceptus, soluto contractu, liberabitur* » (1). Paul, plus rigoureux, n'admet pas que le contrat soit éteint *ipso jure ;* les obligations des parties, comme celles du *fidejussor*, sont seulement paralysées par une *exceptio pacti conventi* (2). De cette divergence, on peut conclure que deux doctrines se seraient trouvées en présence à l'époque classique : pour les uns, le *contrarius consensus* n'aurait été empêché de produire son effet qu'en cas d'exécution totale ou partielle de l'une des obligations essentielles que le contrat engendre ; pour les autres, il est inefficace, même quand l'acte d'exécution n'a porté que sur une clause accessoire et accidentelle.

Enfin, on s'était posé une autre question : celle de savoir si l'obstacle naissant d'un acte d'exécution ne

---

(1) L. 95, § 12, Liv. 46, 3.
(2) L. 3, Liv. 18, 5.

pouvait pas être levé par la restitution des choses dans leur ancien état. Nous avons montré comment au début on avait dû décider négativement. Mais le jurisconsulte Ariston proposa plus tard une doctrine plus douce. Si le vendeur a déjà livré l'objet vendu, l'acheteur n'aura qu'à le lui restituer, et les choses redevenant entières, la dissolution conventionnelle redeviendra possible (1). Quant à l'intérêt pratique du *mutuus dissensus*, il consiste en ce que cette opération permet aux parties de modifier *ex intervallo*, les obligations essentielles qui résultent du contrat. Or, ce n'est qu'en matière d'obligations consensuelles que ce but pouvait être atteint.

RÉSUMÉ.

En résumé, notre règle n'existe entière que dans le droit ancien. Elle est alors d'une rigueur absolue et se trouve en tête de plusieurs théories. On la rencontre dans le droit religieux et il n'est guère de parties du droit privé qui ne nous en fournissent des exemples. C'est dans la théorie des obligations que s'en trouve l'application la plus remarquable. D'abord absolue, notre loi partage le sort général de la forme, et à mesure que celle-ci, sous l'influence des nécessitées pratiques, tend à disparaître, la règle de la concordance de son côté s'élargit et perd de sa rigueur. A l'époque classique, elle n'est plus vraie que pour deux classes d'obligations, les obligations *verbis* et *consensu*. Et encore a-t-elle perdu même dans ces

---

(1) L. 58, Liv. 2, 14.

deux cas son caractère originaire. En effet, au lieu d'être obligatoire pour les parties, de telle sorte qu'une obligation *verbis* ou *consensu* nécessitât pour l'éteindre l'emploi de paroles ou d'un *consensus* contraires, elle a pris un caractère libéral et n'est plus que facultative. Elle a cessé d'être une gêne, et lorsque les parties recourent à son emploi, c'est pour se procurer des avantages qu'elles n'obtiendraient pas sans elle (acceptilation : paiement fictif. *Contrarius consensus :* modification apportée *ex intervallo* au contrat primitif).

A l'époque justinienne, nous la retrouvons avec les caractères que l'époque classique lui a imprimés. Seulement, depuis la constitution de l'empereur Léon, les paroles consacrées étant devenues inutiles, on se sert dans la stipulation et l'acceptilation de paroles quelçonques. La forme a complètement disparu de ces actes qui ne sont plus solennels que parce qu'ils exigent encore une question et une réponse concordantes (1).

§ 3. — **Extension de la loi de la concordance à la possession.**

Nous ne pouvons quitter la règle de la concordance entre les modes de création et les modes d'extinction du droit, sans parler d'une tentative faite par les jurisconsultes de l'époque classique pour l'étendre en dehors de la forme et lui donner une vérité matérielle. A mesure que les formes antiques tombaient en désuétude, on oubliait le sens de notre maxime, et l'on prétendit qu'elle

____

(1) *Inst.*, Liv. III, 15, pp. et § 1.

s'appliquait non seulement à la forme, mais aussi aux éléments de fond qui constituent l'acte juridique. La règle *quæ jure contrahuntur contrario jure pereunt,* aurait pu, relativement à ces éléments de fond, se traduire ainsi : De même qu'un acte juridique prend naissance par la réunion de tous ses éléments essentiels, de même il s'éteint par la perte de tous ses éléments. Cette doctrine générale n'est pas formulée dans les textes, mais elle semble ressortir d'une application particulière de la règle en dehors de la forme, application que nous aurons du reste à apprécier plus bas. Il en résulterait qu'appliquée à la convention, considérée indépendamment de toute idée de forme, et seulement dans ses conditions de fond, on devrait dire : De même qu'une convention exige pour sa formation le consentement, la capacité, un objet et une cause, de même elle ne s'éteindra que par la disparition simultanée de tous ces éléments. Une telle doctrine est évidemment fausse puisque chacun de ces éléments étant essentiel, si l'un d'eux vient à défaillir après coup, la convention s'éteint, atteinte qu'elle est dans son essence même. Ainsi la perte de l'objet dû suffira pour éteindre l'obligation, bien que le consentement et la capacité subsistent.

Cette doctrine n'a pas du reste été formulée.

Toutefois, on en a fait une application spéciale à la possession et on a dit : De même qu'il faut pour que la possession civile prenne naissance, deux éléments, l'*animus* et le *corpus,* de même la possession se perd par la disparition de ces deux éléments. Paul nous dit en effet, soutenant le parallélisme entre la possession ét les obligations : « *Fere quibuscumque modis obligamur, iisdem in contrarium actis liberamur. Cum quibus modis adquirimus iisdem in contrarium actis amittimus. Ut igitur nulla possessio adquiri nisi animo et corpore potest : ita nulla amittitur nisi in quâ utrumque in contrarium actum* » (1).

Mais cette extension de la règle n'est pas fondée, et c'est Paul lui-même qui se charge de le démontrer. Il nous dit ailleurs en effet : « *In amittenda quoque possessione affectio ejus qui possidet, intuenda est. Itaque si in fundo sis, et tamen nolis eum possidere : protinus amittes possessionem. Igitur amitti et animo solo potest, quamvis adquiri non potest* » (2).

La vérité, c'est que la possession se perd sans doute par la disparition de l'*animus* et du *corpus*, mais aussi par la perte du *corpus* seul ou de l'*animus* seul. Nous venons de donner un exemple de la perte de la possession, par la perte de l'*animus* seulement. Nous en trouvons un autre dans la loi 17, § 1, au même titre. Les exemples de la perte de la possession par la disparition du *corpus* ne manquent pas non plus. Ils nous sont fournis par les textes cités à la note (3).

Il n'est donc pas vrai de dire que le mode par lequel on acquiert la possession corresponde exactement au

---

(1) L. 153, Liv. 50, 17. — L. 8, Liv. 41, 2.

(2) L. 3, § 6, Liv. 41, 2.

(3) LL. 3, § 17 et 13, pp., Liv. 41, 2. — L. 3, § 9, *eod.* — L. 23, pp., *eod.* — L. 17, § 3, Liv. 47, 2. — *Inst.*, Liv. II, 1, 12.

mode par lequel on le perd. La règle *quæ jure contra-huntur*, etc., n'était vraie que pour la forme. Seules, les formes et les formules d'extinction du droit, répondent à celles de son établissement. Et la raison en est simple. Elle se tire de la comparaison entre la forme et le fond. La forme est simple, elle est une ; elle constitue un seul tout indivisible. Ce tout étant la cause d'un acte juridique, on comprend qu'il faille recourir à cette même cause, appliquée en sens contraire, pour détruire l'effet produit. Le fond, au contraire, est multiple ; il suppose plusieurs éléments distincts et tous également essentiels. C'est ce qui a lieu dans la convention. La possession elle aussi se compose de deux éléments également indispensables. Il n'est pas étonnant dès lors que la disparition de l'un de ces éléments, sans lesquels on ne comprend pas l'acte juridique ou la possession, suffira pour entraîner l'extinction de l'acte ou la perte de la possession (1).

SECTION III.

Concordance entre les modes d'établissement et les modes d'exercice en justice du droit.

Le droit nous apparaît sous un troisième aspect, en tant qu'il est exercé en justice. Droit de propriété et

______

(1) On pourrait être tenté d'étendre la règle : *quæ juræ contrahuntur,* etc., et de dire : la concordance se rencontre aussi au point de vue des autorités qui ont établi le droit. De même que nous avons des modes civils, de même nous avons des modes prétoriens de création et d'extinction. Mais cette concordance n'existe que dans les mots et non dans les choses, car le préteur, quand il a établi des modes de création d'obligation, n'a pas institué des modes spéciaux et correspondants d'extinction.

droit d'obligation peuvent se présenter également sous cet aspect, puisque tout droit est destiné, quand il est contesté, à être réclamé devant l'autorité qui a mission de le faire reconnaître.

Or, la procédure, c'est-à-dire les différents actes nécessaires pour arriver à la proclamation du droit contesté, est entourée elle aussi de formes nombreuses. Eh bien! ces formes variant avec les droits divers qui peuvent faire l'objet d'un procès, reflèteront la nature du droit réclamé et concorderont avec le mode formel qui aura concouru à son établissement.

L'étude de la correspondance sous cette troisième face, achèvera de nous démontrer l'unité du système des formes, l'esprit intelligent et logique qui a présidé à sa constitution, puisque tout se tient dans la forme aussi bien que dans le fond.

Malheureusement ce troisième aperçu doit rester bien incomplet en raison de l'absence presque totale de documents sur les formes primitives, c'est-à-dire sur celles qui sont les plus intéressantes à étudier en raison même de leur antiquité. Quoi qu'il en soit, nous pouvons encore saisir dans ce qui nous reste sur les *legis actiones* des traces profondes de la loi que nous proclamons. Quant à la procédure formulaire, elle nous est mieux connue et nous fournit un plus grand nombre de preuves à l'appui de notre théorie. De plus, comme elle est une imitation des *legis actiones* auxquelles elle est venue se substituer, nous pourrons conclure en toute assurance que ce qui est encore vrai sous la procédure formulaire l'était *à fortiori* au temps de la procédure primitive.

§ 1. — Legis actiones.

Sous le nom de *legis actiones,* on désigne cinq formes de procédure, savoir : le *sacramentum,* la *judicis postulatio,* la *condictio,* la *manus injectio* et la *pignoris capio.* Les trois premières sont des formes introductives de procès, les deux autres sont des voies d'exécution.

Il nous faut tout d'abord écarter la *pignoris capio,* mode d'exécution sur les biens tout exceptionnel et garantissant des dettes d'un caractère public. Ce mode d'exécution se rattache en effet au droit public (*æs hordiarium, æs æquestre*) et au droit religieux, mais non au droit privé (1).

En ce qui concerne les formules de la *judicis postulatio* et de la *condictio,* les renseignements nous manquent.

Restent le *sacramentum,* la première, l'unique forme de procédure commune aux actions personnelles et aux actions réelles qui se soit rencontrée au début, et la *manus injectio,* mode général d'exécution. Sur ces formes antiques, depuis longtemps abrogées à l'époque classique, nous avons peu d'éclaircissements. Les rites qu'on devait accomplir dans les actions réelles nous sont parvenus ; mais on ne peut en dire autant des formules qu'on devait prononcer ; seule, la formule de l'action en revendication est arrivée jusqu'à nous. Sur les actions personnelles, les lacunes du manuscrit de Gaïus nous réduisent à une grande ignorance. Enfin Gaïus nous a transmis la formule employée dans la *manus injectio.*

---

(1) Gaïus, IV, 26 à 29.

Dans ces différents actes de procédure, nous rencontrons les deux éléments qui ont concouru à constituer la forme, c'est-à-dire les signes et actions d'une part, et les mots d'autre part.

La *manus injectio* suppose une action personnelle déjà intentée et suivie d'un jugement de condamnation. Elle n'a donc plus trait à l'exercice d'une action en justice, mais à l'exécution d'une sentence. Aussi la concordance devait-elle exister entre la formule du jugement lui-même et celle de la *manus injectio*. Or, le jugement paraît avoir été sous l'empire des *legis actiones*, l'expression d'une simple opinion (voir note 1, p. 104). Le juge se bornait à déclarer quel était le *sacramentum* qui lui paraissait juste : la sentence ne renfermait aucun ordre, aucune injonction à la partie perdante. Cela étant, la formule de la *manus injectio* ne devait en reproduire aucun. Elle devait être un simple rappel de la sentence intervenue. Or, voici comment elle est conçue : *Quod tu mihi judicatus sive damnatus es sestercium decem millia, quæ dolo malo non solvisti, cb eam rem tibi sestercium decem millium judicati manum injicio »* (1). Mais si le juge se borne à dire : *Sacramentum actoris mihi justum videri*, d'où vient que la formule de la *manus injectio* contient l'idée d'une condamnation antérieure, d'un ordre (*damnatus*), et la détermination de la somme due par le perdant ? Cela tient à ce que la procédure ne finissait pas avec le prononcé de la sentence. S'il en avait été ainsi, l'amour-propre du gagnant aurait pu être satisfait, ses

______

(1) Gaïus, IV, 21.

intérêts ne l'auraient pas été. Bien évidemment donc, il fallait régler la satisfaction qui lui était due. C'était là l'objet d'une procédure accessoire qui, selon toute probabilité, s'appelait *arbitrium litis œstimandœ* et qui certainement aboutissait à une condamnation (1). La formule de la *manus injectio* ne concordait donc pas avec le jugement lui-même, mais plutôt avec cette procédure accessoire qui nous est inconnue dans ses détails.

La prononciation de la formule dans la *manus injectio* était accompagnée d'un signe matériel; le créancier mettait la main (*manus injiciebat*) sur son débiteur, comme pour en prendre possession, et marquer la dépendance dans laquelle il allait désormais le tenir. Nous avons expliqué plus haut cette exécution sur la personne par la propriété de la famille et l'inaliénabilité primitive des biens qui ne pouvaient de la sorte devenir le gage des créanciers.

Actio sacramenti. — Nous avons eu l'occasion d'examiner déjà les rites et les signes qui s'accomplissaient *in jure*, quand on intentait cette action ; et nous avons montré (p. 51 et 99) que ces actes matériels exprimaient, dans une mesure plus ou moins parfaite, l'idée d'une contestation et la nature de l'action intentée, du moins en ce qui concerne l'action réelle, la seule sur laquelle nous possédions des renseignements un peu complets. Nous avons vu en un mot, à propos des signes eux-mêmes, une concordance entre la forme et le fond. Cette concordance

____

(1) Valerius Probus emploie ces expressions dans son traité de *juris notarum significatione* sous la rubrique *in legis actionibus hœc.*

apparaît avec bien plus de clarté dans les mots. La nature du droit revendiqué se reflète dans la la formule employée : *Hunc hominem ex jure quiritium meum esse aio,* dit le demandeur en imposant sa lance sur l'esclave revendiqué. La formule est absolue comme le droit lui-même ; elle exprime le rapport existant entre le propriétaire et sa chose, sans mentionner aucun intermédiaire. C'est bien là la nature du droit réel. L'idée d'une contestation apparaît à son tour dans les paroles que prononce de son côté le défendeur. Elle est conçue identiquement de la même façon que l'affirmation du demandeur. Le défendeur, sans se préoccuper de son adversaire, affirme son droit d'une façon absolue par la *contra vindicatio.*

Quant à la concordance entre le mode d'établissement du droit et le mode d'exercicé en justice, elle ressort de la comparaison de la formule de la mancipation avec celle de la revendication. On se rend compte alors que dans cette dernière la forme caractéristique de la mancipation se trouve si fidèlement reproduite, qu'il est difficile d'admettre que ce ne soit pas avec intention. La forme caractéristique de la mancipation consiste dans l'appréhension de la chose et dans la formule : *Hunc hominem,* etc. Cette formule est mot à mot la même pour la revendication et l'on y retrouve aussi l'appréhension de la chose (1).

La mancipation n'était pas le seul mode formel de la constitution de la propriété ; il y avait aussi l'*in jure*

---

(1) Comp., Gaïus, I, 119 et IV, 16.

cessio. La similitude ici ne pouvait pas manquer d'exister, puisque l'*in jure cessio* n'est autre chose qu'une fiction de la *legis actio*.

La formule de l'action en revendication est la seule formule d'action réelle qui nous soit parvenue. Nous ne connaissons ni celle de la pétition d'hérédité, ni celle de l'action *confessoria* et *negatoria* (1).

Y a-t-il eu rapport analogue dans l'action personnelle ? Notre loi est trop générale et trop bien vérifiée pour qu'on puisse en douter. Malheureusement il est difficile de la confirmer ici en raison des lacunes du texte de Gaïus.

Cependant, d'après les indices qu'on peut saisir encore dans le manuscrit de ce jurisconsulte, d'après quelques fragments de formules recueillies dans Cicéron ou dans les *notæ* de Valerius Probus, et qui paraissent se référer ici, on a cru pouvoir rétablir le dialogue sacramentel (2).

M. Heffter le rétablit ainsi :

Le demandeur : *Quando in jure te conspicio, postulo an fias auctor, qua de re mecum nexum fecisti.*

Le défendeur répond négativement.

Le demandeur : *Quando negas, sacramento te provoco.*

Le défendeur : *Quando ais neque negas me nexum*

---

(1) Voir L. 20, Liv. 8, 3. « *Si concesseris... uti frui jus esse, deinde concessero... jus mihi uti frui non esse.*

(2) Gaïus, IV, 15. — Val. Prob., *de notis*, § 4. — Cicér., *de natur. deor.*, IV, 30.

fecisse tecum, qua de re agitur, similiter ego te pro-
voco.

Cette formule ainsi reconstituée est-elle la véritable ?
On peut en douter. Car si l'on voit qu'il s'agit ici d'une
action personnelle, c'est parce que la dette est désignée
par le mot *nexum ;* mais l'essence même du droit personnel qui crée un raport de personne à personne, ne trans-
paraît pas dans la forme, comme lorsqu'il s'agit d'un
droit réel. D'autre part, cette expression, *nexum,* est-elle
suffisante pour faire naître l'idée d'obligation ? S'il est
vrai, ainsi que nous le dit Festus, que le mot *nexum* a
un sens général et désigne toutes les opérations qui ont
lieu *per œs et libram,* cette expression manque de précision.

Aussi faudrait-il, croyons-nous, préférer la conjecture
généralement admise d'après les expressions même employées par Valerius Probus, qui fait dire au demandeur :
Aio te mihi dare oportere, avec indication de l'objet et
de la cause juridique de la demande. Quant au reste de
la formule, il doit-être conservé (provocation au *sacramentum*). Cette seconde formule est plus en rapport avec
la nature même de l'obligation : celle-ci n'étant qu'un
rapport purement relatif, ne comporte qu'une forme
purement relative, mais elle doit nécessairement revêtir
cette forme pour se manifester extérieurement.

§ 2. — Correspondance entre la légis actio et les termes de la loi.

Cette concordance nous est affirmée par Gaïus. Le
jurisconsulte, recherchant pour quelle raison les actions

étaient appelées *legis actiones*, s'exprime ainsi : « *Actiones, quas in usu veteres habuerunt, legis actiones appellabantur : vel ideo quod legibus proditæ erant, quippe tunc edicta prætoris quibus complures actiones introductæ sunt, nondum in usu habebantur ; vel ideo quia ipsarum legum verbis accomodatæ erant et ideo immutabiles proïnde atque leges observabantur. Unde eum qui de vitibus succisis ita egisset ut in actione vites nominaret, responsum est rem perdidisse, quia debuisset arbores nominare, eo quod lex duodecim tabularum, ex qua de vitibus succisis actio competeret, generaliter de arboribus succisis loqueretur* » (1). Il résulte clairement de ce texte que si l'origne de la dénomination de *legis actiones* est douteuse, la correspondance de l'action avec la loi est certaine. L'exemple bien connu que Gaïus donne à la fin du texte nous montre avec quelle rigueur on exigeait cette correspondance. Aussi le jurisconsulte dans un autre passage considère-t-il comme une véritable singularité une dérogation à cette loi (2).

Cette correspondance résultait non pas d'un simple renvoi au paragraphe, ou à l'article de la loi, comme on le fait aujourd'hui dans les jugements, mais d'une citation complète des termes mêmes de la loi. La formule de l'action consistait dans cette citation : elle devenait pour

---

(1) Gaïus, IV, § 11.

(2) « *Nec me præterit in forma legis Furiæ testamentariæ pro judicato verbum inseri, cum in ipsa lege non sit, quod videtur nulla ratione factum.* » IV, § 23.

ainsi dire l'incarnation judiciaire de la loi elle-même qui entrait en lice avec son violateur (1).

Etant donnée cette idée que la formule de l'action devait être rigoureusement adaptée aux termes qu'emploie la loi dont l'application est en jeu, étant donné ce rapport étroit entre l'action et la loi, on comprend fort bien qu'à l'origine on ait appelé les actions, actions de la loi.

De ce caractère particulier de l'action romaine, résultent plusieurs conséquences :

1° Le nombre des actions de la loi ne se bornait pas aux cinq modes dont parle Gaïus ;

2° L'emploi des fictions était exclu : *nulla actio sine lege* ;

3° L'action était individualisée ; les droits n'étaient pas protégés, comme chez nous, par une action commune, mais chacun d'eux avait son action spéciale.

1° Le nombre des actions de la loi a du être considérable ; il correspondait aux divers articles de la loi qui créaient des droits différents. C'est ce que Pomponius nous dit dans la loi 2, § 6, Liv. 1, 2, à propos de la loi des Douze-Tables : *Ex his legibus.... actiones compositæ sunt.* A chaque disposition de cette loi, correspondait une action spéciale, de sorte qu'un travail sur une loi comprenait trois parties distinctes : le texte de la loi, son interprétation, et les formules d'action. C'est ainsi qu'était conçu le Commentaire de la loi des Douze-Tables par Ælius. On l'appelait *tripertita : « Quoniam lege*

____

(1) Dans notre procédure criminelle, les questions adressées au jury doivent reproduire les termes de la loi.

*duodecim tabularum præposita, jungitur interpretatio,
dein subtexitur legis actio* » (1).

Il en résulte que le nombre des actions de la loi ne se
bornait pas aux cinq formes dons nous parle Gaïus. Ces
formes fondamentales n'étaient que de pures enveloppes
de procédure qui comprenaient des actions spéciales et
multiples, et correspondant chacune à un droit reconnu
dans la loi. Nous en trouvons une preuve dans certaines
actions dont le souvenir est arrivé jusqu'à nous. Il est
facile de voir que le nom même de ces actions correspond
aux termes employés dans la loi : *Actio de arboribus
succisis, de tigno juncto, membro rupto, glande legenda,
arborum furtim cæsarum,* etc.

D'ailleurs, si le nombre des actions de la loi s'était
restreint aux cinq formes de procédure de Gaïus, à quoi
bon ces formulaires dont nous parle Pomponius (2)?
Comment admettre la vérité de ce renseignement que le
collège des Pontifes était le dépositaire de ces formules
et tenait ainsi le peuple sous sa dépendance? Comment
ajouter foi aux paroles de Cicéron, lorsqu'il dit que ces formules initient aux coutumes et à la manière de vivre des
anciens Romains (3)? Comment concevoir le caractère
dangereux attribué par Gaïus à l'ancienne procédure?
Impossibilités que tout celà, s'il ne s'était agi que des
quelques formules concernant les cinq actions signalées
par Gaïus (4).

____

(1) L. 2, § 38, Liv. 1, 2.
(2) L. 2, §§ 6 et 7, *eod*.
(3) Cic., *de orat.*, I, 43.
(4) Ihering, III, p. 319.

2° Etant donné ce principe que toute action pour être recevable devait renfermer dans sa formule les termes mêmes de la loi, il en résultait que si le droit qu'on voulait faire reconnaître n'avait pas été consacré par un texte positif, générateur de l'action, on n'avait pas d'action pour le faire respecter : *nulla actio sine lege*. Le magistrat avait les mains liées, il n'était que le rouage d'une machine, il était en son pouvoir, elle n'était pas dans le sien; ou bien le droit réclamé se trouvait inscrit dans la loi, et alors il devait recevoir l'action, ou bien il n'était pas prévu, et alors le demandeur devait être débouté de sa prétention (1). Le préteur n'avait pas encore le pouvoir de créer des actions dans son édit (2).

On comprend aussi que l'emploi des fictions était impossible. Les actions fictices se donnent sous la procédure formulaire dans des hypothèses où l'on rencontre réunies, à l'exception d'une seule, toutes les conditions requises pour l'exercice régulier d'une action. Il y a une supposition introduite dans la formule. Un *bonorum possessor* revendique un bien d'un défunt, par exemple, on le supposera héritier dans la formule : *Si Aulus Agerius Lucio Titio hœres esset, tum si fundum*, etc. (3). Mais dans la procédure primitive où la formule de l'action doit être calquée exactement sur les termes de la loi et où le

---

(1) Cicér., *Fro muren.*, c. 12 : *Prœtor interea, ne pulchrum se ac beatum putaret atque aliquid ipse sua sponte loqueretur, ei quoque carmen compositum est.*

(2) *Quippe tunc edicta Prœtoris, quibus complures actiones introductæ sunt, nundum in usu habebantur.* Gaïus, IV, 11.

(3) Gaïus, IV, § 34.

préteur n'est qu'un organe de celle-ci, de telles fictions
étaient proscrites. Aussi Gaïus ne nous parle-t-il des fictions qu'à l'occasion de la procédure formulaire (1).

3° Une autre conséquence « de l'ancienne procédure des
actions de loi et qui lui survécut longtemps, se manifeste
dans la façon de traiter et de concevoir l'action. Nous
nous trouvons ici en présence d'une différence marquée
entre la jurisprudence romaine et la jurisprudence actuelle.

« Si l'on compare entre elles la jurisprudence romaine
et la jurisprudence actuelle dans leurs travaux scientifi-
ques sur le droit romain, on constate que tant dans l'étude
des institutions isolées que dans l'ordonnance de tout le
système, l'une s'appuie avant tout sur l'action et l'autre
prend pour base le droit. Prenant en général l'action
pour point de départ, le juriste romain remonte d'elle
jusqu'au droit qui en est la condition ; le juriste actuel
suit une marche directement opposée : il rattache tout
le système juridique à des principes juridiques. Les Romains, aussi bien dans leurs formules législatives (Edit
du Préteur), que dans toute leur doctrine, prennent l'action comme base de leurs divisions et comme guide de
leurs décisions (2). L'intérêt immédiat et pratique, tel
était le premier mot de la théorie romaine ; aujourd'hui
l'on examine avant tout l'intérêt théorique et scientifique. »

____

(1) Gaïus, IV, §§ 32 et suiv.

(2) Voir un exemple dans le § 183 du Commentaire III, de Gaïus, de
la divergence d'opinions entre les juristes romains en ce qui concerne les
genera furtorum.

La jurisprudence actuelle « dès le moment qu'un droit est établi à ses yeux, dès qu'elle se trouve en mesure d'en démontrer le fondement et la nécessité interne par voie de déduction, admet par cela même l'existence de l'action. Elle envisage l'action, non comme une notion indépendante, mais comme une simple conséquence du droit. Pour nous, chaque fois que la loi reconnaît une prétention, la forme de sa réalisation, c'est-à-dire l'action et le juge, en est la conséquence logique. Notre conception actuelle fait de la protection juridique de l'Etat comme l'atmosphère nécessaire planant au-dessus de tous les droits ; c'est l'air respirable du droit, une *res communis* profitant à tout ce qui vit et se meut sur le sol du droit. L'action n'est à nos yeux que la protection de l'Etat, accordée dans un cas particulier pour un objet déterminé : elle est une abstraction. Pour les Romains, au contraire, elle est un *individuum*. Elle a son domaine déterminé, ses principes déterminés, son nom propre, sa forme propre et son histoire particulière ; sa naissance repose sur un fait historique concret, sur un acte spécial d'introduction. C'est ainsi que le nom de l'inventeur d'une action se perpétue avec le nom de l'action même (1).

« Les Romains donc, pourrait-on dire en un certain sens, ignorèrent l'action, ils ne connurent que des actions ; nous, au contraire, nous ne connaissons plus les

______

(1) Les actions dont l'origine se perd dans l'antiquité, sont nommées d'après leur objet, par exemple, *rei vindicatio, actio confessoria, hereditatis petitio;* celles de l'époque postérieure portent surtout le nom de leur inventeur, par exemple, *actio publiciana, pauliana, serviana, interdictum salvianum* (Ihering, III, note 502).

actions, notre science n'admet que l'action. L'idée générale de la protection juridique se fractionne à travers le
prisme de la conception romaine en une somme d'actions
isolées, tout-à-fait déterminées et qui peuvent se compter
une à une » (1).

Ces caractères de la procédure antique avaient d'incontestables avantages : c'était entre autres de ne rien laisser à l'arbitraire du juge. Celui-ci était entièrement soumis à la règle de la loi. Sans doute, la notion même de
la loi lui impose cette obéissance, mais la mesure édictée
favorisait largement ce but. On peut dire que l'impartia-
lité lui était mécaniquement imposée. Cette organisation
était un fait du droit coutumier, mais il répondait aux
réclamations incessantes de l'époque dans laquelle il s'est
produit ; il donnait satisfaction à ce continuel souci de la
légalité qui régna jusqu'au temps où naquirent les actions
de la loi et qui enfanta la loi des Douze-Tables, d'après
les traditions romaines elles-mêmes (2).

En face des avantages, se trouvaient des inconvénients
qu'il est impossible de se dissimuler. Puisqu'il n'y avait
pas d'action sans loi, le juge ne pouvait combler les
lacunes du droit positif, il n'avait aucune initiative propre, et se trouvait condamné à laisser le droit sans protection. Cet inconvénient considérable á dû contribuer
dans une large mesure à jeter sur les actions de la loi
le discrédit qui devait entraîner leur chute, surtout
quand, les relations juridiques s'étant développées, le

____

(1) Ihering, III, p. 337 et suiv.
(2) L. 2, §§ 3 et 4, *de origine juris.*

besoin de la protection légale fut devenu plus pressant. La cause de cette chute, d'après l'affirmation de Gaïus, ne serait autre que la rigueur excessive de la forme qui punissait le moindre écart de la perte du procès (1). Mais cette cause, dont on ne saurait nier l'influence, n'a pas dû seule entraîner cette défaveur. Car cette rigueur de la forme n'a pas disparu avec les actions de la loi ; on la retrouve sous la procédure formulaire (2), on la retrouve également dans toutes les parties du droit, enfin elle existe encore dans les législations modernes parce qu'elle est la conséquence du caractère de la forme. La forme, en effet, n'admet ni le plus ni le moins, elle ne fait pas de différence entre les fautes légères, les fautes très légères ou les fautes lourdes. Eh bien ! du moment que la *legis actio* consistait dans une citation particulière des termes de la loi, la nécessité d'une exactitude littérale dans les termes de la loi doit nous paraître raisonnable à nous qui en exigeons encore autant aujourd'hui (3). Sans doute la forme antique des actions de la loi avaient de grands dangers, il faut bien le répéter, mais ce n'est pas en affaiblissant la rigueur des formes qu'on les conjura ; la moindre déviation dans la forme resta toujours

---

(1) G., IV, 30.

(2) Quintil., *Inst. orat.*, VII, 3 : « *Quum si uno verbo sit erratum, tota causa cecidisse videamur.* »

(3) On rencontre encore aujourd'hui quelque chose de semblable en Angleterre. — Un acte du parlement défend de débiter des spiritueux le Lordsday ou Dimanche. Un contrevenant fut acquitté, il y a quelques années, uniquement pour ce motif que la dénonciation l'avait accusé d'en avoir débité le Sunday (Dimanche) (Ihering, III, note 484).

une cause de déchéance. Ce qu'on transforma, ce fut la tournure de la forme. L'écriture remplaça la parole ; or, l'on se trompe moins en parlant qu'en écrivant, et comme le préteur prit la place des parties, les occasions d'erreur étaient encore moins fréquentes. D'autre part, au lieu de commencer la procédure par la récitation de la formule, on la commençait par un débat approfondi où les parties avaient la plus entière liberté d'expression ; la formule intervenait seulement à la fin, lorsque la question litigieuse avait été bien mise en lumière.

L'abandon de la procédure primitive amena la réalisation de ces avantages. Mais cet abandon devait réaliser un progrès beaucoup plus grand encore, puisqu'il délia les mains du préteur, et que son édit vint prendre place à côté de la loi comme source des actions. C'est à partir de ce moment qu'il commence à corriger et à compléter la vieille loi des Douze-Tables. A côté des actions civiles, viennent prendre place les actions prétoriennes.

Tout ce qui précède nous amène naturellement à l'étude de la procédure formulaire en tant qu'elle nous offre une application de notre règle de la concordance.

§ 3. — Procédure formulaire.

La procédure formulaire consiste dans la rédaction d'une formule délivrée par le préteur aux parties qui doivent elles mêmes la remettre au juge.

Cette formule est une instruction écrite dans laquelle les devoirs du juge se trouvent déterminés.

Des quatre parties essentielles qui peuvent se rencontrer dans cette instruction, la seule qui doit nous occuper est l'*intentio*. On peut dire que c'est la partie la plus essentielle de toutes, car il n'y a pas de formules où elle ne se rencontre. C'est celle où le demandeur exprime sa prétention : *Quâ desiderium suum concludit* (1). L'*inten-tio* contenant la réclamation du demandeur, les caractè-res du droit poursuivi devaient trouver leur expression dans la formule. Celle-ci était en quelque sorte le miroir dans lequel venaient se refiéter la nature du droit et son origine, et dans lequel on pouvait trouver l'indication des pouvoirs du juge. Aussi les détails de la rédaction de l'*intentio* varient-ils suivant les cas.

1º Ils varient d'abord avec la nature du droit. Or, le droit peut être absolu, opposable à tous ; c'est alors un droit réel ou un droit analogue au droit réel, c'est-à-dire un droit de famille ; ou bien le droit peut être purement relatif, il est alors personnel.

Cette différence qui existe entre les droits réclamés trouvera son expression sensible dans la forme de l'*intentio*.

Comme le droit personnel est purement relatif et cons-titue un rapport entre un individu et un autre individu, il faudra, pour que ce caractère transparaisse, que les deux personnes en présence se trouvent dénommées dans la formule. Il faudra de plus un terme caractéristique pour exprimer l'idée d'obligation qui est l'essence même du droit personnel. Tout cela se trouve réalisé au moyen des termes suivants : *Si paret Numerium Negidium*

---

(1) G., IV, 41.

(débiteur) *Aulo Agerio* (créancier) *sestertium decem milia dare oportere* (idée d'obligation) (1).

Le droit réel, au contraire, est opposable à tous ; il constitue une relation directe entre le propriétaire et la chose ; c'est cette relation qu'il suffit d'affirmer quand on se prétend propriétaire et de reconnaître pour donner gain de cause au revendiquant. Quant au défendeur, il est indifférent, puisque la propriété, une fois vérifiée, l'est à l'égard de tous. Cette relation immédiate se trouve ainsi exprimée : *Si paret hominem ex jure quiritium Auli Agerii esse* (2).

2° L'*intentio* reflète en second lieu la diversité d'origine des droits réclamés. Ces droits peuvent être de création prétorienne.

Droits civils. — Dans ce cas l'*intentio* et l'action s'appellent *intentio* ou *actio in jus concepta*. Ce langage signifie que la rédaction adoptée par le préteur met en relief l'idée d'un droit ; cette idée se dégage dans les actions personnelles, du mot *oportere*, dans les actions réelles des mots *rem ex jure quiritium illius esse* (3).

Dans ces deux cas, l'*intentio* est *in jus* parce que le préteur pose au juge la question de savoir si en droit civil, *jure civili*, le demandeur a raison. Comme le magistrat ordonne au juge de se conformer au droit civil, sa mission consiste ici à le confirmer.

L'*intentio* de l'action *in jus* est toujours rédigée à l'in-

---

(1) *Eod.*

(2) *Eod.*

(3) Gaïus, IV, 45.

finitif, et cela s'explique, puisque toute réclamation d'un droit suppose son existence au moment où on la formule.

Droits prétoriens. — Nous connaissons déjà le rôle du préteur : confirmer le droit civil, en combler les lacunes, en corriger la rigueur, telles sont les trois faces de sa mission (1).

Nous venons de le voir en remplir la première face en parlant de l'action *in jus*. Pour arriver aux deux autres résultats, il s'est servi d'un double procédé.

Ou bien, par le moyen d'une fiction qu'il crée de sa propre autorité, il étend la formule existante à des rapports de droit pour lesquels elle n'avait pas été primitivement conçue ;

Ou bien, de toutes pièces, il crée une formule nouvelle qui lui sert à sanctionner un droit nouveau.

Dans le premier cas, l'*intentio* et l'*actio* sont appelées fictices.

Dans le second cas, elles sont appelées *in factum*.

L'action fictice est donc donnée par le préteur dans des circonstances telles qu'elle serait refusée par le droit civil, à raison de l'absence d'une des conditions nécessaires pour son obtention. Pour tourner l'obstacle, le magistrat suppose fictivement que les exigences du droit civil sont observées, mais il faut qu'il avertisse le juge de sa supercherie par une mention spéciale dans l'*intentio*, sinon ce dernier se croyant en face d'une action civile et n'en trouvant pas réunies toutes les conditions, ne pourrait donner gain de cause au demandeur.

---

(1) L. 7, § 1, Liv. 1, 1.

Il dira donc au juge, ou bien : Statuez comme si tel événement avait eu lieu ; dans ce cas, le préteur comble une lacune du droit civil.

Ou bien : Statuez comme si telle circonstance qui existe n'existait pas ; ici, le préteur corrige le droit civil.

A raison de l'emploi de cette fiction, tous les éléments exigés par le droit civil se rencontrant, l'*intentio* est toujours *in jus concepta* (1). Quant à la différence entre l'action fictice et l'action du droit civil, elle se trouve exprimée par la fiction.

Prenons des exemples :

Il manque une circonstance exigée par le droit civil ; le préteur la suppose exister. Ainsi le *bonorum possessor* n'est pas héritier ; il ne peut donc intenter une action héréditaire ou y défendre. On lui supposera fictivement la qualité qui lui manque : « *Si Aulus Agerius Lucio Titio heres esset, tum si fundum de quo agitur ex jure Quiritium ejus esse oporteret*, etc. (2). Dans l'espèce, le juge n'aura qu'à vérifier le droit de propriété du défunt et cette vérification faite, il prononcera une condamnation au profit du *bonorum possessor* sans se préoccuper de ce que celui-ci n'est point héritier, car cette qualité lui est supposée. Le pérégrin ne pouvait exercer les actions *furti* et *legis Aquiliæ* ni être poursuivi par ces actions. Ce qui l'empêche d'agir, ou ce qui ne permet pas d'agir contre lui, c'est que la qualité de citoyen lui manque.

------

(1) Gaïus, IV, 34 à 38.

(2) *Id.*, § 34.

On la lui supposera donc : « *Tum si civis esset* » (1). Le magistrat dans toutes ces hypothèses et dans les cas analogues, comble une lacune du droit civil.

Il corrige au contraire les rigueurs du droit civil, quand il suppose inexistant un fait accompli. Un créancier, par exemple, a libéré son débiteur par acceptilation, sous l'empire de la violence. *Jure civili*, la dette est éteinte ; *jure prætorio*, elle subsiste. Mais comment donnera-t-on au créancier le moyen d'agir ? on lui restituera l'action, en supposant qu'aucune acceptilation n'est intervenue : « *Si eam peccuniam de qua agitur, acceptam non tulisset* » (2).

Le second procédé auquel le préteur eut recours pour compléter ou corriger le droit civil, c'est l'action *in factum*. Mais il s'affranchit ici de toute contrainte et néglige complètement le droit civil. De toutes pièces, il crée une action nouvelle, et cela s'explique, parce que dans ces hypothèses le droit réclamé étant tout à fait nouveau, il ne peut être question de chercher des analogies dans le droit civil.

Le préteur se contente d'indiquer au juge les faits allégués par le demandeur, et alors il lui donne la mission de vérifier si ces faits sont vrais ou non, et de condamner dans le premier cas ou d'absoudre dans le second. Il y a donc ici une grande différence avec l'action *in jus*. Dans celle-ci, le juge doit examiner les faits, mais il doit de plus les soumettre aux règles du droit civil ; il y a

---

(1) *Id.*, § 37.

(2) L. 9, § 4, Liv. 4, 2.

donc toujours une question de droit à trancher. Dans l'action *in factum*, il n'y a qu'une simple vérification des faits à faire ; le juge n'a pas à rechercher en vertu de quel droit il condamne. Le préteur à résolu la question de droit à l'avance le jour où il a dit, dans son édit : *Judicium dabo.*

L'effet définitif des actions *in jus* et des actions *in factum* étant d'aboutir à une condamnation, la différence qui les séparait tenait à leur origine et se trouvait manifestée dans la formule. La formule *in factum* contenait la simple mention d'un fait et de plus elle avait cette particularité qu'elle était toujours rédigée à l'infinitif passé. Cela s'explique fort bien puisque le fondement de l'action réside dans certains faits déjà accomplis : *Si paret illum patronum ab illo liberto contra edictum illius prætoris in jus vocatum esse*, etc. (1). *Si paret A. A. apud N. N. mensam argenteam deposuisse*, etc (2).

3° Enfin l'*intentio* contient l'expression exacte des pouvoirs du juge, lesquels varient suivant que l'objet de la demande est fixé d'une manière précise ou se trouve indéterminé.

Les *intentiones* sont alors *certæ* ou *incertæ*. L'*intentio*

----

(1) G., IV, § 46.

(2) G., IV, § 47. Une autre différence entre la rédaction de la formule *in factum* et des formules *in jus*, se trouve non plus dans l'*intentio*, mais dans l'absence d'une autre partie qu'on appelle la *demonstratio*. Il est vrai que l'*intentio* a beaucoup de ressemblance avec une *démonstratio*, mais elle ne se confond pas avec elle, car elle est conçue dans la forme conditionnelle, forme propre aux *intentiones* (*si paret*) ; enfin la plus *petitio* est possible dans l'action *in factum* (G., IV, § 60) ; or, la plus *petitio* ne résulte jamais de la *condemnatio* (G., IV, §§ 56 et 58).

est *certa* quand le droit réclamé est tellement précis que le juge n'a qu'à répondre par oui ou par non. Elle est *incerta* quand l'étendue de la prétention est indéterminée et que le juge a un pouvoir d'appréciation plus large.

Entre l'*intentio certa* et l'*intentio incerta*, il y a une différence générale de forme : l'une se présente sous l'apparence d'une condition qui, vérifiée, fera condamner le défendeur, et non vérifiée, le fera absoudre. L'autre, bien qu'elle ait au fond le même effet et la même portée, ne revêt pas la même tournure de rédaction : la première se distingue par les mots, *si paret ;* le juge n'a qu'à répondre oui ou non. La seconde commence par les mots *quidquid paret ;* elle donne donc au juge un pouvoir d'appréciation (1).

Plus spécialement, si nous envisageons les *intentiones* des actions personnelles, la différence de rédaction est saillante selon qu'elles sont *certæ* ou *incertæ ; certæ*, elles ne contiennent que le mot *dare*, et cela parce qu'il n'y a d'obligations certaines que parmi celles de donner ; *incertæ* elles ajoutent au mot *dare* l'un des mots *facere* ou *præstare*, ou même tous les deux (2).

Rentrent dans le nombre des actions *certæ* les actions *in rem* et la *condictio certi*.

Sont *incertæ* la *condictio incerti* et les actions de bonne foi.

---

(1) Gaïus, IV, 136.

(2) Bien qu'aucune *intentio* à nous connue ne contienne le mot *præstare*, on peut conjecturer qu'il a dû se trouver dans cette partie de la formule. On est autorisé à le faire par la définition que Gaïus (IV, 2) nous donne de l'action personnelle : **Quibus intendimus dare, facere, præstare oportere**.

Dans ces dernières, comme le juge a les plus grands pouvoirs d'appréciation, puisqu'il se détermine d'après l'équité, la formule contient ces expressions qui différencient l'action de bonne foi de l'action de droit strict : *ex fide bona*.

Les pouvoirs du juge varient aussi suivant que l'action est arbitraire ou non arbitraire. L'action est arbitraire, quand le juge a le pouvoir de donner au défendeur l'ordre de restituer ou plus généralement de satisfaire le demandeur dont le droit est reconnu. Le caractère distinctif de ces sortes d'actions consiste dans ce *jussus* ou *arbitrium* préalable, et il se manifeste dans la formule par les mots *nisi restituat*. Il est possible que ces mots fussent placés quelquefois entre l'*intentio* et la *condemnatio*. Mais plus souvent on ajoutait à l'*intentio* les mots *neque ea res arbitrio judicis restituatur* (1).

L'*intentio* est donc la partie la plus importante de la formule et l'on peut voir quel soin minutieux les jurisconsultes devaient apporter à sa rédaction pour lui faire refléter les principaux caractères de l'action. L'action est-elle civile ou honoraire, directe ou fictice, réelle ou personnelle, de bonne foi ou de droit strict, arbitraire ou non arbitraire, etc., la formule varie suivant les exigences de l'action, et revêt autant de nuances diverses qu'il en faut pour exprimer la diversité de ses caractères.

---

(1) Cicér., 2ᵉ act., *in Verrem.*, II, 12. — Accarias, II, 949, note 2.

Si nous voulons tirer la conclusion de ce rapide aperçu sur la forme, il nous semble qu'on arrive aux propositions suivantes :

Le formalisme, c'est-à-dire la forme sans cause, l'élément extérieur introduit dans le droit par caprice, non pas pour le servir, mais pour l'entraver, ne s'est jamais rencontré à Rome. Les actes matériels et les paroles consacrées qui accompagnent les actes juridiques, la présence des témoins et l'intervention de la religion, s'expliquent par l'état social dans lequel on les rencontre. Les actes matériels, qui seuls, donnent à la législation romaine un aspect formaliste, constituent d'anciens usages autrefois fort sérieux, mais conservés par attachement pour le passé, après qu'ils avaient perdu leur raison d'être. Ces usages ainsi conservés pendant un certain temps, disparaîtront dès qu'ils deviendront une gêne pour le droit, étant donnés les développements de la civilisation (disparition du *nexum*, stipulation, contrat littéral, contrat *re*, transformations du testament). On ne les conserve que là où leur emploi étant moins fréquent, ils ne sont pas une entrave pour la rapidité des transactions.

Quant aux formules consacrées, leur utilité pour un droit qui se forme est facile à démontrer. Le premier besoin qu'éprouvent les peuples, lorsque tous les rapports sociaux sont encore désordonnés et confondus, c'est celui de règles précises. « Or, pour donner aux actes de la vie civile ce caractère de précision, il n'y a que deux procédés possibles : l'un consiste dans une théorie savante, qui étudiant tous les actes tels qu'ils se présentent dans la vie réelle avec leurs complications innombrables et leur

infinie variété, parvient à déterminer et à définir chacun
d'eux suivant sa forme naturelle. Mais cette théorie
est le but suprême de la science, et ce n'est qu'après de
longs siècles d'efforts que les jurisconsultes romains eux-
mêmes ont pu en approcher. Il est un procédé plus simple
et plus grossier pour les législations naissantes : elles
créent un certain nombre de rites et de formules et refusent leur sanction à tout acte qui n'a pas revêtu les formes
consacrées. Ainsi procéda le droit romain à l'origine :
pour prévenir tout arbitraire dans l'administration de
la justice, il établit deux séries de formules, l'une pour
les actes juridiques, l'autre pour les procès ; et durant de
longs siècles, toute l'activité des jurisconsultes et des
préteurs n'eut pour but que d'élaborer et que de perfec-
tionner ce double formulaire (1).

Ainsi entendue, la forme joue son rôle d'auxiliaire indispensable du droit; loin de dominer arbitrairement le fond,
elle lui est soumise. Elle sait se plier à toutes les distinctions qu'il réclame (concordance entre la forme et le
fond) ; elle est soumise à des lois ; et si parfois ses exigences, toutes de logique (concordance entre les modes
d'extinction et les modes de création de droit), deviennent une gêne pour le droit au lieu de le servir, elle cède
à son tour devant les nécessités de la pratique (paiement,
novation transformés en modes généraux d'extinction).

Enfin, quand les jurisconsultes ont accompli complètement leur travail d'édification du droit, quand ils ont
analysé les divers actes juridiques et posé des règles

____

(1) Gide, *Novat. et cess. de créances*, p. 23.

d'interprétation de la volonté des parties ; quand, d'autre part, on n'a plus besoin du secours de la forme pour conserver le souvenir de cette volonté ; quand les institutions sociales transformées réclament un droit moins lourd et plus facile à mettre en œuvre, la forme, toujours docile, se retire et ne joue plus qu'un rôle effacé dans la législation devenue spiritualiste.

DROIT FRANÇAIS

De la règle Locus regit actum.

DÉTERMINATION DU SUJET

Aujourd'hui, en raison du développement du commerce et de l'industrie, de la facilité et de la multiplicité des communications, les nationaux d'un pays ne se bornent plus à exercer leur activité dans les limites de leur territoire, mais sans tenir compte des circonscriptions géographiques, ils vont emprunter aux peuples voisins les fruits de leurs découvertes, ou leur communiquer les produits des leurs. Au milieu de ce va et vient continuel et de ces relations incessantes de peuple à peuple, des actes juridiques se forment et comme les contractants sont des étrangers, soit l'un pour l'autre, soit pour le territoire où l'acte s'accomplit, il y a lieu de se demander quelle législation devra régir ces actes. Un acte de vente est dressé en France dans la forme sous seing-privé. Le vendeur et l'acheteur sont Anglais, ou bien le vendeur seulement est Anglais, et l'acheteur est Italien ; le bien vendu est situé en Allemagne. Par quelle loi l'acte

sera-t-il régi ? Sera-ce par la loi locale ? Sera-ce par la
loi de la situation de l'objet ? Sera-ce par la loi nationale
des contractants ? Et si les contractants sont encore de
nationalité différente, quel est celui dont la législation
devra l'emporter sur la législation de l'autre ? Toutes ces
questions rentrent dans ce qu'on est convenu d'appeler le
statut des actes. Il détermine les règles qui doivent régir
les formalités qui se rencontrent à propos de tout acte
juridique. Or, on distingue, dans tout acte, quatre espèces
de formalités : les formalités d'exécution, les formalités
habilitantes, les formalités intrinsèques ou viscérales, et
les formalités extrinsèques ou probantes (1).

Les premières sont celles qu'on doit observer pour imposer à un tiers le respect d'un droit quelconque. Elles
s'appliquent à la poursuite en justice, au procès et à
l'exécution du jugement.

Les secondes déterminent les conditions d'aptitude, de
capacité, pour faire valablement tel ou tel acte, par
exemple la nécessité pour la femme mariée d'obtenir
l'autorisation de son mari ou de la justice ; pour le mineur émancipé d'obtenir l'autorisation de son curateur,
et pour le demi-interdit l'assistance de son conseil judiciaire.

Les troisièmes sont celles qui constituent l'essence
même de l'acte, qui lui donnent l'être et sans lesquelles il
ne peut pas exister ; tels sont les consentements des par-

____

(1) Merlin, *Répertoire*, V⁰ loi, § 6, n⁰ 7. — Fœlix, *Traité de droit internat. privé*, I, p. 146. — Demolombe, I, p. 418 et 419.

ties, l'objet et la cause. Rentrent aussi dans cette catégorie les conditions et les effets de l'acte.

Enfin les quatrièmes sont étrangères à l'existence de l'acte et concourent uniquement à constituer la preuve de sa formation. Elles sont soumises aux règles contenues dans la loi du 25 ventôse, an IX, sur le notariat et à celles renfermées dans la théorie générale des preuves (art. 1315 et suiv.).

De ces éléments divers qu'on distingue dans un acte, le quatrième seul constitue à proprement parler la forme. Le mot formalité employé ici d'une manière générale est donc inexact, et quand on parle de la forme des actes, il faut uniquement avoir en vue l'*instrumentum*, l'écrit dressé pour en conserver la preuve.

Les formalités d'exécution en effet, si elles méritent ce nom, ne sont pas relatives à l'acte lui-même, mais à ses suites. La loi qui les régit est celle du pays dans lequel ont lieu la poursuite et l'exécution, puisque c'est au nom de la puissance publique que la poursuite et l'exécution ont lieu dans chaque Etat.

Les deux autres classes de formalités se rapportent moins à la forme qu'au fond. Elles ont trait pour les formalités habilitantes à la capacité ; elles sont donc régies par les lois de la capacité, c'est-à-dire par la loi nationale des contractants (art. 3-3). Quant aux formalités intrinsèques, elles sont à plus forte raison des éléments de fond. En tant qu'elles déterminent les conditions et les effets des contrats, la loi qui les dominera est abondonnée au libre choix des parties, c'est leur volonté qu'il faut rechercher (1134-1156). En tant qu'elles déterminent les éléments essentiels de l'acte (consentement, objet, cause), les lois étant toutes d'accord pour exiger ces éléments fondés sur la nature des choses, on n'a pas à rechercher quelle loi régira l'acte.

Il existe encore une autre classe de formalités, dont les auteurs ne parlent pas : nous voulons parler des formes établies par la loi dans l'intérêt des tiers, afin de porter à leur connaissance les actes qui les intéressent. Ainsi la loi du 23 mars 1855, prescrit la transcription des actes translatifs de droits réels immobiliers ; s'ils ne sont pas rendus publics, on ne peut les opposer aux tiers de bonne foi (art. 1er). La loi veut encore que les baux de plus de dix-huit ans, ou les quittances anticipatives de trois années de loyer, soient transcrits (art. 1, 4 et 5). Le cessionnaire d'une créance n'est saisi à l'égard des tiers que pour la signification du transport fait au débiteur ou par l'acceptation faite par le débiteur dans un acte authentique (art. 1690, C. civ.). Le privilège du créancier gagiste ne s'établit sur les meubles incorporels, tels que les créances mobilières, que par acte public et sous seing-privé, enregistré et signifié au débiteur de la créance donnée en gage (art. 2075). Dans tous ces cas et dans beaucoup d'autres encore que nous pourrions citer, l'exigence de la loi n'a en vue que l'intérêt des tiers. On peut la considérer comme une formalité, mais elle est complétement en dehors de l'acte lui-même : l'acte en effet est valable, réunit toutes les conditions de fond et de forme nécessaires pour qu'il soit obligatoire *inter partes*, indé-

pendamment de l'accomplissement de ces dernières formalités. Celles-ci n'ont été établies que par mesure de
publicité, elles poursuivent la protection des tiers, ou
d'une manière plus génerale la protection du crédit public et privé. A ce titre, ces formalités rentrent dans le
statut réel, et c'est dans tous les cas la loi territoriale
qui doit être appliquée.

Comme nous devons nous borner dans cette étude à rechercher quelle loi régit le quatrième élément, celui qui
mérite seul le nom de forme, il était bon de l'isoler des
autres et de bien le définir pour éviter toute confusion.
Ce quatrième élément a trait, ainsi que nous l'avons dit
déjà, à la preuve du fait juridique. Il existe à côté et en
dehors de lui. Quant deux parties veulent passer ensemble une convention, elles commencent par s'entendre
sur ses conditions et ses effets, elles font l'*actus ;* elles
dressent ensuite un écrit, *instrumentum,* destiné à conserver le souvenir du fait juridique. L'*actus* est indépendant de l'*instrumentum ;* il existe par lui-même, bien
qu'aucun écrit n'ait été dressé ; seulement il est alors
dénué de preuve. Il en est de même quand les parties ont
rédigé un écrit, mais sans se conformer aux prescriptions
de la loi qui devait régir cet écrit. L'écrit est nul et ne
peut servir de preuve. C'est ce qui arrivera par exemple
quand deux français en France auront négligé les formalités de l'article 1325 ou celles de l'article 1326 du Code
civil. Mais dans ces différents cas, le fait juridique n'en
est pas moins existant. L'écrit n'est donc qu'une formalité
extrinsèque, qui ne vaut que *ad probationem.*

Tel est le principe général. Dans certains actes cependant la forme extrinsèque a trait tout à la foi à la constatation du fait juridique et à son existence. C'est ce qui a lieu dans les actes solennels. On ne cite d'ordinaire comme tels que les deux contrats de mariage, la donation et la constitution d'hypothèque, mais il en est beaucoup d'autres. Dans tous ces actes la forme extrinsèque est nécessaire pour que le fait juridique puisse prendre naissance ; elle vaut donc ici *ad solemnitatem* et non plus seulement *ad probationem.*

Eh bien ! quand les parties seront de nationalité différente ou qu'elles seront, soit l'une, soit toutes les deux, étrangères au pays où l'acte se passera, quelle loi devra régir la forme de l'acte accompli ? Cette loi déterminée, pourra-t-on dire qu'elle s'appliquera toujours quelque soit la nature de l'acte, qu'il soit solennel ou non solennel ; ou bien quelque soit l'objet de l'acte, meuble ou immeuble ; enfin cette loi s'impose-t-elle ou les parties peuvent-elles y déroger ?

Les règles qui régissent les formalités extrinsèques de l'acte juridique, prennent le nom spécial de statut instrumentaire ou de statut de la forme.

Ce sont ces règles qui font l'objet de notre travail. Dans une première partie nous les déterminerons d'une manière générale et purement théorique ; nous ferons ensuite l'application des principes que nous aurons reconnus, en tranchant les conflits de législation qui peuvent se présenter à propos de la forme des différents actes.

PREMIÈRE PARTIE

De la règle locus regit actum au point de vue théorique.

Quand on considère la forme des actes, comme nous l'avons fait précédemment, c'est à dire indépendamment de leur fond, la règle directrice est la maxime *locus regit actum :* en d'autres termes, la forme doit être celle autorisée par la loi du lieu où l'acte est passé. C'est là un principe généralement adopté par l'usage des nations. Mais la maxime vraie en ce qui concerne la forme serait au contraire radicalement fausse si on voulait l'appliquer au fond.

En tant qu'expression linguistique, la formule *locus regit actum* est certainement inexacte. Et en effet comme elle vise non pas l'acte lui-même, mais la forme, c'est-à-dire, non pas l'*actus*, mais l'*instrumentum*, on devrait dire *locus regit instrumentum*. D'autre part, comme le mot *locus* employé seul n'indique pas le lieu dont il s'agit, on peut se demander si ce sont les lois du lieu d'exécution ou les lois du lieu de la formation de l'acte qui régiront sa forme. Et ce n'est pas une simple subtilité théorique qu'émettre la possibilité de ce doute ; car il a donné naissance à une opinion soutenue par quelques auteurs du moyen âge qui, se basant sur la loi 21 pr. *(de oblig. et act.) : « Contraxisse unusquisque in eo loco intelligitur in quo ut solveret, se obligavit »* régissaient les formes du contrat par la loi du lieu où l'obligation devait être exécutée. Cette doctrine qui eut au moyen âge certain crédit, peut être considérée aujourd'hui comme abandonnée. Il est à peu près universellement reconnu que le texte cité s'occupe de régler une question de compétence, et n'a nullement trait à la forme extérieure des actes. Cependant, il n'était pas inutile de mentionner ici un système qui trouve encore de nos jours des partisans, et que la Cour de cassation de Palerme a tenté de remettre en honneur ces dernières années (1). Pour éviter ces doutes et pour être tout à fait correcte et claire, notre maxime devrait donc s'énoncer ainsi : *Locus actus regit instrumentum* (2).

Le principe fondamental en notre matière est donc que tout acte est régi, quant à sa forme, par la loi du lieu où il a pris naissance. Cette règle était admise dès le

---

(1) Cour de cass. de Palerme, 7 juillet 1877. Cet arrêt est rapporté au *Journal de Clunet*, année 1878, p. 52. Voici dans quelles circonstances cet arrêt est intervenu : Une lettre de change payable en Italie, avait été endossée sans date à Londres. D'après la loi anglaise, la date n'est pas nécessaire pour que l'endossement soit translatif. D'après la loi italienne, l'endossement qui n'est pas daté ne transfère pas la propriété : il ne vaut que comme simple procuration. Les deux parties invoquaient la maxime *locus regit actum*, mais elles l'interprétaient diversement. L'une préten- dait que le lieu visé par la règle est le lieu d'origine de l'acte et l'autre que c'est le lieu d'exécution. L'arrêt de cassation donne raison à cette dernière prétention, et il s'appuie pour cela sur la loi romaine citée au texte. Cette décision est contraire au texte de la loi italienne à son esprit et à celui de la règle *locus regit actum*. L'article 9, 1° du code italien, porte en effet que les formes extrinsèques des actes entre vifs sont déter- minées par la loi du lieu où *ils sont faits*. Quand nous connaîtrons le fondement de notre maxime, nous verrons que cette jurisprudence est également contraire à son esprit.

(2) En ce sens, M. Ed. Picard, avocat à la Cour de cassation de Bel- gique, dans une étude insérée au *Journal de Clunet*, année 1881, p. 464.

commencement du XVIe siècle. Mais, suivant la tendance générale, on s'évertuait à la rattacher aux lois romaines, sans le patronage desquelles elle n'aurait pu obtenir droit de cité dans la jurisprudence du temps.

On prétendit en trouver la formule expresse ou tout au moins des applications dans divers textes du Digeste et du code. Quelques-uns des fragments invoqués, tels que L. 1, pr., de *usuris* (22) ; L. 31, § 20, de *Æditilio edicto*, (21, 1) ; L. 22, de *rebus creditis* (12, 1) ; L. 34, de *regulis juris* (50, 17), s'occupent de la volonté des parties, des conditions et des effets de certains actes, mais n'ont aucun rapport avec les formes extérieures. Aussi fallait-il un bien grand désir de donner une origine romaine à notre règle, pour introduire ces textes en notre matière.

Mais il est deux autres passages qui paraissent à première vue se rapporter à la question.

L'une constitue la loi 9, au code de *Testamentis* (VI, 23). Il est ainsi conçu :

« *Si non speciali privilegio* (1), *patriæ tuæ juris observatio relaxata est et testes non in conspectu testatoris, testimoniorum officio functi sunt, nullo jure testamentum valet.* »

Un testament a donc été fait sans respect pour la règle romaine qui veut que les témoins se trouvent en la présence du testateur. Les empereurs déclarent ce testa-

______

(1) ***Privilegium*** désigne ici le droit particulier ou une partie du droit particulier accordé par une constitution impériale à la ville dont il est question.

ment nul : « *Si non speciali privilegio patriæ tuæ juris observatio relaxata est.* » On pourrait croire d'après les mots *patriæ tuæ*, qui semblent indiquer une collision entre différents droits locaux, que le texte fait une application de notre règle. « Mais cette apparence disparaît si l'on considère que la *patria* de l'héritière ne saurait être la circonstance décisive ; on ne dit pas où le testament avait été fait. Vraisemblablement le défunt avait testé dans le lieu où il avait son domicile, aussi bien que l'héritière. Ainsi donc, il n'est nullement question de l'application de notre règle ; et notre texte ne contient que cette proposition, d'ailleurs évidente, que, en cas de collision, le droit particulier l'emporte sur le droit général » (1).

On invoque également un second passage, la loi 6, du Digeste, de *Evictionibus* (XXI, 2) :

« *Si fundus venierit, ex consuetudine ejus regionis in qua negotium gestum est, pro evictione caveri oportet* ».

Or, il semble bien résulter de ce texte que dans le cas d'éviction d'une chose achetée, l'obligation de garantie doit être réglée par la coutume du lieu où la vente a été conclue. Le jurisconsulte ne s'occupe donc que des effets du contrat, des prestations auxquelles les parties ont vraisemblablement voulu se soumettre ; le contrat est supposé valable, et des formes requises il ne pouvait être question.

---

(1) De Savigny, *Traité de droit romain*. — Traduction de M. Ch. Guenoux, VIII, p. 356 et 357 de la 2ᵉ édition. — Demangeat, sur Félix, I, p. 150, note 6 de la 8ᵉ édition.

Aussi ne faut-il pas hésiter à chercher ailleurs que dans les lois romaines le fondement de la règle *locus regit actum*, en tant qu'elle s'applique aux formes extérieures (1).

On n'a pas été plus heureux en demandant au droit canon ce que le droit romain n'avait pu donner.

Ainsi le canon si souvent cité :

Canon 1, § *contrahentes, de foro competente VI°*, ne s'occupe que de la question de savoir où peut être portée l'action née d'un contrat valable.

Le Canon 1, § 9, de *sponsalibus*, IV, 1, est plus souvent cité encore que le précédent, parce qu'il paraît au premier abord contenir une consécration de notre règle :

« *Ex concilio Triburiensi.*

« *De Franciâ quidam nobilem mulierem de Saxoniâ duxit in uxorem ; verum quia non eisdem utuntur legibus Saxoni et Francigenœ, causatus est, quod eam non suâ, id est francorum lege desponsaverat (vel acceperat, vel donaverat) dimissaque illa aliam superduxit. Diffinivit super hoc sancta synodus ut ille transgressor evangelicœ legis, subjiciatur pœnitentiœ et a secunda conjuge separetur, et ad priorem redire cogatur* ».

L'argument qu'on tire de ce texte paraît irrésistible. Le mariage a été contracté conformément à la loi saxone par un Franc épousant une Saxone. Le Franc invoque la nullité de ce mariage qui n'a pas été contracté suivant les lois de sa patrie. Cependant le concile de Tribur,

____

(1) Félix, I, p. 10, n° 4, et p. 159, n° 74.

repoussant cette prétention, reconnaît au mariage pleine validité. Qu'est-ce à dire, sinon qu'il reconnaît la règle *locus regit actum*, quant aux formes de la célébration ?

L'argument ne manquerait certainement pas de force, si l'on pouvait affirmer que le mariage à été célébré en pays saxon. Malheureusement le texte garde le silence le plus complet sur ce point. Enfin en admettant même, par pure hypothèse, qu'il en soit ainsi, on ne pourrait encore rien en conclure. Car l'Eglise en rendant sa décision n'a pas tenu compte de la diversité du droit séculier. Elle n'a pas fait ce raisonnement : la loi francque exige telles formes, la loi saxone telles autres formes ; les formes du lieu de la célébration ayant été respectées, le mariage est valable. Mais l'Eglise se plaçant exclusivement au point de vue du droit canonique, et trouvant réunies toutes les conditions exigées par ce droit, a déclaré valable la première et nulle la seconde union.

Le Canon ne présente donc aucun intérêt en droit international privé et notre règle ne tire pas plus son origine du droit Canon que du droit romain.

La règle existe cependant : quelle en est donc la raison d'être ? quelle en est la justification ?

L'individu qui passe à l'étranger devient sujet temporaire de la législation locale, en ce qui concerne les actes qu'il accomplit, car les lois dans les législations modernes sont avant tout territoriales. Et d'ailleurs n'est-il pas naturel que ce soit la loi du lieu où les actes reçoivent l'être et la vie, qui les modifie, les affecte et en règle la forme (1) ?

____

(1) Merlin, V⁰ *Preuve*, sect. II, § 3, art. 1, n⁰ 3.

Telle est l'explication traditionnelle de notre maxime ; mais il faut avouer qu'elle est très vague. Car, pourquoi devient-on sujet du pays où on est entré, c'est là ce qu'il faudrait expliquer. Ensuite cette affirmation n'est pas exacte, car l'acte échappe souvent à la loi locale au point de vue du fond. En principe même, et à ce point de vue, il n'y est pas soumis, puisque c'est la volonté des parties qui fait la loi et que ce n'est qu'autant qu'elles l'ont bien voulu que telle ou telle législation peut s'appliquer. Enfin quant à la forme elle-même l'affirmation est trop absolue, puisqu'on décide généralement que notre règle n'est pas impérative mais seulement facultative. L'individu qui passe la frontière n'est donc pas soumis à la loi du pays où il s'établit.

Les motifs sont différents. La règle repose sur la nécessité même des choses. « De nos jours, dit Portalis, les hommes ne sont pas toujours dans le même lieu. Les communications commerciales et industrielles entre les peuples sont multipliées et rapides : il nous a paru nécessaire de rassurer le commerce en lui garantissant la validité des actes dans lesquels on s'était conformé aux formes reçues dans les pays où ces actes pouvaient avoir été faits ou passés » (1). Comment une personne hors de son pays, pourrait-elle accomplir un acte dans les formes exigées par sa loi personnelle, si les institutions que suppose l'accomplissement de ces formalités n'existent pas dans le pays où elle se trouve ? Comment un Français

____

(1) Portalis, exposé des motifs, séance du 3 frimaire, an X. (Locré, tome I, p. 235, n° 4.)

fera-t-il dresser un acte notarié dans un pays où la fonction notariale est inconnue? Comment s'adressera-t-il à un officier de l'état civil chez une nation qui ne possède pas de semblables officiers? Force est bien de permettre au national, se trouvant hors de sa patrie de suivre la forme du lieu sous peine de lui interdire certains actes à son plus grand désavantage et de le réduire à une telle situation qu'il hésiterait souvent à franchir la frontière (1). Empruntons un exemple à la diversité des législations positives. Dans la législation française, la juridiction volontaire et la juridiction contentieuse sont aujourd'hui distinctes ; les notaires seuls sont chargés de la rédaction des actes que veulent passer les particuliers. En Allemagne, au contraire, la confusion des deux juridictions subsiste encore. Ainsi les testaments qui se font par devant notaires, en France, doivent se faire en Prusse devant les tribunaux. Eh bien ! si l'on impose au Prussien qui se trouve en France, le respect des formes de sa loi nationale, quand il voudra faire son testament, il se trouvera dans l'impossibilité de tester, car nos tribunaux sont incompétents pour donner l'authenticité à ces sortes d'actes. Il a donc fallu permettre au Prussien l'emploi des formes locales, c'est-à-dire de la forme notariée (2). Il en est de même des Français à l'étranger.

Ajoutons que cette nécessité qui s'impose est aussi

____

(1) *Journal de Clunet*, année 1880, p. 382.

(2) Savigny, *Traité de droit Romain*, VIII, p. 345. — Laurent, *Principes de droit civil*, I, p. 116.

conforme à la raison. Les formes dont nous nous occupons ici sont les formes instrumentaires. Or, quand un législateur les édicte, le but qu'il poursuit, c'est de garantir la libre volonté des parties et de les protéger. Le « bon pour » exigé par l'article 1326, du Code civil français, par exemple, a pour but de prévenir l'abus des blancs-seings. Ces formes de protection sont édictées par chaque législateur en considération de l'état moral de son pays. C'est à lui qu'il appartient de décider quelles sont les formes qui lui permettront le mieux d'atteindre son but. Ici, il a confiance dans le témoignage des hommes, là il s'en défie ; ici la loi prescrit telles conditions pour être témoin, là telles autres. Eh bien ! quand un Français passe la frontière, lui permettre de recourir aux formes locales, c'est précisément le placer sous cette protection que le législateur étranger a considérée comme nécessaire eu égard à l'état moral du milieu dans lequel le Français se trouve (1).

Le fondement de notre règle est donc avant tout pratique. Encourager les relations internationales et les négociations entre individus étrangers au lieu de l'acte ou même étrangers entre eux, en assurant aux actes pleine validité et à la volonté des contractants la plus grande mesure de protection, tel est en quelques mots le but de cette règle. Elle est donc une concession réciproque des peuples fondée sur leur utilité commune.

Dire qu'elle est une concession, c'est proclamer qu'elle

______

(1) Laurent, *Le droit civil international*, II, p. 424. — Merlin, *Répert.*, Vᵒ Preuve, sect. II, § 3, art. 1, nᵒ 3.

constitue une dérogation à une règle plus générale. Quelle est cette règle ? C'est là un point important à établir en pratique, car dans le cas où l'intéressé ne voudra pas profiter de la faculté qu'on lui accorde, il devra revenir à la règle générale. Nous retrouverons cette question quand nous nous demanderons si la règle *locus regit actum* est impérative ou simplement facultative.

Les formes d'un acte, l'*instrumentum* qui en constitue la preuve, étant soumis aux lois du lieu où l'acte est intervenu, le juge devra donc avant tout s'assurer que l'acte a été véritablement passé dans le lieu régi par les formes auxquelles on veut le soumettre (1). C'est là un point qui dans les contestations relatives à la validité des formes doit d'abord être établi. Les règles générales sur la preuve devront trouver ici leur application, et celui qui invoquera l'acte, devra naturellement prouver qu'il a été passé en pays étranger et dans les formes régulières de ce pays.

Quand il s'agit d'actes publics, la preuve du lieu étranger résulte de l'énonciation de ce lieu dans l'acte, lorsque l'autorité qui l'a passé avait compétence pour le constater, comme c'est le cas ordinaire. Si la signature des autorités est contestée, la véracité en sera suffisamment établie par une légalisation, c'est-à-dire par la déclaration d'un fonctionnaire, à laquelle le gouvernement français ajoute foi, que celui qui a signé cette

---

(1) Pardessus, *Droit commercial*, **IV**, p. 243, n° 1486. — Félix, I, p. 161.

copie a bien réellement la fonction qu'il dit avoir et que sa signature est véritable.

Il se présente plus de difficultés, lorsqu'il s'agit d'actes sous signatures privées. En principe l'exactitude du lieu indiqué sera présumée, sauf la preuve contraire. Si la signature est déniée, il faudra au préalable la faire reconnaître, ce qui se fera suivant les règles du droit commun en France, puisqu'il s'agit ici d'une question de procédure.

Le lieu de la passation de l'acte étant déterminé, il faudra rechercher si les formes prescrites dans ce lieu sont bien celles observées dans l'acte. Pour cette question de législation étrangère, les tribunaux seront parfois embarrassés. Quelle est au juste la forme prescrite par la législation locale ? S'il est déjà fort difficile de connaître le droit national, on comprend qu'on puisse ignorer les règles de vingt autres législations. Ce sera aux parties à proposer les éléments de solution, à recourir aux ouvrages de droit comparé, à produire des consultations, émanant de jurisconsultes étrangers. Les tribunaux apprécieront ; ils ne sont astreints à aucun mode spécial. Au besoin, ils prendront eux-mêmes des mesures propres à les éclairer (1).

Il faut remarquer que toutes ces questions sont préalables. Il s'agit seulement de savoir si l'acte est véritablement étranger. Pour arriver à cette conviction, les seules règles à suivres sont celles du droit français, ou, d'une manière plus générale, les règles de la nation où la question se pose.

____

(1) Ed. Picard, *Journal de Clunet*, p. 465. — Pardessus, IV, p. 244.

C'est seulement après que ce premier point sera résolu, qu'il faudra faire intervenir les règles de droit international privé et trancher les conflits de législation en décidant quelle est au juste la forme qui devait être appliquée, étant données la nature de l'acte et les circonstances dans lesquelles il est intervenu. Etait-ce la loi étrangère ? Etait-ce la loi personnelle des parties ? Etait-ce la loi de la situation de l'objet ? C'est alors que la simplicité apparente de la règle *locus regit actum* disparaît pour faire place à des complications et à des difficultés sur lesquelles on est loin d'être aujourd'hui complètement d'accord.

Ce sont ces difficultés qu'il nous reste à examiner. En donnant nos solutions sur ces différents points, nous déterminerons exactement le domaine de la règle *locus regit actum.*

A quels actes au juste s'applique notre règle ?

S'applique-t-elle, quel que soit l'objet de l'acte, meuble ou immeuble, ou la loi de l'acte doit-elle faire place à la loi de la situation, quand l'objet est immobilier ?

Enfin la règle est-elle facultative ou impérative ?

Telles sont les questions qu'il nous faut examiner successivement.

SECTION I.

A quels actes s'applique l'adage?

Les actes juridiques qui peuvent être accomplis se divisent en actes non solennels et en actes solennels. En ce qui concerne les premiers, l'*instrumentum* n'intervient que pour conserver le souvenir de l'opération, *ad probationem*. Les parties ont alors le choix entre la forme sous seing-privé et la forme authentique, suivant la nature de la preuve qu'elles veulent se réserver. Les actes solennels au contraire exigent dans tous les cas l'emploi de la forme authentique : l'*instrumentum* ici n'intervient pas seulement *ad probationem*, mais aussi *ad solemnitatem*. S'il fait défaut ou s'il n'est pas dressé dans les formes voulues par le législateur, l'*actus* lui-même est considéré comme inexistant (1). Eh bien ! supposons un Francais à l'étranger : s'il veut faire un acte non solennel, pourra-t-il user des formes employées dans le pays où il se trouve, soit qu'il dresse un acte authentique ou qu'il dresse un acte sous seing-privé? S'il veut faire un acte solennel, une donation, par exemple, pourra-t-il se contenter de la forme sous seing-privé, si cette forme suffit dans le pays où il se trouve, ou devra-t-il nécessairement recourir à la forme authentique ?

Pour résoudre ces questions, il est nécessaire de bien se pénétrer des motifs que nous avons donnés antérieurement de notre règle. Car « il en est de cet adage, comme de toutes les règles de droit ; les motifs, c'est tout le principe, ils décident toutes les difficultés qui se présentent dans l'application de la loi ! » (2)

Si les parties faisant un acte non solennel veulent se réserver une preuve authentique, elles seront bien

---

(1) Voir page 202.
(2) Laurent, *Opere citat.*, II, p. 420 et 421.

obligées d'adopter les formes locales. Ce ne sont pas en effet dans ce cas les parties qui rédigent l'acte, c'est un officier public, et le notaire, dans les pays où cette compétence lui est attribuée, ne suit pas des formes diverses, suivant la nationalité de ceux qui comparaissent devant lui ; il est obligé en France et en Belgique, par exemple, d'observer la loi du 25 ventôse, an XI. Le principal motif qui a fait reconnaître notre règle, à savoir la nécessité, se rencontre donc ici ; les parties étant obligées d'observer les formes locales, il suffira que ces dernières aient été respectées pour que l'*instrumentum* soit valable.

En est-il de même, quand les parties dressent un acte sous seing-privé ? Au premier abord on est tenté de répondre négativement. Car, nous venons de le répéter, l'adage traditionnel est fondé sur l'impossibilité dans laquelle est l'étranger de suivre d'autres formes que celles du lieu où il se trouve ; or, ici l'officier public n'intervient pas ; les parties sont libres et elles rédigent elles-mêmes leur acte. Rien ne les empêche dès lors d'observer leur loi nationale. Deux Français en Allemagne, par exemple, peuvent, lorsqu'ils font un contrat synallagmatique, observer la formalité du double écrit, prescrite par l'article 1325.

Cette considération a suffi pour entraîner certains auteurs (2). Leur doctrine est trop absolue. Il peut se faire en effet que les parties soient de nationalité différente, que l'un des contractants soit Français, l'autre

---

(1) Ducaurroy, Bonnier et Roustain, *Commentaire théorique et pratique du Code civil*, I, p. 15 et suiv. — Delvincourt, *Cours de Code civil*, I, p. 38.

Anglais et que l'acte intervienne en Allemagne ; il est dès lors impossible de suivre la loi nationale, puisque la forme d'un acte étant indivisible, ne peut être à la fois française et anglaise. D'autre part, il n'y a pas de raison d'imposer une loi plutôt que l'autre.

En supposant même que les parties soient de même nationalité, l'application de la règle se justifie encore, car, en allant jusqu'au fond des choses, on se convainc bientôt qu'il y a le plus souvent nécessité de fait pour les parties de suivre les formes locales. Dans la pratique, en effet, elles ne se contentent pas de leur expérience personnelle pour rédiger leur acte, mais elles recourent à des praticiens, avocats, notaires ou agents d'affaires : ceux-ci ne connaissant que la loi de leur pays, leur formulaire est en quelque sorte obligatoire pour eux. Dénier tout effet à un acte rédigé de la sorte, serait ménager des surprises aux français.

Enfin, la nécessité n'est pas le seul fondement de l'adage, il repose aussi sur un motif rationel. Les formes extrinsèques ont pour but de garantir la libre expression de la volonté des parties qui dressent l'acte, en les mettant à l'abri de toute influence illégitime. Or, le législateur de chaque pays connaissant le mieux ses nationaux, sait mieux que tout autre quelles sont les mesures de défiance qu'il doit prendre. Eh bien ! les étrangers se trouvant dans ce milieu pour lequel le législateur a prescrit certaines mesures de défiance, ne sont-ils pas aussi intéressés que les indigènes à profiter de cette protection ? N'ont-ils pas intérêt comme ces derniers à se procurer une preuve littérale qui soit à l'abri de la chicane et du dol (1) ?

Le système que nous venons d'exposer est consacré par les décisions de la jurisprudence française. Elle en a fait une fréquente application en matière de lettre de change. C'est ainsi qu'elle a décidé qu'un endossement en blanc, bien qu'insuffisant au point de vue de la loi française, était valable, quand il y avait lieu d'appliquer la loi anglaise, laquelle se contente de la simple signature de l'endosseur (2).

En résumé, l'acte sous seing-privé passé par un Français à l'étranger sera valable si les formes prescrites par la législation locale ont été respectées, et réciproquement l'acte passé par un étranger en France devrait sortir tous ses effets dans notre pays, s'il avait été rédigé conformément aux formes françaises (3).

---

(1) Laurent, *op. citat.*, II, p. 428.

(2) Paris, 12 avril 1850. — Sirey (1850, 2, 333). — Dans l'espèce visée, la lettre avait été tirée de Bruxelles sur Londres ; la Cour de Paris a décidé que la loi anglaise devait s'appliquer, parce que la lettre était payable en Angleterre. C'est la doctrine soutenue par l'arrêt de cassation de Palerme que nous avons cité et critiqué précédemment (p. 204). — Quoi qu'il en soit, il résulte de cet arrêt que la forme nationale n'est pas imposée aux parties bien qu'il s'agisse d'un acte sous seing privé. — Un autre arrêt de la cour de Rouen (1854, II, 1855, 2, 122) établit en principe que les formes requises pour la validité de l'endossement d'un effet de commerce sont régis par la loi du pays où l'endossement a été consenti. — Voir un troisième arrêt de la Cour de Paris du 20 novembre 1854, inséré au *Recueil de Dalloz* (1857, 2, 106) duquel il résulte que l'endossement en blanc des lettres de change d'une valeur supérieure à 5 livres sterling étant valable, d'après la loi anglaise, un tel endossement passé en Angleterre a suffi pour opérer la transmission d'un effet excédant cette valeur tiré en France.

(3) Il en serait autrement toutefois quand la loi nationale de l'étranger défendrait à celui-ci l'emploi des formes de tel ou tel pays, même dans

Recherchons maintenant l'application de la règle *locus*, etc., à la seconde classe d'actes, les actes solennels. Il ne serait certainement pas permis au Français en France de faire sous seing-privé un des actes que la loi considère comme tels ; car la solennité, quoique n'étant en réalité qu'une formalité, est mise au rang des conditions exigées pour l'existence de tels actes. Si le Français se trouve en un pays où il est permis de rédiger les actes dans la forme privée, pourra-t-il suivre la forme locale ? Si, dans ce pays, il n'existe pas d'officier public chargé de donner aux actes l'authenticité, ou s'ils refusent de recevoir tel ou tel de ces actes comme contraire à l'ordre public de leur pays, le Français pourra-t-il les dresser valablement dans la forme des actes sous seing-privé ?

La question ne se pose pas dans la législation française pour deux actes spéciaux ; l'hypothèque et le testament, qui sont soumis à des règles certaines (2128, 999, C. civ.). Mais en dehors de ces actes, il en est bon nombre d'autres (donation, contrat de mariage, reconnaissance d'enfant naturel, etc.) pour lesquels la question reste entière.

M. Laurent se prononce énergiquement pour la négative. L'authenticité est dans notre cas une condition de fond, dont la réalisation s'impose quel que soit le lieu du contrat. « On prétend, dit-il, qu'il ne s'agit que d'une

---

le cas où il se trouverait dans ce pays. Nous verrons en effet que la règle *locus*, etc., est une exception de faveur à la loi nationale. Si le législateur d'un pays défend à ses sujets de profiter de l'exception, ils doivent rester sous l'empire de la règle, et les autres nations ne doivent pas aider à sa violation, en déclarant valables des actes faits par un étranger, conformément à leurs lois, mais contrairement à sa loi nationale.

forme extrinsèque et non d'une forme intrinsèque concernant le fond. Ici, nous semble-t-il, est l'erreur. Quand les parties rédigent un acte de vente, il est évident que la forme de l'acte n'a rien de commun avec le fond, avec le contrat. Mais en est-il de même de la donation ? Non, certes, puisque d'après les termes formels de l'article 1339, le vice de forme entraîne, non seulement la nullité de l'écrit, mais encore la nullité, il y a plus, la non existence de la donation.

« Le vice, à vrai dire, n'est pas dans la forme, il est dans le consentement, ce qui concerne évidemment le fond. En effet dans les contrats solennels, le consentement n'existe que quand il est exprimé dans les formes voulues par la loi. Quand les formes n'ont pas été observées, il n'y a pas de consentement, et partant pas de contrat. Nous en concluons qu'un contrat solennel pour lequel la loi française prescrit l'authenticité, ne peut pas être reçu à l'étranger sous seing - privé. Est-ce violer la maxime *locus regit actum ?* Du tout. Car pour juger de la validité de l'acte authentique reçu à l'étranger, on appliquera la loi du lieu où l'acte a été passé et non la loi française. L'authenticité est de l'essence de l'acte ; la forme de l'authenticité est une condition intrinsèque » (1).

Ainsi, il y a deux ordres d'idées à distinguer en matière d'actes solennels. En premier lieu la solennité qui est de la substance de la convention. Quand cette solen-

---

(1) Laurent, *Princ. de droit civil*, I, p. 381 et suiv.

nité sera requise, elle devra se rencontrer sous peine d'inexistence de l'acte. Il est vrai qu'il s'agit d'une convention, et les conventions sont régies en principe par la volonté des parties contractantes. Mais cette règle reçoit exception quand l'intérêt public est en cause ; or, les formes authentiques, dans tous les cas où elles sont imposées, reposent toujours sur un motif d'ordre public. Quant à la question de savoir si l'acte est solennel, elle est décidée tantôt par la loi de la situation de l'objet, tantôt par la loi où l'acte s'accomplit, tantôt par la loi personnelle des contractants. S'agit-il de la transmission de la propriété ou d'un droit réel, c'est la loi de la situation qui règle ces conditions, puisqu'elles sont requises dans un intérêt général. Il en est ainsi de l'hypothèque (1) ; le régime hypothécaire est organisé de manière à assurer aux propriétaires le crédit qu'ils peuvent avoir à raison des immeubles qu'ils possèdent ; il tend donc à développer la richesse privée et publique. Les formes du contrat d'hypothèque touchant à un intérêt public, c'est donc la loi de la situation qu'il faut suivre.

Pour la donation, il y a d'autres motifs également d'intérêt général qui ont engagé le législateur à prescrire des formes sévères. Le donateur en effet est exposé à un danger, c'est la séduction, la captation qui l'assiègent et qui lui arrachent des libéralités au détriment de la famille. Il faut des garanties pour la société, il en faut pour

---

(1) La loi hypothécaire belge, de 1851, à l'opposé de l'art. 2128 du Code civil, reconnaît force obligatoire au contrat d'hypothèque passé à l'étranger et ayant pour objet un immeuble situé en Belgique.

les individus. Le législateur doit donc intervenir dans un intérêt social ; c'est dire que les droits de la société sont en cause, et partant le statut est réel.

Reste le contrat de mariage. C'est la loi personnelle des futurs époux, ou du mari, s'ils sont de nationalité différente qu'il faut consulter. Si le législateur a fait du contrat de mariage, un acte solennel, c'est en effet à raison de son importance. Il forme un pacte entre deux familles et régit les époux pendant toute leur vie, ainsi que les tiers qui contractent avec eux ; or, les clauses de ce contrat sont d'une difficulté telle que les jurisconsultes sont parfois embarrassés pour en déterminer la nature et les effets ; il fallait donc y faire intervenir un homme de loi qui put éclairer les futurs époux et leurs familles sur le sens et la portée des conventions qu'ils se proposent de faire. Ces conventions sont toutes personelles, donc le statut est personnel, c'est-à-dire national. On ne peut d'ailleurs appliquer le statut réel, car les époux peuvent avoir des biens situés dans divers pays ; si leurs conventions étaient régies par la loi territoriale, il y aurait autant de régimes différents que de lois différentes, ce qui serait absurde ; il faut cependant une loi, et c'est naturellement le statut personnel des époux qui est applicable.

Tel est donc le premier ordre d'idée ; rechercher si la loi applicable à l'acte exige l'authenticité.

Si oui, le second ordre d'idée se présente alors. Il consiste dans cette proposition, c'est que c'est dans tous les cas la loi locale qu'il faudra suivre pour donner à l'acte l'authenticité voulue. Il ne peut être question en effet d'imposer à l'officier public d'un pays des formes non reconnues par sa loi. C'est en tant que les formes authentiques du lieu de l'acte sont suivies, que la règle *locus regit actum* est respectée.

Tel est le système qui semble exposé par M. Laurent (1).

En résumé, la solennité est de la substance même de l'acte, c'est une condition de fond et par conséquent la règle *locus,* etc., qui n'a rapport qu'à la forme, ne lui est pas applicable.

Il est vrai qu'il s'agit d'une convention, et que dans les conventions, les conditions de fond sont régies par la loi choisie par les parties.

Mais ce principe reçoit exception quand l'ordre public est intéressé.

Si ce système n'est peut-être pas irréprochable. au point de vue théorique, nous verrons qu'il est certainement contraire à la volonté du législateur français.

Il n'est d'abord pas exact d'affirmer que la solennité soit une condition de fond. Il faut entendre par conditions de fond, celles qui reposent sur la nature même des choses, et en l'absence desquelles on ne peut concevoir en raison l'existence d'un acte. Le consentement, l'objet et la cause, voilà les seules conditions de fond. Les solennités, les formes, qui accompagnent l'acte, sont évidemment, ainsi que leur nom l'indique, des conditions de forme. Sans doute, si elles font défaut, l'effet produit

---

(1) Laurent, *Op. Cit.*, II, p. 435 et suiv.

sera identique à celui qui se produirait en cas d'absence d'une condition de fond, ce sera l'inexistence de l'acte ; mais cet effet tient à la sanction particulière que le législateur donne à la solennité. Les formes sont rigoureusement sanctionnées, mais elles n'en restent pas moins des formes. On ne doit donc pas décider que notre règle n'a aucun rapport avec les formes solennelles, et qu'elle doit être écartée *à priori*. Pour qu'elle ne s'étende pas à ces dernières, il faudrait que l'ordre public s'y opposât. Eh bien ! quand un Français veut faire une donation ; un contrat de mariage, ou une adoption, reconnaître un enfant naturel, dans un pays où ces différents actes. n'exigent aucune forme, l'ordre public français s'oppose-t-il véritablement à l'abandon de l'authenticité ?

M. Laurent s'efforce de l'établir en invoquant, pour expliquer les formes, des motifs différents pour chaque acte. Ainsi, l'hypothèque est une institution de crédit, elle intéresse la fortune publique ; et les formes établies ont pour but la protection de cette richesse. Est-ce bien exact et ne devrait-on pas dire que les formes ont pour but la protection des deux contractants, les mesures de publicité prescrites dans l'intérêt des tiers et intervenant en dehors du contrat, ayant seules en vue l'intérêt social. On pourrait faire la même observation pour la donation. Ce que le législateur a voulu, c'est protéger les parties en cause d'une façon plus énergique que d'ordinaire, à raison de la gravité exceptionnelle de l'acte. Le contrat de donation a des conséquences graves que les parties peuvent ignorer ou ne connaître qu'imparfaitement ; la nécessité de se

rendre devant l'officier public éveillera leur attention ;
avant l'acte, l'officier public pourra les éclairer sur ses
suites. Les formes solennelles sont donc édictées par le
législateur de chaque pays en considération du caractère
de ses nationaux, de leur lègèreté, de leur degré d'instruction. Sans doute, en France, un français ne pourrait
pas s'abstenir de ces solennités, faire une donation sous
seing-privé, par exemple ; mais est-ce à dire que la
solennité est d'ordre public? Non, c'est parce que le
Français se trouve précisément dans le milieu en vue
duquel ces formes ont été édictées. Le Français ne
pourrait pas d'avantage en France dresser un acte en
dehors des prescriptions des articles 1325 et 1326 du
Code civil, ce n'est pas à dire pour cela que ces prescriptions soient d'ordre public dans le sens où l'entend
M. Laurent, puisque lui-même admet que le Français à
l'étranger échappera aux exigences de ces articles.
Pourquoi dès lors n'en serait-il plus de même quand il
s'agit d'actes authentiques, puisque le Français se trouve
dans un autre milieu où ces formes ne sont pas considérées comme nécessaires, parce que la séduction ou la
captation n'y sont pas à craindre, ou parce que les
nationaux sont plus instruits. Nous admettons avec
M. Laurent que dans certains actes, les formes établies
dans l'intérêt privé, favorisent par contre-coup l'intérêt
public. Dans le contrat de mariage, par exemple, la
forme authentique prévient les modifications que les parties pourraient être tentées d'apporter postérieurement
au contrat, au régime primitivement adopté. Les droits

15

des tiers sont garantis par le dépôt de la minute chez le
notaire. L'authenticité, en ce qui concerne le mariage,
la reconnaissance d'un enfant naturel, l'adoption, assure
la fixité de l'état des personnes, nécessaire pour le bon
ordre social.

Ne pourrait-on pas dire aussi que les formes de la donation et du contrat d'hypothèque touchent à l'ordre public,
puisqu'elles garantissent la libre volonté des parties et,
en empêchant les fraudes, maintiennent le bon ordre dans
la société. Entendu dans ce sens, l'ordre public se trouve
partout ; il n'est guère de dispositions de nos lois qu'il ne
touche par quelque côté. A ce compte on devrait dire
que les articles 1325 et 1326, ayant pour but d'éviter aux
parties les surprises ou d'empêcher les abus de blanc-
seing, sont d'ordre public et partant doivent être respec-
tés à l'étranger.

En réalité si tous les actes authentiques sont obligatoires en France, c'est sans doute parce qu'ils touchent
à l'ordre public français ; mais cet ordre public est purement relatif. Il demande à ce que tel ou tel acte passé en
France, soit revêtu de telle ou telle forme, en raison de
l'état moral de la nation, de la possibilité de fraudes pré-
vues par le législateur. Mais qu'importe à l'ordre public
français que ces mêmes actes s'accomplissent dans d'autres formes sur des territoires dont le législateur n'a pas
eu les mêmes raisons de craindre !

D'ailleurs, le système de M. Laurent n'est certainement
pas celui du législateur.

L'auteur méconnaît en premier lieu le fondement même
de la règle *locus regit actum*, après l'avoir scrupuleuse-

ment établi. « Il en est de l'adage, dit-il, comme de toutes les règles de droit ; les motifs, c'est tout le principe, ils décident toutes les difficultés qui se présentent dans l'application de la loi » (1). Or, le motif principal « et que personne ne pourra contester » (2), c'est la nécessité. Eh bien ! il n'existe pas en tous pays des officiers publics chargés de recevoir et de dresser les actes auxquels les parties veulent ou doivent donner le caractère de l'authenticité. Il peut aussi se faire que l'officier public, institué à cet effet dans le pays où se trouve le Français, lui refuse son ministère à raison de sa nationalité. En admettant que ces circonstances (rares en Europe), ne se présentent pas, supposons une donation faite hors de France, par un Français au profit d'un étranger ; il serait certainement contraire à la bonne foi de l'annuler sous prétexte qu'elle n'aurait pas été faite dans la forme française, forme que l'étranger n'était pas tenu de connaître. Si même ces deux contractants sont français, ils se sont attendus à l'application de la loi étrangère, les soumettre à la loi française serait leur ménager des surprises et des déceptions.

Ce sont là, dit-on, des raisons d'équité. Mais la règle *locus regit actum* n'est-elle pas basée tout entière sur l'équité ? N'est-elle pas une concession réciproque des peuples dont le but est de permettre aux nationaux d'un pays de faire, à l'étranger, les actes qu'ils pourraient faire dans leur patrie, avec tout autant de facilité et de

---

(1) Voy. page 215.

(2) Laurent, *Op. Cit.*, II, p. 425.

sécurité que s'ils ne l'avaient pas quittée ? Voilà le motif, et ce motif suffit à lui seul, de l'aveu de M. Laurent, pour trancher toutes les difficultés.

Enfin, et c'est là l'argument le plus grave, la doctrine qui écarte ici la règle *locus*, etc., prête au Code civil une distinction qu'il n'a pas faite. Nous avons montré que théoriquement les solennités restent toujours des conditions de formes ; il nous reste à voir que le législateur ne les a pas envisagées autrement. Ainsi le mariage est certainement un acte solennel entre tous. L'authenticité du contrat, en rendant la preuve irrévocable, assure au mariage sa fixité, consolide l'état des personnes et touche par conséquent à l'intérêt social. Cependant le législateur, cédant au principal motif de la règle *locus regit actum*, la nécessité, déclare valable, dans l'article 170 du Code civil, le mariage célébré à l'étranger, dans les formes usitées dans le pays. Nous trouvons une autre trace du même esprit dans l'article 47. Les actes de l'état civil sont authentiques ; ils sont reçus par un officier public dans des formes déterminées. Nous pouvons répéter à leur propos ce que nous avons dit du mariage qui n'est qu'un acte de l'état civil ; leurs formes concernant l'état des personnes touchent au plus haut point à l'ordre public, cependant le législateur proclame que « tout acte de l'état civil des Français et des étrangers, fait en pays étranger, fera foi, s'il a été rédigé dans les formes usitées dans ledit pays ». Cela ne suffit-il pas pour nous prouver que le législateur a donné à l'adage toute l'étendue que comporte le motif même sur lequel il repose ?

La jurisprudence française incline dans notre sens.

C'est ainsi que la Cour de Paris a déclaré valides des contrats de mariage contenant donations passées sous seing-privé en Angleterre et à Munich (1). Il a été reconnu aussi qu'un contrat dotal avait pu être passé par des époux français postérieurement à la célébration du mariage en pays espagnol (2). Enfin, il y a quelques années, la Cour de Besançon a décidé « que si la légitimation des enfants naturels, en ce qui touche la capacité des personnes, tient au statut personnel, les formes mêmes de cette légitimation sont régies par la loi du pays dans lequel elle intervient, d'après le principe *locus regit actum* ; qu'il y a lieu sous ce rapport, de combiner les règles de la loi française avec celles de la loi étrangère » (3).

Ainsi, la légitimation qui, aux yeux de la loi française, est un acte solennel (C. civ., art. 331 et 334), sera tenue pour valable si elle intervient dans la forme privée dans un pays qui se contente de cette forme. Dans l'espèce même un acte spécial de légitimation a été jugé inutile parce que la possession d'état était suffisante dans le pays où cette légitimation s'était produite.

Toutefois, il faut le reconnaître, cette jurisprudence n'est pas unanime, et la Cour de Paris décidait à peu

____

(1) Paris, 11 mai 1816. Sir. (1816, 2, 140). — Paris, 22 novembre 1828 ; Sir. 1828, 2, 157.

(2) Grenoble, 30 mai 1844, D, (1845, 2, 36). — Nous critiquerons plus loin cette jurisprudence qui confond formes et capacité.

(3) Besançon, 25 juillet, 1876. — *Journal de Clunet*, 1877, p. 228. — Dans notre sens, Demolombe, I, n° 106, Zachariæ, § 32, n° 5. — Pasquale Fiore, *Droit intern. privé*, Traduction Pradier-Fodéré, n° 317.

près à la même époque que la Cour de Besançon que la reconnaissance ou la légitimation par un Français d'enfants naturels nés à l'étranger, devait être faite suivant les formes du Code civil (1).

On peut, avec M. Laurent, reprocher à cette jurisprudence de n'être pas motivée. Elle décide invariablement que la maxime est applicable parce qu'elle est applicable ; comme jamais elle ne dit un mot de la difficulté concernant les actes solennels, on pourrait l'accuser d'en ignorer l'existence, et de n'avoir pas tranché la question, puisqu'on ne la rencontre ni prévue, ni posée dans les arrêts.

SECTION II.

L'adage s'applique-t-il, quel que soit l'objet de l'acte ?

Jusqu'ici nous ne nous sommes pas préoccupés, pour donner nos solutions, de l'objet de l'acte ; nous nous sommes uniquement demandé si la nature de la forme devait avoir une influence sur l'application de notre règle et nous avons répondu négativement. En sera-t-il de même quel que soit l'objet de l'acte, qu'il soit mobilier ou immobilier ? Il ne faut pas hésiter à donner ici encore la même solution : les formes locales seront suffisantes quel que soit l'objet de l'acte juridique. Quand, en effet, l'article 3, 2° du Code civil, nous dit que tout ce qui concerne les immeubles est soumis à la loi française, il n'entend parler que du fond de l'acte et non de sa forme. Il distingue nettement l'*actus* et ses effets de l'*instrumentum* qui en

____

(1) Paris, 2 août 1876. Journal 1877, p. 230. — Mais la Cour de Paris confond la question de forme avec la question de capacité.

constitue la preuve. Bien entendu, en ce qui concerne l'établissement de droits réels sur un immeuble, la transmission de la propriété, les mesures de publicité prises dans l'intérêt des tiers et du crédit public, la loi de la situation de l'immeuble s'impose et on ne pourrait lui substituer la loi de la passation de l'acte. Ainsi dans le cas où on vend un immeuble de France dans un pays où la transcription n'est pas obligatoire, la translation de la propriété n'aura pas eu lieu à l'égard du tiers français, si la transcription n'a pas été opérée en France. A l'inverse, si l'on vend en France un immeuble situé dans un pays où la translation de la propriété ne résulte pas du seul consentement, mais où la tradition est exigée pour produire cet effet, c'est la loi de la situation qui devra s'appliquer et non la loi française, parce qu'il s'agit ici d'un intérêt public et que la tradition joue l'office de moyen de publicité. Il en est de même quand l'objet de l'acte est un meuble ; toutes les formalités requises par la loi de la situation réelle, dans l'intérêt des tiers, doivent être observées (1690, 2074, 2075) (1). Mais il s'agit ici de l'*actus* proprement dit et de ses suites. Quand, au contraire, il s'agira de l'*instrumentum*, c'est-à-dire de l'écrit destiné à garder le souvenir de l'accord de volontés, de la convention passée entre les parties, notre règle reprendra son empire, parce que la forme et le fond sont deux éléments distincts, et que les motifs qui font régler les derniers par la loi de la situation, ne se rencontrent pas quand il s'agit des formes.

------

(1) Voir p. 200.

Nous avons vu plus haut que dans la théorie de M. Laurent, toutes les fois que la loi de la situation de l'immeuble exige l'authenticité pour la constitution d'un droit réel (hypothèque), les parties doivent nécessairement recourir à la forme authentique, encore bien qu'elle ne soit pas exigée par la loi locale. La forme est ici condition de fond, d'après l'auteur. De plus, elle a été créée en vue de l'immeuble, c'est donc à la loi territoriale qu'il faut obéir. Nous avons réfuté ce système en montrant que dans l'esprit du législateur, les formes solennelles ne perdaient pas le caractère de formes. Dire que la forme est relative à l'objet de l'acte, qu'elle a été instituée en vue de cet objet, c'est, je crois, formuler quelque chose d'inexacte. Si le législateur entoure de formes la constitution de l'hypothèque, c'est pour protéger la volonté des parties et assurer la complète liberté de leurs consentements. Aussi M. Laurent était-il plus près de la vérité quand il disait ailleurs que, la forme manquant, le vice était dans le consentement (1).

SECTION III.

Exceptions à la règle locus regit actum.

De tout ce qui précède, il résulte qu'en droit international, un acte est régulier en la forme, quand il a satisfait aux exigences de la loi du lieu du contrat. Du moment que le juge aura vérifié le lieu véritable du contrat et

---

(1) Comp. Laurent, *Princ. de droit civil*, I, p. 155 et le *Droit intern. privé*, II, p. 236.

constaté le respect des formes usitées dans ce lieu, il devra déclarer l'acte régulier dans la forme.

La validité de l'acte sera complète, c'est à dire absolue dans le temps et dans l'espace.

Elle sera absolue dans le temps, en ce sens que l'acte ainsi fait en pays étranger ne perdra pas son autorité par ce seul fait que son auteur aurait fait retour au lieu de son domicile. Il ne sera pas obligé de le refaire dans la forme prescrite par la loi du domicile. En un mot, la validité de l'acte n'est pas provisoire, mais perpétuelle (1).

Elle est encore absolue dans l'espace, car l'acte doit être considéré comme valable, non seulement dans le pays où il a été passé, mais encore dans le lieu du domicile de la personne et même en un pays étranger quelconque. Quelque part que l'opération faite conformément à la règle *locus regit actum* soit plus tard invoquée, elle devra être considérée comme complètement régulière et sortir tous ses effets, à la condition bien entendu que les conditions de fond nécessaires pour l'existence de l'acte, se trouvent de leur côté réunies.

Toutefois, bien que générale, la règle souffre cependant quelques exceptions.

(A) — Et d'abord il est un cas dans lequel un individu ne saurait être admis à en invoquer le bénéfice : c'est celui où l'opération a été faite de mauvaise foi. Un indigène passe la frontière dans le seul but d'échapper aux formes de sa loi nationale pour faire sous seing-privé, par exemple, un acte que sa loi considère comme solennel ;

―――――――

(1) De Savigny, VIII, p. 352.

il est incontestable alors (la fraude faisant exception à toutes les règles) que le juge pourra toujours, appréciant les circonstances, prononcer la nullité de l'acte, même au point de vue de la forme (1).

On objecte qu'il n'y a point de fraude à faire ce que la loi permet. Or, tout acte dressé n'importe où dans les formes locales, fait foi. Les parties en passant dans un pays voisin du leur, pour profiter des formes plus faciles qui y sont en vigueur, n'ont fait qu'user d'un droit ; elles ne sont donc pas répréhensibles (2).

Il me semble que l'objection ne tient pas compte du fondement de la règle *locus regit actum*. Si l'on permet aux contractants qui se trouvent à l'étranger de se servir des formes locales, c'est parce qu'ils sont sous l'empire de la nécessité, et que leur défendre ces formes, serait leur défendre l'acte lui-même. Or, dans l'espèce, cette nécessité ne se rencontre pas. Les parties cherchent sans motif à éluder leurs formes nationales, lesquelles, loin d'être arbitraires, sont considérées par le législateur comme les meilleures pour assurer la libre expression de leur volonté. C'est en ce sens qu'il y a fraude, et le législateur ne peut accorder aucune efficacité à des actes qui méprisent et ruinent son autorité.

(B) — La validité de l'*instrumentum* ne serait pas non plus complètement assurée par la règle *locus*, etc., quand il contiendrait des énonciations contraires à l'or-

---

(1) Massé, 575. — Savigny, VIII, p. 363. — Demangeat sur Fœlix, I, p. 178, note *a*. — Laurent, II, p. 432.

(2) Brocher, *Nouveau traité de droit internat. privé*, p. 284.

dre public de l'Etat où l'exécution serait poursuivie. Ces énonciations devraient certainement être considérées comme nulles et de nul effet.

Il en serait de même, ainsi que nous l'avons établi précédemment (1), dans le cas où la législation du lieu d'exécution exigerait expressément et comme condition *sine quâ non* certaines formalités indispensables. Une hypothèque, par exemple, a été consentie dans un pays où la convention suffit pour rendre l'hypothèque opposable à tous. Si les biens grevés sont situés dans un pays où une inscription est absolument requise pour lui donner effet à l'égard des tiers, la seule production du titre hypothécaire ne suffirait pas ici pour permettre à l'étranger de passer avant les créanciers non avertis. D'une manière plus générale, toutes les fois que des formalités ont été établies dans un pays pour porter à la connaissance des tiers des actes qui les intéressent, on ne pourrait dans ce pays se prévaloir de la règle *locus*, etc., pour se faire considérer comme dispensé de l'accomplissement de ces formalités. Elles sont d'ailleurs distinctes de l'*instrumentum*.

(C) — Enfin on a pu se demander encore s'il ne fallait pas refuser le bénéfice de notre règle aux ambassadeurs, aux agents diplomatiques, pour les actes passés par eux dans le pays auprès duquel ils sont accrédités (2). La

---

(1) Voir page 200 et 231.

(2) La question se pose également à propos de ceux des Consuls qui jouissent du privilège d'exterritorialité. Quant à ceux autorisés par les lois de leur pays à faire le commerce, les consuls anglais et américains, par exemple, ils doivent être complètement assimilés aux étrangers ordinaires.

raison de douter vient du privilège d'exterritorialité dont ils sont revêtus, et en vertu duquel on les considère fictivement comme n'ayant pas quitté le territoire du pays qu'ils représentent. Rigoureusement, dès lors, il semble qu'on devrait les soumettre aux formes de leur patrie. Le doute toutefois ne peut durer longtemps. La fiction a été créée en leur faveur et non contre eux ; or, ce serait la retourner contre eux que de leur défendre de bénéficier de la règle *locus*, etc. Nous admettons donc, suivant l'opinion générale reçue, que les ambassadeurs ont la liberté de suivre à leur choix les lois du lieu de leur résidence, en vertu de notre adage, ou les lois de leur patrie en vertu de leur privilège d'exterritorialité (1).

A part ces quelques exceptions, le principe reste entier, en ce sens qu'il sera suffisant pour la régularité extérieure d'un acte qu'il ait revêtu les formes prescrites par la loi locale.

SECTION IV.

La règle est-elle facultative ou impérative.

Mais si ces formes sont suffisantes, sont-elles nécessaires ? Il y a là deux idées bien distinctes. Ainsi, pour reprendre l'exemple déjà cité, un ambassadeur pourra bien employer les formes prescrites au lieu de sa résidence, mais il n'y sera pas contraint et conservera la liberté d'user de celles requises par la loi de son pays. Les premières seront à son égard suffisantes, elles ne seront

____

(1) Merlin, V° *Min. public.* — Massé, I, 176. — Fœlix, 1, 82.

pas nécessaires. En d'autres termes, la règle *locus regit actum* sera pour lui facultative, mais non impérative.

Est-ce là un cas spécial et exceptionnel ? N'est-ce, au contraire, que l'application d'un principe général ?

La liberté de choisir qui appartient à l'ambassadeur appartient-elle également à toute personne agissant à l'étranger ou même dans son propre pays ? Au contraire, la loi locale ne s'impose-t-elle pas, de telle sorte qu'un Français en Allemagne serait contraint d'user des formes allemandes, et verrait son acte sans efficacité, s'il avait eu recours aux formes françaises. Telle est la question que l'on présente communément sous cette formule. La règle est-elle impérative ou facultative ? Nous avons maintenant à l'examiner.

Il est certaines hypothèses qu'il importe tout d'abord de dégager, parce qu'elles ne peuvent présenter aucun doute.

1° Dans le cas où les deux parties sont des nationaux contractant dans leur patrie, la règle est certainement impérative. Les lois existantes dans un Etat sont rigoureusement obligatoires pour les sujets de cet Etat agissant dans l'étendue de son territoire. La seule exception qu'on puisse admettre a trait aux lois, qu'on peut considérer comme purement interprétatives de la volonté des parties. Or, les règles qui concernent la forme des actes ne peuvent rentrer dans cette catégorie ; elles sont imposées par le législateur comme les plus propres à garantir l'expression de la libre volonté, étant donné l'état moral du pays. Elles obligent donc les nationaux contractant dans leur patrie, alors même que l'exécution devrait avoir lieu à l'étranger.

Il n'est qu'une hypothèse dans laquelle on puisse les dispenser d'observer les formes nationales. C'est celle où la chose, objet du contrat, étant située à l'étranger, la loi étrangère exigerait dans l'acte lui-même pour la possibilité de l'exécution certaines formes déclarées essentielles. On ne saurait alors défendre aux contractants de se conformer à la loi étrangère ; sinon on les forcerait à faire un acte de telle sorte qu'il fut destitué de toute efficacité juridique. L'absurdité d'un pareil résultat suffit pour justifier la dérogation proposée (1).

2° Une autre hypothèse dans laquelle la loi locale serait encore obligatoire, est celle où les parties sont étrangères au lieu du contrat, mais veulent un acte authentique. Dans ce cas, en effet, elles sont forcées de s'adresser à l'officier public du lieu ; or, celui-ci ne connaît d'autres formes que celles qui sont édictées par sa loi. C'est ainsi qu'en France, les notaires sont obligés de se conformer à la loi du 25 ventôse, an XI, qui règlemente jusque dans ses moindres détails, les formes que ces fonctionnaires doivent observer sous peine de nullité. Ces formes édictées à raison de l'état moral et intellectuel du pays que le législateur connaît, sont de rigueur et d'ordre public.

Dans certains cas, cependant, ce principe souffre une exception. On la rencontre lorsque dans le lieu de la passation de l'acte se trouvent des consuls ou des agents

____

(1) Massé, I, p. 572.

diplomatiques de la nation des contractants. Ces agents ont, en général (il en est ainsi du moins pour ceux qui représentent la France), des fonctions notariales. Dans cette hypothèse, la règle sera donc facultative. Les Français pourront suivre la loi locale, ou, s'il le préfèrent, s'adresser à nos consuls et faire leur acte dans les formes françaises.

3° Enfin, la règle serait encore impérative dans le cas où les deux contractants étant de nationalité différente, l'un deux serait national du lieu de l'acte. Ainsi, un Français et un Anglais contractant en France, ne pourraient employer d'autres formes que les formes françaises. Ces dernières en effet s'imposant à nos nationaux, force est bien aux étrangers de s'y soumettre, puisque la forme est indivisible.

Ce système toutefois n'est pas unanimement admis. Certains auteurs, pour résoudre la difficulté, distinguent entre les contrats synallagmatiques et les contrats unilatéraux.

L'acte est-il unilatéral ? Si c'est l'étranger qui s'est obligé, il a pu valablement le faire dans la forme qui lui est personnelle. Il ne sera donc pas admis à opposer à la poursuite du citoyen français l'exception tirée de l'inobservation des formes locales.

L'obligé, au contraire, est-il citoyen du lieu du contrat ? La règle *locus regit actum* conserve à son égard un caractère impératif, et le seul fait de la présence d'un créancier étranger ne saurait le dispenser de l'observation de sa loi personnelle (1).

____

(1) Massé, I, 573.

La difficulté est beaucoup plus grande quand on se trouve en présence d'un contrat synallagmatique. M. Massé fait observer qu'ici l'acte ne peut être obligatoire pour une partie sans l'être en même temps pour l'autre. Cette considération l'amène à conclure que si l'étranger est valablement obligé d'après les lois du pays où il doit accomplir la promesse, le national qui veut le contraindre à l'exécution ne peut, pour se soustraire à l'accomplissement de sa propre obligation, argumenter de ce que l'acte n'est pas, quant à la forme, valable, selon les lois de sa patrie » (1).

Ce système, qui n'est d'ailleurs présenté par M. Massé qu'avec une grande réserve, nous semble inadmissible.

En premier lieu, on ne comprend guère, en ce qui concerne l'acte unilatéral, pourquoi l'auteur donne plus d'importance au rôle du débiteur qu'à celui du créancier. La vérité c'est que dans l'acte les parties jouent un rôle d'égale importance, sinon identique ; toutes les deux s'entendent pour faire naître une obligation, que l'une inscrira à son passif, et l'autre à son actif. On ne voit pas de raison de préférer l'une à l'autre.

De plus, il s'agit peu, quand on s'occupe de forme, de s'attacher aux rôles que jouent les parties ; la forme est étrangère à l'*actus*, elle n'a d'autre but que d'en conserver le souvenir, d'en constituer une preuve.

Elle est étrangère au lieu d'exécution par lequel l'auteur semble surtout dominé. Ainsi que nous le verrons, la loi d'exécution dépend de la volonté des parties, les lois

---

(1) Massé, *Loco. cit.*

sur la forme sont au contraire en principe indépendantes de leurs volontés.

Eh bien ! s'il est un principe certain, c'est que la règle *locus regit actum* a un caractère absolument impératif au regard des citoyens d'un pays contractant dans leur propre patrie. La loi territoriale est en même temps pour eux loi personnelle. L'observation leur en est strictement imposée sans que la loi prenne en considération le rôle qu'ils ont joué dans l'acte, s'ils sont devenus débiteurs ou créanciers. Or, la forme est indivisible : elle ne peut être à la fois nulle et valable ; ou nulle à l'égard du Français et valable à l'égard de l'étranger. Si le Français contractant dans son pays n'a pas suivi les formes de ce pays, le juge étranger, sans égard pour sa situation dans l'acte, ne devrait reconnaître à l'*instrumentum* aucune efficacité. Il est bien vrai que de cette façon l'étranger se trouvera déchu de la faculté d'invoquer sa loi nationale par ce seul fait qu'il aura pour cocontractant un national du lieu du contrat. Mais cette considération ne peut prévaloir contre la raison précédemment tirée du caractère rigoureusement obligatoire de la règle au regard du national. L'étranger, en dehors de son pays, a le choix entre deux lois, nous l'établirons bientôt. Le national est tenu de suivre sa loi personnelle. En acceptant de contracter avec ce dernier, l'étranger a consommé son choix, a renoncé à sa propre loi, pour suivre la loi locale.

Voilà donc trois hypothèses dans lesquelles les formes locales seront impératives : 1º cas où l'un des contractants est national du lieu du contrat ; 2º cas où les deux contractants sont nationaux du lieu du contrat ; 3º et enfin, cas où les deux contractants tout en étant étran-gers au lieu du contrat, veulent un acte authentique.

Restent deux situations à régler : *a*) celle où les deux contractants voulant un acte sous seing-privé hors de leur patrie, sont de même nationalité ; ce sont deux Français, par exemple, qui font une vente en Allemagne ; *b*) celle où les deux contractants sont de nationalité diffé-rente ; c'est un Français qui fait une vente avec un Anglais en Allemagne.

Comme ces deux situations doivent appeler des solu-tions différentes, nous les examinerons séparément.

a) Supposons deux Français en Allemagne ; ils veulent passer ensemble un acte sous seing-privé ; pourront-ils recourir indifféremment soit aux formes locales, soit aux formes françaises ? La règle *locus*, etc., est-elle à leur égard impérative ou facultative ?

Si l'on s'attache exclusivement au second motif de no-tre règle, on raisonnera de la façon suivante : Les formes en usage dans chaque pays sont des mesures de défiance prises par le législateur en raison de l'état intellectuel et moral de ses nationaux ; elles ont pour but de protéger dans leur activité juridique ceux qui se trouvent dans le milieu en vue duquel elles ont été faites. Or, l'individu qui a quitté sa patrie, se trouve précisément dans ce mi-lieu dangereux, pour lequel certaines formes ont été édictées ; il peut et il doit donc se servir de ces formes étrangères, sinon le but de protection que poursuit la règle *locus*, etc., serait complètement manqué.

Ce raisonnement a séduit certains auteurs.

On ajoute pour corroborer ce système : « Il n'y a de facultatives, en droit civil, que les règles qui dépendent de la volonté des parties, parce que le législateur, en les établissant, ne fait que prévoir l'intention des contractants, sauf à eux à manifester une volonté contraire. En est-il ainsi des principes qui régissent les formes ? La question n'a point de sens, puisque les formes ne sont pas établies d'après l'intention présumée des parties ; le législateur, au contraire, les leur impose ; cela est certain pour les nationaux et par conséquent pour les étrangers, puisque le statut personnel n'a rien de commun avec les formes » (1). Ni la volonté des parties, ni leur statut personnel n'ont de rapport avec les formes ; il en résulte dès lors que c'est la loi locale qu'il faut leur appliquer. Tel est l'avis de Merlin (2). « Ce n'est point par un simple motif de convenance qu'on a donné, par rapport à la force probante des actes, la préférence à la loi du lieu où ils sont passés, sur toutes les autres ; c'est la loi du lieu qui leur donne la vie ; c'est elle par conséquent qui les doit affecter, les modifier, en régler la forme. »

Enfin, cette doctrine s'appuie sur l'autorité de la tradition. Les anciens parlements et les anciens commentateurs étaient tous en ce sens. On peut citer ici les paroles de Charles Dumoulin dans son Conseil 43 : « *Est omnium doctorum sententia ubicumque consuetudo vel statutum locale disponit de solemnitate vel formâ actus, ligari etiam exteros ibi actum illum gerentes.* »

---

(1) Laurent, II, p. 445.

(2) Merlin, *Répert.*, V° *Preuve*, sect. II, § III, art. 1, n° 3.

Cette doctrine est soutenue par la jurisprudence française. La Cour de cassation, par un arrêt du 9 mars 1853, a proclamé que la forme extérieure des actes est essentiellement soumise aux lois, aux usages et aux coutumes du pays où ils sont passés, et qu'en conséquence, le testament fait en France par un Anglais en dehors des conditions prescrites par l'article 970 du Code civil, n'a aucune valeur, bien que les formes anglaises aient été observées (1).

Cet arrêt mérite le reproche de n'être pas motivé, en ce qui concerne du moins la question qui nous occupe. Il pose en principe que la règle est impérative, comme si la question n'était pas discutée.

La Cour aurait pu recourir aux motifs que nous avons énoncés plus haut. Sont-ils plausibles ? Nous ne le pensons pas, c'est dire que nous croyons au caractère facultatif de l'adage.

On invoque l'autorité de la tradition ; mais elle est ici sans valeur. Si les formes locales étaient autrefois obligatoires, cela tenait aux idées féodales qui réputaient sujets temporaires d'un pays tous ceux qui se trouvaient sur le territoire de ce pays, ne fût-ce qu'en passant. Mais ces idées n'ont certainement plus cours aujourd'hui ; la loi n'est plus comme autrefois exclusivement territoriale, elle est aussi personnelle. Le simple séjour de l'individu sur un territoire ne saurait indiquer qu'il entend se soumettre en tous points à sa loi. Il faut qu'elle soit par lui acceptée implicitement ou explicitement, ou que l'intérêt

____

(1) Dalloz (1853, 1, 217).

même de l'Etat en exige l'application (lois de police et de sureté) (1).

Le motif invoqué par Merlin ne nous semble pas non plus convaincant. Si l'on déclare qu'il faut soumettre les formes d'un acte à la loi du lieu, parce que c'est cette même loi qui donne la vie à l'acte, qui l'affecte, et qui le modifie, il faut poser en principe que les formes dépendent toujours de la volonté des parties, et que notre règle, par conséquent, est toujours facultative. Les parties, en effet, ne sont soumises à aucune loi, en ce qui concerne l'*actus*, c'est-à-dire le *vinculum juris* et son exécution ; c'est leur propre volonté qui leur sert de règle, et si l'on applique à leur convention telle ou telle loi, quand elles ont gardé le silence sur ses conditions et sur ses effets, c'est uniquement par interprétation de leurs volontés. Deux Français contractant en Allemagne peuvent soumettre leur convention à la loi anglaise ; puisque cette dernière affecte l'acte, on doit déclarer, pour être logique, qu'elle en réglera la forme. Or, personne n'admettra cette conséquence. Les formes ne sont pas abondonnées à la volonté des parties. Contractent-elles dans leur pays, c'est leur loi nationale qui s'impose ; se trouvent-elles à l'étranger, elles ont le droit d'employer les formes étrangères, mais ce droit est-t-il en même temps un devoir, ou peuvent-elles revenir à leur loi nationale ? Voilà la question.

Le meilleur argument du système que nous combattons, est le motif rationnel de la règle *locus*, etc. Si la

____

(2) Fœlix, I, 83.

règle n'est pas impérative, la protection que le législateur a voulu garantir au national qui se trouve à l'étranger, devient illusoire. Cette raison nous semble excellente, et si nous devions trancher la question au point de vue législatif, elle nous entraînerait certainement, d'autant plus que ce système, tout en accordant aux nationaux à l'étranger la plus grande somme de protection possible, trancherait bon nombre de difficultés que soulève la doctrine contraire.

Mais à côté de ce motif, il en est un autre dont le législateur s'est surtout inspiré. Ce motif, c'est la nécessité pour le Français qui se trouve à l'étranger de recourir aux formes locales. C'est donc par faveur pour lui que la règle a été reconnue.

Ce point est excellemment mis en lumière dans une dissertation insérée au *Journal de droit international privé* de Clunet. On y trouve mis en relief, d'une part, la volonté du législateur français, quand il a consacré notre adage ; d'autre part, le principe auquel cet adage fait exception, et par conséquent la règle à laquelle le Français devra revenir, quand il ne voudra pas profiter de la faveur qui lui est faite.

L'auteur anonyme de cette dissertation s'exprime ainsi :

« Notre conviction sur le caractère facultatif et non obligatoire de la règle *locus*, etc., vient d'une considération attentive des raisons qui l'ont fait admettre dans la pratique judiciaire des différentes nations. On a voulu permettre au national, non seulement en certains cas de triompher de l'impossibilité, mais encore lui donner les plus grandes facilités possibles pour favoriser son activité juridique même en dehors de la souveraineté dont il fait partie. La nationalité suit partout l'individu ; elle fait partie de son moi juridique. C'est d'elle qu'on pourrait dire bien plus justement ce que les anciens jurisconsultes statutaires disaient des meubles : *Osssibus inhæret, personam sequitur sicut umbra corpus.* En conservant sa nationalité dans les différents territoires qu'il traverse, l'individu jouit des effets légaux qui y sont attachés, c'est-à-dire qu'il continue en principe à être régi par sa loi nationale, à pouvoir s'en prévaloir, à avoir la faculté de s'y conformer exclusivement, et cela sans limite aucune, lorsque les actes qu'il aura ainsi faits devront être approuvés dans la souveraineté dont il relève, et sans aucune restriction à l'égard de la souveraineté étrangère où il réside, que les règles considérées par celle-ci comme d'ordre public et devant en conséquence l'emporter sur la loi nationale de l'étranger auquel elle donne l'hospitalité.

« Ce privilège de l'individu de continuer à être régi partout par sa loi nationale, de pouvoir partout y recourir, ne s'étend pas seulement à son état et à sa capacité ; tous les bénéfices de sa loi nationale lui sont conservés, s'il a la faculté matérielle d'en profiter à l'étranger. Cette pensée est visible dans l'article 999, *C. Civ.*, sur lequel nous aurons à revenir. Il dit expressément que le Français pourra tester en la forme olographe en tout pays, que cette forme soit permise ou défendue par la loi locale. La pensée de la loi française est, en même temps que de retenir le national dans l'obédience aux lois de la patrie (art. 3, *C. Civ.*), de lui permettre, de prolonger cette terre de prédilection avec ses usages, ses coutumes, ses règles aussi loin que possible, même au-delà des frontières géographiques. Le Français se considèrera partout comme s'il était resté en France, c'est dans le Code français qu'il trouvera sa règle de conduite. Telle est l'idée primordiale. Ce n'est que subsidiairement que la loi prend en considération le fait qu'il faut compter avec les impossibilités matérielles de suivre partout les formes de la loi française, et alors s'inspirant de l'adage *locus*, etc., elle permet au national de suivre la forme locale. Ceci pour le plus grand bien du national, pour sa plus grande commodité, sans lui imposer plutôt l'une que l'autre de ces formes, les mettant toutes deux sur le même pied, sans marquer de préférence et sans lui tracer par conséquent la moindre obligation. Ce qu'il importe, c'est que le Français qui a perdu l'avantage d'être sur le sol de la patrie, ait la consolation d'agir avec la moindre gêne possible.

« Les rares textes de droit positif qui traitent de la question ne laissent place à aucun doute. Les articles 47 et 48, *C. Civ.*, déclarent que les actes de l'état civil du Français faits en pays étranger feront foi, s'ils ont été rédigés dans les formes locales ; les mêmes actes sont valables, s'ils ont été dressés conformément aux lois françaises par les agents diplomatiques ou consuls. Il est loisible au Français de choisir telle ou telle forme suivant les circonstances et sa meilleure convenance ; aucun reproche ne peut lui être fait si, pouvant suivre la loi française en passant l'acte devant un consul national, il a préféré suivre la loi locale qui sera bien souvent complètement différente de la forme française.

« Sans doute, il serait plus conforme à la rigueur de la loi que le Français suivit la forme française à l'étranger chaque fois qu'en fait la faculté lui en est ouverte. Mais combien cette satisfaction accordée au principe serait peu pratique. Il arrivera souvent que le Français ne pourra ou n'osera pas faire seul tel ou tel acte, même en la forme française, il aura besoin d'un conseil français : où le trouver en pays étranger ! Dès qu'il s'adressera à un jurisconsulte du pays, il se verra forcément entraîné à la forme locale. Puis quelle source de difficultés, que de rechercher dans quels cas les Français avaient l'occasion de suivre la forme nationale, dans quels cas, au contraire, ils se trouvaient en face d'impossibilités morales, sinon matérielles. Très sagement la loi ne distingue pas. Elle ouvre libéralement au Français les deux voies et lui permet de s'engager indifféremment au mieux des convenances dont il est le meilleur juge. Faciliter l'existence du national à l'étranger, écarter de lui tout obstacle qui ajouterait encore à l'embarras de sa situation, telle est l'intention manifeste de la loi » (1).

En résumé, aux yeux du législateur français, la règle est facultative. Cette solution ressort visiblement de l'article 999, d'une part, et des articles 47 et 48, d'autre part. Le Français en Allemagne, par exemple, pourra donc, à son choix, recourir aux formes allemandes ou aux formes

______

(1) Clunet, 1880, p. 383 à 385. A l'appui, paroles de Portalis, page 209.

françaises ; et encore faut-il supposer que ses formes
nationales n'ont rien de contraire à l'ordre public du
pays où l'acte est passé ; sans cela, ce serait la loi territoriale qui devrait s'appliquer. Mais sa liberté se borne là·
S'il ne veut pas user des premières, il doit nécessairement revenir aux secondes ; il ne lui serait pas loisible
d'adopter les formes d'une troisième législation, de la
législation anglaise, par exemple. Le principe, en effet,
c'est que le Français est soumis aux formes de sa patrie.
Quand il passe à l'étranger, sa loi lui permet par faveur,
en raison de la situation difficile où il se trouve, d'employer les formes locales ; s'il renonce à cette faveur,
il doit revenir au principe (1).

On a contesté cette solution. Ceux qui nient que la
règle soit facultative, voient en elle, non pas une exception à un principe quelconque, mais un principe indépendant. Nous avons répondu à cette théorie. D'autres
auteurs, tout en admettant le caractère facultatif de
l'adage, prétendent que ce n'est pas à la loi de la patrie
qu'il fait exception. Les lois nationales n'ont rien de
commun avec les formes, disent-ils, puisque les formes
ne font pas partie du statut personnel.

Que les lois concernant la forme ne fassent pas partie

____

(1) En ce sens, Fœlix, I, 163. — « Nous tenons pour valable, l'acte
passé à l'étranger suivant les formes prescrites dans la patrie.

« Conformément au principe de la souveraineté, la soumission des individus aux lois de leur patrie constitue toujours la règle ; l'emploi des
formes usitées dans le pays étranger où ils résident momentanément
n'est qu'une exception. »

C'est dire tout à la fois que la règle est facultative, et qu'elle constitue
une exception de faveur à la loi nationale.

du statut personnel, nous ne le contestons guère. Le statut personnel en effet a ce caractère de s'imposer aux nationaux en pays étranger, qu'ils le veuillent ou qu'ils ne le veuillent pas. Un Français de dix neuf ans, reste mineur à l'étranger, quand bien même la loi locale fixerait à dix-huit ans la majorité. Le statut des formes, au contraire, est facultatif. Le Français peut suivre à l'étranger les formes locales ; c'est ce qu'on exprime par la maxime *locus regit actum*. Il résulte de là qu'une grande différence sépare le statut personnel du statut des formes. Ce dernier ne devient statut personnel, c'est-à-dire obligatoire, qu'après qu'on a renoncé au bénéfice de l'adage. On le nie, mais, de deux choses l'une, ou bien notre maxime constitue un principe régissant une situation spéciale, et alors elle est obligatoire ; ou bien elle constitue une simple faveur et alors elle est une dérogation à un principe.

Elle n'est pas obligatoire, les adversaires que nous combattons, en ce moment, le reconnaissent. Elle établit une pure faculté, disent-ils, elle déroge donc à un principe, mais ce principe n'est pas représenté par les lois de la patrie.

Quel est-il donc ?

C'est ici que nos adversaires se séparent.

Suivant les uns, la loi à laquelle déroge notre règle, est la loi du lieu d'exécution. Il est nécessaire en effet que cette loi régisse la forme, puisque la forme est une condition de l'exécution. Comme c'est aux autorités du pays de l'exécution, qu'en cas de résistance ou de contestation, les contractants recourront, « il suffira que ces autorités trouvent l'*acte* conforme à leurs lois pour que cet *acte* doive être exécuté. La loi étrangère, sous l'empire de laquelle l'acte a été passé, devient alors complètement indifférente. Elle pouvait sans doute assurer la validité de l'acte conforme à ses dispositions, mais elle n'était pas indispensable. Celui qui s'oblige en pays étranger, lorsque l'acte doit être exécuté dans sa patrie, est présumé alors se reporter par la pensée aux lois de sa patrie absente, mais qui sera présente au jour de l'exécution. On peut dire, dans ce cas, avec la loi romaine : *Contraxisse unusquisque in eo loco intelligitur in quo ut solveret, se obligavit* » (1).

Dans ce système, quand le lieu de l'exécution et le lieu du contrat se confondent, la règle est impérative, quand, au contraire, ils sont différents, la règle est facultative ; on peut recourir soit à la loi du lieu du contrat, soit à la loi du lieu d'exécution ; mais si on abandonne la première, la seconde s'impose.

Cette théorie nous paraît insoutenable. D'après elle, en effet, la forme d'un acte et tout ce qui concerne son exécution sont en principe dans une corrélation étroite. On ne rompt cette union que dans l'hypothèse pour laquelle on a créé notre règle. Or, l'exécution d'un acte et sa forme sont à notre avis deux choses complètement distinctes. L'une, c'est l'*actus* lui-même, en tant qu'il s'agit d'éteindre par le paiement le *vinculum juris* ; l'autre, c'est l'*instrumentum*, la preuve de l'*actus*. Sans

____

(1) Massé, I, 473. — Savigny, VIII, 345.

doute, cette preuve sera nécessaire si on veut poursuivre
en justice le débiteur, mais elle n'est pas pour cela soumise aux mêmes règles que l'exécution. La loi qui régit
l'exécution dépend en effet de l'autonomie des contractants. Les formes au contraire sont en principe indépendantes de leurs volontés. Si l'on adopte la théorie de
M. Massé, il faudra dire que les Français qui contractent en
France et qui portent le lieu d'exécution en Angleterre,
auront pu suivre les formes anglaises lors de la rédaction
de l'écrit. Or, cette conséquence est inadmissible, puisque le Français dans son pays est soumis à la loi nationale. La loi du lieu d'exécution n'est donc pas le principe qui domine en général les formes des actes, puisqu'en
général, au contraire, exécution et formes sont régies
par des principes distincts.

D'autres auteurs tombent dans une erreur analogue
quand ils prétendent que notre règle est une « dérogation
à un principe général qui veut qu'un acte soit indivisible
en ce qui regarde sa forme et son fond, et dépende d'une
même loi pour la forme et pour le fond. En renonçant à
l'invoquer, on renonce à vrai dire à une loi de pure
faculté, et l'on abandonne une exception pour revenir à
la règle générale, c'est-à-dire à celle qui régit le fond de
l'acte. Ainsi en matière de contrat, en dehors des cas où
la fixation du lieu qui régit le fond du contrat dépend de
la loi, comme lorsqu'il s'agit d'immeubles, ce lieu dépend
de la volonté expresse ou tacite des parties, et par conséquent peut être autre part qu'au domicile ou dans la
patrie de celles-ci. S'il est autre part et s'il se trouve, par
exemple, en Belgique, tandis que les parties sont de

l'Allemagne et qu'elles ont contracté en Angleterre, elles doivent, au cas où elles ne suivent pas la loi anglaise pour la forme du contrat, se conformer à la loi qui régit le fond du contrat, c'est-à-dire à la loi belge » (1).

Ce dernier système conduit à des résultats plus inadmissibles encore que le précédent, car la loi qui régit le fond des actes peut n'être pas une loi unique. On distingue en effet dans le fond d'un acte, deux côtés bien nettement séparés : 1° le *vinculum juris* et tout ce qui s'y rapporte, ses conditions d'existence, son étendue, ses effets ; 2° l'exécution de l'obligation, la dissolution du *vinculum juris*. Or, chacun de ces éléments peut être régi par une loi distincte (2). Deux Français contractants en Allemagne peuvent soumettre tout ce qui se rapporte au *vinculum juris* à la loi anglaise, et tout ce qui a trait à l'exécution à la loi italienne. Si les parties renoncent à se servir de la forme allemande, comment feront-elles pour observer la loi qui régit le fond. Nous avons dans l'espèce deux lois régissant le fond ; chacune d'elles, constituant la règle, demande à être respectée, et cependant il est bien impossible de les satisfaire toutes les deux à la fois, puisque la forme ne peut pas être en même temps anglaise et italienne.

____

(1) Ed. Picard, Clunet, 1881, p. 468. — En ce sens : Haus, *Droit privé des étrangers*, n° 90. — Comme conséquence de ce principe, la loi de la situation régissant le fond du contrat quand il a pour objet un immeuble, c'est à cette législation qu'il faudra revenir quand on aura renoncé au bénéfice de l'exception.

(2) Voir cette distinction dans la dissertation de M. Ed. Picard, Clunet 1881, p. 472.

Si on prétend, pour sortir de cette impasse, que la loi du fond est la loi du lieu d'exécution, on retombe dans le système précédent. Si on confond, au contraire, la loi du fond avec celle du *vinculum juris*, on s'expose encore à la même réfutation. Le fond et la forme en effet sont deux éléments bien distincts. Le premier dépend de la volonté des parties ; le second leur est imposé. Voilà le principe ; on ne peut donc pas dire qu'en règle générale, la forme et le fond sont indivisibles et soumis à une même loi.

La vérité c'est qu'on doit chercher le principe dans les lois de la patrie. Prenons la situation régulière, normale, c'est celle de deux Français contractant dans leur patrie. Dans ce cas, les formes françaises leur sont imposées : voilà la règle. Prenons maintenant la situation exceptionnelle : c'est celle de deux Français contractant à l'étranger. Dans ce cas, par exception, par faveur, la loi française leur permet l'emploi des formes étrangères, à raison de la nécessité dans laquelle ils se trouvent. Si les parties renoncent à l'exception, c'est-à-dire à la loi étrangère, elles doivent revenir à la règle, c'est-à-dire à la loi nationale.

b) Nous arrivons maintenant à notre dernière hypothèse. Les deux contractants veulent un acte sous seing-privé, mais ils sont de nationalité différente. Un Français et un Anglais font un contrat de vente en Allemagne. La règle *locus* est-elle encore facultative ou s'impose-t-elle aux parties ?

M. Massé admet bien qu'en ce cas la règle sera facultative, mais toujours sous cette restriction que le lieu d'exécution sera le pays dont on a suivi la loi (1).

D'autres auteurs reconnaissent à la règle un caractère facultatif sans aucune restriction. Chacune de ces parties, dit-on, est étrangère au lieu du contrat ; aucune d'elle n'est liée par la loi locale, et toutes les deux peuvent agir d'après leur loi nationale.

Nous croyons, au contraire, que la maxime est ici obligatoire. Quand les parties, en effet, renoncent à la loi locale, elles sont obligées d'employer les formes nationales pour faire un acte valable. Or, elles sont dans l'espèce de nationalité différente ; l'une d'entre elles, par conséquent, aura dû forcément enfreindre sa loi, puisque la forme ne peut être conforme à deux lois en même temps ; et comme un même *instrumentum* ne peut être à la fois valable et nul, les parties n'ont qu'un moyen de faire un acte valable en la forme, c'est de suivre la loi locale qui leur est commune.

En résumé, la règle *locus regit actum* est facultative dans le cas où les personnes agissant à l'étranger sont de même nationalité, et dans le cas où l'acte sous seing-privé est le résultat d'une volonté unilatérale se manifestant à l'étranger (testament, acte de l'état civil, etc.). Dans toute autre hypothèse, elle est obligatoire.

Ces règles sont applicables au regard de nos tribunaux, non seulement aux Français contractant, soit en France, soit à l'étranger, mais encore aux étrangers contractant, soit dans leur patrie, soit en France.

------

(1) Massé, I, p. 574.

Ainsi, l'étranger ne pourrait pas suivre dans son pays la forme française, quoique l'acte soit destiné à être produit en France. La règle à son égard est en effet impérative.

Notre Cour de cassation a cependant jugé le contraire. Dans l'espèce, il s'agissait d'une procuration, qui, d'après la loi locale, aurait dû être faite dans la forme authentique, tandis que d'après la loi française, la forme sous seing-privé suffisait. La Cour a déclaré valable la procuration faite dans cette dernière forme par le motif que l'acte devait être produit en France (1).

D'après nos explications antérieures, cet arrêt doit être considéré comme mal rendu (2).

Jusqu'ici, nous avons supposé que la convention est constatée par écrit, mais il peut se faire qu'elle ait eu lieu verbalement. Quelles formes devront, dans ce cas, la constater ?

Supposons qu'une convention faite en Angleterre entre un Français et un Anglais, ait un objet d'une valeur supérieure à 150 fr. La loi française prohibe la preuve testimoniale au dessus de ce taux ; la loi anglaise, au contraire, n'apporte aucune limitation à la preuve par témoins. Il est donc intéressant de savoir quelle forme doit être employée ; si nos tribunaux doivent exiger un acte écrit, conformément à l'article 1341 de notre Code, ou si au contraire, ils peuvent considérer comme suffi-

____

(1) Rejet, 5 juillet 1827. (Dalloz, *Répertoire* V° *Loi*, n° 430.)
(2) Sic. Laurent, II, p. 451.

sante en France, la preuve testimoniale qui serait suffisante en Angleterre.

Il y a ici une véritable question de forme ; on doit donc appliquer la règle *locus regit actum*. « En effet, celui qui offre la preuve testimoniale d'une convention, d'un engagement ou d'une disposition de dernière volonté, prétend employer ce moyen de preuve pour remplacer la preuve plus claire et plus précise qui résulte d'actes écrits : il prétend, pour ainsi dire, construire par les dépositions des témoins, un acte identique à celui qui existerait par écrit, si la partie qui a pris l'engagement ou qui a fait la disposition, l'avait immédiatement rédigé par écrit ; en d'autres termes, celui qui offre la preuve par témoins, considère cette preuve comme une forme extérieure de la convention, de l'engagement ou de la disposition, et il s'agit de savoir s'il y a lieu d'admettre cette forme.

« Cette question doit être décidée suivant la loi du lieu dans lequel la convention a été faite ou l'engagement pris, parce que, encore une fois, cette loi régit la forme extérieure des actes.

« Par suite, lorsque la même loi admet la preuve testimoniale dans l'hypothèse proposée, cette preuve devra également être admise par les tribunaux d'un autre pays où s'élève la contestation, bien que dans ce pays la loi n'autorise point la preuve testimoniale dans la même hypothèse (1) ».

---

(1) Fœlix, I, p. 429 et 430.

La jurisprudence française admet cette doctrine. La Cour de cassation, statuant dans l'espèce que nous avons prise plus haut pour exemple, décide en principe que c'est la loi du lieu du contrat qui doit être appliquée, c'est-à-dire la loi anglaise (1).

L'arrêt est bien rendu, mais l'un de ses motifs est faux. Il déclare que l'article 1341 du Code civil n'est pas d'ordre public et que les parties peuvent y déroger par des conventions particulières. C'est une erreur. L'article 1341 est certainement d'ordre public, puisqu'il a pour but d'éviter les fraudes et la multiplicité des procès. Mais ce n'était pas une raison pour défendre d'établir en France, par la preuve testimoniale, des faits accomplis à l'étranger. Le principe de l'article 1341 ne vise en effet que les faits juridiques qui se passent en France; c'est, eu égard au caractère particulier de nos nationaux, à la défiance qu'ils pouvaient inspirer au législateur que celui-ci a pris cette mesure. Les considérations qui ont entraîné le législateur, avaient en vue le caractère français ; elles n'ont donc de valeur qu'en France ; quant aux faits étrangers, rien ne s'oppsse à ce qu'ils restent soumis à la loi étrangère.

La Cour de Paris a fait aussi des applications de notre règle en matière de mariage et de filiation légitime. Elle a décidé que la forme et le mode de preuve du mariage d'un Français à l'étranger sont régis par la loi du pays où il est contracté, alors même que comme dans l'état de

____

(1) Cass., 24 août 1880 (D., 1880, I, 447.)

New-York, la loi n'exige aucun acte écrit, mais seulement la cohabitation et la réputation d'époux.

De même la possession constante de l'état d'enfant légitime suffisant dans ce pays pour prouver la filiation, cette preuve doit suffire en France pour établir la filiation d'un enfant issu d'un Français et d'une Américaine qui sont notoirement considérés comme mariés (1).

Nous vons montré que c'est la loi du lieu du contrat qui régit en principe la forme des actes. La détermination du lieu exact où le contrat est intervenu ne présentera pas de difficultés quand les parties auront été toutes deux présentes. Le lieu du contrat sera celui où les parties auront échangé leurs consentements.

Au contraire, des difficultés sérieuses se présentent quand les parties traitent par correspondance, ou par l'intermédiaire d'un mandataire ou d'un commissionnaire. Quel est alors le lieu du contrat ?

La solution de cette question est sans intérêt, quand les négociations ont lieu entre deux individus habitant un seul et même territoire soumis à une législation unique ; quelque soit en effet le lieu reconnu comme étant le lieu du contrat, les formes resteront toujours les mêmes.

Mais si on suppose que les contractants sont de nationalité différente, et se trouvent sur des territoires distincts, il est important de déterminer exactement le lieu

____

(1) Paris, 20 juin 1873, D. (1873, 2, 59). — En ce sens, Massé, p. 41 et suiv. — Pasquale Fiore, traduction Pradier Fodéré, *Droit internat. privé*, n° 319. — *Contra*, Laurent, *Principes* XIX, p. 425. — Aubry et Rau, VIII, § 761, p. 295, texte et notes 3, 4 et 5.

du contrat, puisque les formes peuvent n'être pas les mêmes dans les deux pays.

Prenons l'hypothèse d'un contrat par correspondance. Un négociant de Paris écrit à un négociant de Londres pour lui proposer une vente ; ce dernier répond qu'il accepte. Où le contrat s'est-il formé ? Est-ce à Londres, au moment où l'acceptant a mis sa réponse à la poste ? Est-ce à Paris, au moment où la lettre contenant la réponse a été remise au pollicitant ?

On se pose la question quand il s'agit de rechercher quelle loi régira le fond même de l'acte, ses conditions de validité et ses effets ; mais elle n'est pas moins intéressante quand il s'agit de déterminer la loi qui régira ses formes. Si l'on admet que le contrat s'est formé à Paris, c'est la loi française qu'il faut appliquer. Or, d'après l'article 109 de notre Code de commerce, les achats et vente entre commerçants peuvent se prouver par la correspondance. Les lettres échangées constitueront donc une preuve suffisante, non seulement dans le pays du contractant Français, mais aussi dans celui de son acheteur, même dans le cas où ce pays repousserait en principe ce mode de preuve. Il est vrai que ce n'est pas l'hypothèse à Londres, puisque en Angleterre on admet la preuve par témoins d'une manière illimitée, et partant la preuve par de simples présomptions, même en matière civile. Mais si nous supposons que la vente est intervenue entre non-commerçants, les parties ne pourront l'établir par la correspondance, dans le cas où Paris sera considéré comme le lieu de la formation du contrat, puisque

la loi française exige un écrit rédigé dans certaines formes, quand l'opération est synallagmatique (1325) et que
son objet dépasse 150 fr. (1341) (1) ; si, au contraire, on
considère Londres comme le lieu du contrat, les lettres
échangées pourront suffire.

Quel est donc le lieu du contrat ?

Au XVIIe siècle, Grotius se pose déjà la question et il
déclare que le contrat n'a pas de siège déterminé, puisqu'on ne voit nulle part les volontés se rencontrer. Une
telle opération n'est donc soumise à aucun droit positif ;
seul, le droit naturel peut la régir. Il en est de ces contrats comme de ceux qui ont été conclus en pleine mer
ou dans une île déserte (2).

Mais on peut demander à l'auteur, comme l'observe
fort à propos Savigny, quel est le traité de droit naturel
dont il demande l'application. D'autre part, il n'est pas
exact de dire que le contrat fait en pleine mer n'appartient à aucun droit positif, car le navire est considéré
comme une partie du territoire dont il porte le pavillon.
Quant à l'hypothèse d'un contrat fait dans une île déserte, elle est si peu pratique qu'elle ne se présentera
probablement jamais. D'ailleurs, il n'y a rien de commun
entre le contrat fait par lettre et le contrat fait dans une
île déserte ; car l'offre est intervenue dans un pays, l'acceptation dans un autre. Ces deux pays sont soumis à une
législation positive. Laquelle d'entre elles doit régler la

---

(1) En ce sens, Laurent, XIX, p. 243. Toullier, VIII, n° 325. *Contra*,
Demolombe, *Des contrats*, VI, n° 430. Merlin, *Répertoire*, V° *Double
écrit*, n° XI.

(2) Grotius, *De jur. belli*, L. 2, c. XI, § 5, n° 3.

forme du contrat, c'est-à-dire dans lequel de ces deux pays le contrat est-il devenu parfait, voilà ce qu'il faut rechercher.

Dans l'espèce que nous avons prise plus haut pour exemple, bon nombre d'auteurs déclarent que le contrat s'est formé à Londres. Dès l'instant en effet où l'offre a été reçue et acceptée, il y a eu concours de volontés et par conséquent contrat. L'auteur de l'offre est lié et ne peut plus retirer son offre, quand la réponse de l'acceptant a été mise à la poste (1).

Cete doctrine est repoussée par la jurisprudence. Suivant elle, c'est au lieu où l'acceptation revient que le contrat se forme ; dans l'espèce, c'est à Paris (2). Ce système nous semble préférable au premier, car les contrats par correspondance doivent être soumis aux mêmes règles que les contrats *inter præsentes*. Or, dans tout contrat, il ne suffit pas que la volonté des parties existe intérieurement, il faut de plus qu'elle soit exprimée et que chacune d'elle ait connaissance de la volonté de l'autre. *Inter præsentes*, cette connaissance s'acquiert par la parole ; entre absents, ce sont les lettres qui remplaceront la parole. Jusqu'à ce que l'auteur de l'offre ait eu connaissance de l'acceptation, cette dernière est comme un *propositum in mente retentum* (3).

---

(1) Savigny, *Op. cit.*, VIII, p. 254. — Zachariæ, *Droit civil*, § 343. Aubry et Rau, IV, p. 294. — Demolombe, *Des contrats*, nos 72 à 76.

(2) D., 1867, 2, 193.

(3) Pasquale Fiore, *Op. cit.*, no 247. — Merlin, *Répertoire*, Vo *vente*, § 1, art. 3, no 11 — Troplong, *De la vente*, I, no 22. — Pardessus, *Op. cit.*, no 250. — Massé, *Op. cit.*, no 578.

En résumé, dans les contrats par correspondance, c'est la loi du lieu où le contrat est devenu parfait, c'est-à-dire où l'acceptation est revenue au pollicitant qui déterminera si les lettres échangées constitueront une preuve suffisante, dans le cas où les parties ne s'entendraient pas dans la suite pour dresser un acte authentique ou privé.

Quant aux contrats qui se forment par mandataire ou par commissionnaire, ils interviennent *inter præsentes*, et par conséquent ils ne peuvent donner lieu à des difficultés : c'est la loi du lieu de l'acte qui en réglera la forme, conformément au droit commun.

LÉGISLATIONS QUI ONT CONSACRÉ LA RÈGLE LOCUS REGIT ACTUM.

Après avoir recherché l'origine et déterminé le domaine de la règle *locus regit actum*, il n'est pas sans intérêt de passer en revue celles des législations positives qui l'ont consacrée.

1° *Droit civil français*.

Le Code civil ne consacre pas l'adage en termes formels. Toutefois, nous savons déjà par ce que nous avons dit précédemment, qu'il ne l'a pas repoussé. L'article 5 du projet primitif du titre préliminaire l'avait d'abord formulé dans ces termes : « La forme des actes est réglée par les lois du pays dans lequel ils sont faits ou passés » (1).

---

(1) Locré, *Législat.*, 1, p. 380, art. 5. — Merlin, *Rép.*, V° *Loi*, § 6, nᵒˢ 7 et 8. — Fœlix, 1, 35.

Mais cette rédaction fut critiquée par le Tribunat qui craignît qu'on n'abusât dans la pratique de cette formule, et qu'on maintînt des actes dans lesquels les formalités habilitantes avaient été éludées. « De ce que les actes passés à l'étranger, disait le Tribunat, ne sont soumis qu'aux formes prescrites par les lois de ce pays, validerez-vous l'acte de mariage qu'un mineur irait faire exprès sans le consentement de son père, dans les pays italiques régis par le Concile de Trente, qui dispense de ce consentement et anathématise quiconque ose l'exiger ? » L'objection était facile à réfuter, car l'adage ne concerne que la forme extrinsèque des actes et non la capacité des parties, qui reste toujours sous l'empire de la loi nationale (art. 33). Mais le Tribunat persista, et sur son insistance, le Conseil d'Etat consentit à supprimer l'article relatif aux formes, mais il n'entra pas dans sa pensée de répudier une maxime que le Tribunat lui-même admettait (1). Nous trouvons d'ailleurs des applications du principe dans les articles 47, 170 et 999 du Code civil.

C'est de ces dernières dispositions que nous nous sommes inspirés pour déterminer l'étendue d'application de la règle *locus regit actum*.

2° *Droit belge*.

En Belgique, où notre Code civil est applicable, la loi hypothécaire de 1851, a apporté une modification aux règles que nous avons établies. La loi nouvelle, abrogeant

---

(1) Merlin, *Rép.*, V° *Loi*, § 6, n° 8.

l'article 2128, reconnaît entière validité aux hypothèques consenties à l'étranger sur un immeuble de Belgique, mais à la condition qu'elle sera consentie dans la forme authentique reconnue par le pays où l'acte a été reçu (art. 77 de la loi hypothécaire belge). Cette disposition est conforme à la théorie de M. Laurent, qui veut que l'acte authentique ne puisse être reçu à l'étranger qu'en la forme authentique, quand bien même la législation locale se contenterait de la forme sous seing-privé.

3° *Droit italien.*

Le législateur italien a reconnu d'une façon formelle la règle *locus regit actum* et rendu hommage au principe de la libre manifestation de la volonté des contractants, en la déclarant facultative pour les étrangers de même nationalité. L'article 9 des dispositions préliminaires du Code civil italien porte en effet : « Les formes extrinsèques des actes entre-vifs ou de dernière volonté sont déterminées par la loi du lieu où ces actes ont été faits. Il est toutefois au pouvoir des disposants ou contractants de suivre leur loi nationale, pourvu qu'elle soit commune à toutes les parties. »

Cette théorie est en tous points semblable à celle qui s'impose, à notre avis du moins, au regard de la législation française. La règle n'est facultative que dans le cas où les contractants sont de même nationalité, et c'est aux formes nationales qu'ils doivent faire retour quand ils refusent de se servir des formes locales. Le principe auquel l'adage fait exception se trouve donc dans l'idée de nationalité.

4° *Droit anglo américain.*

La règle *locus*, etc., est admise en Angleterre et aux Etats-Unis comme partout, et on l'applique aux actes sous seing-privé comme aux actes authentiques (1).

Toutefois, dans ces deux pays, on attache peu d'importance à notre règle, sans doute parce qu'elle n'est qu'une dépendance d'une règle plus générale, en vertu de laquelle le fond et la forme en matière d'obligations sont régis par la loi du lieu où le contrat se passe. Le réalisme domine dans ces législations ; pour elles, les personnes qui se trouvent sur un territoire et les actes qui s'y passent sont régis par la loi locale. Les juges anglais ne connaissent que la loi anglaise et ils l'appliquent aux étrangers qui se trouvent en Angleterre, sans tenir aucun compte même de leur statut personnel (2). On comprend dès lors que la règle *locus regit actum* soit absolue et s'applique non seulement aux formes de l'acte, mais à l'acte lui-même. Ainsi le veut le respect pour la loi territoriale. Cependant la loi locale peut être elle-même subordonnée à la loi de la situation des biens. Ainsi la loi anglaise exige un écrit pour la transmission des immeubles situés en Angleterre ; il suit de là que la vente de tels biens devra se faire par écrit, même dans un pays où cette exigence est inconnue. Si l'écrit n'est exigé que pour la preuve, la loi anglaise est en opposition avec la maxime

---

(1) Voir Laurent, II, p. 463, et les autorités qu'il cite en note.

(2) *Ibid.*, p. 138 et suiv.

locus, etc.; si, au contraire, il est exigé dans un intérêt social, pour assurer la stabilité de la propriété, il y a là une exception à la règle qui s'explique parfaitement, puisque les commodités des particuliers doivent fléchir devant l'intérêt général.

5° *Droit allemand.*

Le Code prussien dispose (part. I, tit. 5, § 111) : « La forme d'un contrat sera jugée d'après les lois du lieu où il a été passé. » Tel est le principe. Le § 115 y apporte une exception : « Dans tous les cas où le contrat a pour objet la propriété, la possession ou l'usufruit des biens immeubles, on observera, quant à la forme, la loi du lieu où la chose est située ». Cette disposition du droit prussien est trop absolue. La forme est en principe indépendante de l'objet de l'acte. Que l'objet de l'acte, quand c'est un immeuble, soit soumis à la loi de la situation, on le comprend sans peine, l'intégrité de la souveraineté l'exigeait ainsi. Mais la forme n'a pas de rapport avec l'objet ; elle n'a d'autre but que de fournir une preuve de l'opération juridique accomplie. La forme n'est réelle que dans le cas où la loi de la situation l'a prescrite dans un intérêt social, et c'est à cette hypothèse seulement que le § 115 aurait dû borner son application.

Nous renvoyons pour les autres lois qui consacrent la règle traditionnelle à l'ouvrage de Fœlix (I, p. 187 et s. de la quatrième édition).

DEUXIÈME PARTIE

Application de la règle locus, etc., aux différents actes juridiques.

Après avoir étudié notre règle au point de vue purement théorique, il faut maintenant en faire l'application aux différents actes juridiques qui rentrent dans le domaine du droit privé. Si nous devions nous borner à l'application des conclusions abstraites que nous avons antérieurement dégagées, nos développements ultérieurs seraient à peu près inutiles ou du moins ne constitueraient qu'un pur aperçu sur le droit comparé. Mais, bien que les règles que nous avons précédemment établies soient vraies en général, elles souffrent cependant des exceptions en ce qui concerne certains actes que des textes positifs ont réglementés. De plus, des difficultés peuvent aussi se présenter sur la question de savoir si les formalités ou quelques-unes des formalités extérieures qui accompagnent certains actes rentrent bien dans le statut des formes et partant sont soumises à notre règle, ou si au contraire elles appartiennent au statut réel ou au statut personnel. Il est donc indispensable de descendre de la théorie dans les détails et de rechercher, relativement à chacun des actes, quelles sont au juste celles de leurs formalités qui rentrent dans le statut des formes, quelles sont celles qui doivent lui échapper.

Deux voies peuvent nous conduire à ce but : ou bien

nous pouvons prendre un à un les différents actes juridiques et rechercher si leurs formes tombent sous le coup de l'adage, y dérogent partiellement ou lui sont complètement étrangères ; ou bien grouper les actes auxquels la règle s'applique, en éliminant au préalable tous ceux qui lui échappent dans une mesure quelconque.

La seconde méthode nous paraît préférable, parce qu'elle évite l'inconvénient qu'aurait la première de présenter une énumération monotone d'actes et de formes sans liens entre elles. Elle est aussi plus claire et plus scientifique.

Nous examinerons donc d'abord tous les actes dont les formes ne sont pas entièrement régies par la règle *locus regit actum*, soit parce que des textes spéciaux apportent, en ce qui les concerne, des dérogations à l'adage, soit parce que leurs formalités ou quelques-unes de leurs formalités appartiennent au statut personnel ou au statut réel. Nous ferons ainsi, relativement à ces actes, la part du statut des formes et la part des autres statuts. Cette délimitation exacte est indispensable, puisque si l'on permet l'empiètement d'un statut sur l'autre, on arrive à des conséquences diamétralement opposées à celles que veut réaliser le législateur.

Après avoir examiné les actes à propos desquels des difficultés s'élèvent, nous verrons ensuite ceux qui supportent l'application pure et simple de la maxime.

1° Actes à propos desquels le statut personnel est mêlé au statut des formes ;

2° Actes à propos desquels le statut réel est mêlé au statut des formes ;

3º Acte où le statut des formes est mêlé au statut personnel et au statut réel ;

4º Actes qui sont régis, quant à leurs formes, par un texte spécial ;

5º Actes auxquels notre règle s'applique purement et simplement.

Telle sera la division de la seconde partie de notre étude.

SECTION I.

Actes à propos desquels le statut personnel est mêlé au statut des formes.

On peut faire rentrer dans cette catégorie la légitimation, l'adoption, pour une hypothèse tout à fait exceptionnelle, et l'émancipation.

Légitimation. — En France, la légitimation ne peut avoir lieu que par le mariage subséquent des père et mère, et à la condition qu'il aurait été précédé ou accompagné d'une reconnaissance expresse de l'enfant naturel.

La légitimation par mariage subséquent est admise dans le droit commun de l'Allemagne. D'après l'article 1780 du Code civil de Saxe, elle résulte du mariage seul. L'article 331 du Landrecht badois, reproduit l'article 331 du Code civil.

A côté de ce mode on en rencontre un second, c'est la légitimation par rescrit du prince ; il est admis en Prusse et en Saxe (Landrecht, p. II, t. II, art. 601 ; Code civil de Saxe, art. 1783), et dans la plupart des contrées soumises au droit commun. Il a été introduit en Prusse rhénane par ordonnance du 6 novembre 1827 (1).

En Italie, l'enfant naturel peut être légitimé non seulement par mariage subséquent (art. 197), mais aussi par décret royal et par décision de l'autorité judiciaire (art. 199 et suiv.).

En Espagne, on admet également la légitimation par mariage subséquent et par rescrit du prince (2).

La loi russe admet la légitimation par oukase seulement (3).

Enfin la loi anglaise exige un acte du Parlement.

Adoption. — Chez nous, elle nécessite une procédure à tr.is degrés, sauf dans le cas exceptionnel de l'article 366. Les parties doivent exprimer leur consentement devant le juge de paix ; le tribunal de première instance décide s'il y a lieu ou s'il n'y a pas lieu à l'adoption, enfin la Cour d'appel confirme ou réforme le jugement du tribunal de première instance (art. 359 et s.).

En Italie, au contraire, les parties s'adressent directement au président de la Cour d'appel, devant lequel elles doivent exprimer leur consentement et la Cour apprécie (art. 213 à 219).

Dans le droit germanique, l'adoption doit être autorisée suivant les pays par le souverain, par l'autorité tutélaire supérieure ou par les tribunaux.

____

(1) *Annuaire de législat. étr.*, 1876, p. 226, note 3.
(2) Lehr, *Droit civil espagnol*, p. 135.
(3) Lehr, *Droit civil russe*, p. 77 et 78.

Quelques pays de l'Allemagne, notamment la Franco-
nie, la Souabe, les contrées rhénanes, connaissent, sous le
nom de *Einkindschaft*, une institution spéciale, en vertu
de laquelle l'épouse qui se remarie ayant des enfants d'un
premier lit, place ces enfants par rapport à son second
époux, dans les mêmes rapports de paternité et de filiation que s'ils étaient issus en réalité du nouveau mariage.
Le code autrichien la définit, le pacte par lequel des
enfants de lits différents sont placés sur la même ligne,
quant à la succession des contractants (1259) (1).

En Espagne, on distingue l'arrogation et l'adoption.
La première suppose que l'adopté est affranchi de la
puissance paternelle ; elle nécessite l'autorisation du roi.
Pour la seconde, l'homologation des tribunaux suffit (2).

En Russie, des formes particulières sont exigées, suivant qu'il s'agit d'une adoption par les nobles, par une
personne de la classe des marchands, ou par des bour-
geois et habitants des campagnes (3).

Cette diversité de formes soulève relativement à ces
deux actes des conflits de législation ; mais les principes
généraux que nous avons développés antérieurement ne
suffisent pas à les trancher tous : il faut y joindre d'autres règles.

Dans toutes les législations, des formes solennelles
étant nécessaires pour l'adoption, aucune difficulté ne

____

(1) Lehr, *Droit civil germanique*, p. 378, 379, note 1.

(2) Lehr, *Droit civil espagnol*, p. 136 et suiv.

(3) Lehr, *Droit civil russe*, p. 87 et 88.

s'élève relativement à cet acte et tout le monde est d'accord pour reconnaître la suffisance des formes locales (1). Il n'y aurait donc rien à dire sur l'adoption, si l'institution connue sous le nom d'*Einkindschaft* n'appelait une observation particulière. Les Français résidant dans les pays où elle est en usage, ne pourraient recourir à cette clause en prétendant qu'elle n'est qu'une sorte d'adoption par l'un des époux des enfants de son conjoint, car ils violeraient l'article 1389 de notre Code civil, qui a eu précisément pour but d'exclure la clause d'affrérissement. Cet article est une règle de capacité qui suit le Français à

***

(1) M. Laurent, toutefois, soutient que les Français ne pourraient conclure un contrat d'adoption à l'étranger. Cela tient, d'après lui, à ce que l'adoption est un acte de l'autorité souveraine française, laquelle ne peut être suppléée par l'autorité étrangère. C'est pour cela qu'exceptionnellement le pouvoir judiciaire intervient ici à la place du notaire ou de l'officier de l'état civil. Il faut donc en conclure que l'adoption hors de France est impossible entre Français, car en supposant même que les formes étrangères soient analogues aux formes françaises, l'autorité étrangère ne pourrait remplacer notre autorité nationale. (Laurent, *Op. cit.*, VI, p. 68 et s.).

Il est bien vrai que dans la pensée du premier Consul l'adoption devait être un sacrement politique, mais cette idée, M. Laurent le reconnaît, fut abandonnée, et on ne peut pas conclure du seul fait de l'intervention de l'autorité judiciaire dans l'acte au caractère politique de l'adoption. Le notaire, l'officier de l'état civil, eux aussi, sont des représentants de l'autorité souveraine, ils parlent en son nom, pourquoi dès lors ne pas admettre la même conséquence relativement à tout acte où ils figurent? En réalité, les formes particulièrement solennelles de l'adoption s'expliquent par la gravité particulière de l'acte.

A propos de l'adoption, se pose une question. Les jugements étrangers décidant qu'il y a lieu à l'adoption, soit au profit d'un Français, soit au profit d'un étranger, doivent-ils être rendus exécutoires en France? Si l'on décide l'affirmative, la règle *locus regit actum* ne s'appliquera pas entièrement, puisque l'acte passé hors de France ne pourra pas être invoqué *de plano*. Il faut admettre la négative, parce qu'il ne s'agit ici ni de débat, ni de demandeur, ni de défendeur, ni d'exécution forcée, mais uniquement d'un contrat reçu par l'autorité judiciaire, faisant acte de juridiction gracieuse.

l'étranger et qu'il importe de dégager de la règle *locus regit actum*. Il s'agit en effet d'une question de filiation et de parenté, et les parties ne peuvent transformer par des conventions l'état qui leur est attribué par la loi.

Passons à la légitimation. Les formes qui l'entourent sont-elles une dépendance de l'adage? Sont-elles soumises, au contraire, aux lois de capacité? Il suffit d'un court examen pour se convaincre qu'elles ne tombent pas sous le coup de la règle *locus*, etc. Le législateur, en effet, ne se préoccupe pas seulement de savoir dans quelles formes la légitimation peut avoir lieu, mais surtout à quelles conditions on pourra la réaliser, et ces conditions il les détermine rigoureusement : c'est d'abord le mariage des père et mère, parce qu'alors seulement se trouve réparé l'outrage fait à l'institution du mariage ; c'est aussi la reconnaissance de l'enfant au plus tard au moment du mariage, parce que la reconnaissance pendant le mariage pourrait déguiser une adoption. Or, rechercher si on peut légitimer ou être légitimé, c'est résoudre une question de capacité. Il découle deux conséquences de cette idée : 1° le Français à l'étranger ne pourra légitimer ses enfants naturels que par mariage ; il ne pourrait recourir aux autres modes de légitimation admis par la loi locale, c'est-à-dire à un rescrit du prince, ou à une décision de l'autorité judiciaire. En ce qui concerne les formes du mariage et de la reconnaissance, la règle *locus regit actum* reprendra son empire. Ainsi la reconnaissance sera valablement contenue dans un acte sous seing-privé. Quant au mariage, il pourra être conclu dans la forme civile ou religieuse, ou même résulter du simple consentement (1) ; 2° la reconnaissance ne pourrait pas être faite postérieurement au mariage, bien que la loi locale le permette, comme en Italie et en Espagne ; c'est la loi française qui règle la capacité de ses nationaux et elle exige une reconnaissance antérieure ou concommittante à l'acte.

En sens inverse, un étranger légitimé dans son pays, par rescrit du prince ou par un acte judiciaire, pourrait se prévaloir chez nous de cette légitimation, bien que notre Code ne la reconnaisse pas. Il n'y aurait d'exception à cette règle qu'autant que la légitimation conférée à l'étranger blesserait l'ordre public français, quand, par exemple, on s'en prévaudrait pour réclamer une filiation adultérine ou incestueuse (2).

De même, puisqu'en Espagne et en Italie la reconnaissance peut avoir lieu pendant le mariage des père et mère, on ne pourrait objecter chez nous aux Italiens et aux Espagnols légitimés de cette façon, que la loi française ne la reconnaît pas (3).

En ce qui concerne l'émancipation, il faut distinguer selon qu'elle a lieu par le mariage du mineur ou par une déclaration de volonté du père.

Dans le premier cas, l'émancipation est un effet du mariage et, à ce titre, elle fait partie du statut personnel.

---

(1) *Contra*, Paris, 2 août 1876. Clunet, 1877, p. 230.
(2) Paris, 11 fév. 1808 (Sir., 1809, I, p. 377), joint à l'arrêt de cassation.
(3) Cass., 20 janv. 1879 (D., 79, I, 107).

C'est donc le statut national du mineur qui décidera s'il est ou non émancipé quand il se marie. Est-il régi par la loi romaine qui ne reconnaît pas l'émancipation par mariage, il restera sous la puissance de son père, D'après le Code civil, au contraire, il serait émancipé, quand bien même il se marierait dans un pays qui ne reconnaît pas ce mode d'émancipation. Quant à la forme du mariage, elle est soumise à la règle *locus*, etc.

Dans le second cas, au contraire, il y a lieu à l'application pure et simple du statut des formes. Notre Code exige une déclaration de volonté ; peu importe le mode, authentique ou privé, sous lequel elle se sera produite, la forme étrangère suffira (1).

<h2 style="text-align:center">SECTION II.</h2>

Des actes où il y a lieu de faire la part du statut des formes et du statut réel.

Il y a lieu d'appliquer distributivement le statut réel et le statut des formes dans tous les actes où des formalités ont été édictées par le législateur d'un pays dans l'intérêt des tiers, pour porter à leur connaissance ces actes qui les intéressent et par conséquent favoriser le crédit public et privé. Il en est ainsi dans les actes translatifs de droits réels immobiliers et de certains droits mobiliers, tels que la cession de créance et le contrat de gage.

---

(1) *Contra,* Laurent, VI, p. 114 et 115.

Dans chacun de ces actes, il faut distinguer avec soin l'*instrumentum* proprement dit, c'est-à-dire la forme extérieure destinée à conserver le souvenir de la volonté des contractants, et les éléments qui poursuivent un autre but, à savoir l'intérêt du crédit.

A l'*instrumentum*, on appliquera la règle *locus regit actum* en principe. Les parties pourront donc se servir soit des formes locales, soit de leurs formes nationales suivant les règles que nous avons précédemment établies. Rappelons toutefois les dispositions des lois anglo-américaine et prusienne qui font fléchir le statut des formes devant le statut réel quand l'objet de l'acte est un immeuble. D'après elle, c'est la *lex rei sitæ* qui détermine les formes du contrat.

Quant aux formalités édictées dans l'intérêt des tiers et du crédit, c'est la *lex rei sitæ* qui les règle, et c'est à elle qu'il faut se conformer pour faire valoir efficacement ses droits sur l'objet de l'acte. C'est qu'en effet tout ce qui touche à l'organisation de la propriété de la possession est sous l'empire de la loi territoriale.

Faisons l'application de ces principes aux actes translatifs de propriété en général, à la cession de créance et au contrat de gage.

Actes translatifs de droits réels immobiliers et mobiliers. — L'*instrumentum*, c'est-à-dire l'écrit destiné à constater l'accord des volontés, sera donc régi, quant à ses formes, par notre adage. Quant aux effets de l'acte, qu'ils consistent dans une translation de la propriété ou dans un simple lien d'obligation, nous n'avons pas à nous en occuper.

Les formalités auxquelles sont subordonnés ces effets, soit à l'égard des parties, soit à l'égard des tiers seront sous l'empire de la loi de la situation. Si la tradition est nécessaire d'après la *lex rei sitæ*, conformément au principe romain, l'acheteur, malgré la disposition contraire de la loi du contrat, aura seulement une action personnelle contre le vendeur et ses héritiers, tant que la tradition n'aura pas été effectuée. Jusque-là, il n'aura aucune action réelle, il pourra seulement faire contraindre le vendeur à lui livrer la chose. Ce principe est vrai tant pour les immeubles que pour les meubles. Si au contraire la tradition n'est pas nécessaire et que la propriété soit transférée par le simple consentement dans le lieu de la situation, ce qui arrive en France (art 1138), en Belgique, où notre Code est en vigueur, et en Italie (art. 1125), le simple consentement des parties sera suffisant pour produire cet effet, quelle que soit la loi du lieu où il est intervenu. En un mot, les formalités prescrites par la loi de la situation sont suffisantes, mais elles sont nécessaires. Ainsi supposons qu'un Français vende en France des marchandises à un individu de la Louisiane. L'objet vendu se trouvait, par hypothèse, dans un port de France au moment de la vente. Bien que d'après la loi de la Louisiane, la tradition soit nécessaire pour la translation de propriété des choses mobilières, l'acquéreur n'en sera pas moins devenu propriétaire dès le jour du contrat. Et si un créancier du vendeur voulait saisir les objets vendus à leur arrivée dans le pays de l'acquéreur, sous prétexte que la tradition n'a pas été faite, il serait renvoyé de sa demande ; car c'est la *lex rei sitæ* qui doit s'appliquer, et d'après cette loi, la propriété ayant été transférée dès l'instant du contrat, les créanciers du vendeur ne pourraient plus traiter les marchandises vendues comme leur gage. On arriverait à une solution opposée si le marché s'était passé en Louisiane, et que l'objet du contrat se fût trouvé dans ce pays (1).

En France, si le simple consentement suffit pour transférer la propriété de tout objet mobilier *inter partes*, il n'en est pas de même à l'égard des tiers, en matière immobilière du moins. Il faut qu'au consentement se joigne une formalité destinée à rendre publique l'aliénation, à savoir la transcription. Il en est de même en Italie (1147, 1932) et en Belgique (Loi du 13 décembre 1851).

Dans d'autres pays, au contraire, la tradition suffit *erga omnes* (2). En Angleterre, un acte écrit rédigé par les parties est nécessaire, mais suffisant pour produire ce double effet (3). En Allemagne et en Autriche, pour que la propriété soit transférée, tant à l'égard des parties qu'à l'égard des tiers, il faut une investiture spéciale. Les contractants se présentent devant un fonctionnaire de l'ordre judiciaire et font inscrire leur acte sur le registre foncier (4).

Les conflits qui naissent de cette diversité seront toujours tranchés par la loi de la situation. Ainsi, les parties

---

(1) Fiore, p. 515 et suiv.

(2) *Id.*, p. 348.

(3) *Ann. de lég. étr.*, 1881, p. 8.

(4) *Id.*, 1873, p. 215. — Loi du 5 mai 1872 pour l'Allemagne. — *Légis. comparée*, V, p. 343. — Loi du 25 juil. 1871 pour l'Autriche.

qui vendraient en Angleterre un immeuble de France, ne pourraient pas se contenter d'un simple acte écrit. Le contrat ne serait pas opposable à l'acheteur qui aurait acquis l'immeuble postérieurement à la première vente et qui aurait fait transcrire en France son titre d'acquisition.

Ces règles sont applicables non seulement aux translations de propriétés, mais aussi aux constitutions de droits réels et d'hypothèques.

En un mot, dans tout contrat translatif de propriété ou de droits réels, il faut distinguer deux choses : l'accord des volontés et les formalités prescrites pour la publicité de l'acte. L'écrit qui constate l'accord des volontés est régi par la maxime *locus*, etc. Quant aux formalités nécessaires pour la translation de la propriété et pour la publicité de l'opération, c'est la *lex rei sitæ* qui les régit, et c'est au lieu de la situation qu'elles doivent être remplies. C'est là, en effet, que les tiers iront se renseigner sur la question de savoir si la chose était la propriété de l'aliénateur, si elle était libre entre ses mains ou si elle était déjà grevée et dans quelle mesure. Or, il y a là une question de propriété qui rentre dans le statut réel.

Du gage. — Nous retrouvons, à propos de ce contrat, la distinction que nous venons de faire.

Quant à la constitution du droit de gage, on jugera de sa validité d'après la loi sous l'empire de laquelle elle a eu lieu. Mais le créancier ne pourrait faire valoir son droit dans le lieu où se trouve la chose, à l'encontre des autres créanciers, qu'autant qu'il aurait rempli toutes les conditions prescrites par la *lex rei sitœ*, dans l'intérêt de ces derniers.

Il y aura donc lieu de considérer le gage sous un double aspect : en tant que contrat opposable au débiteur ou au constituant ; en tant que privilège opposable aux tiers.

Ainsi, dans les pays régis par le droit romain, le gage d'une chose corporelle peut être constitué par convention, par disposition de dernière volonté, par autorité du magistrat ou de la loi (1).

En France et en Italie, le gage dérive d'un contrat par lequel un débiteur remet une chose mobilière à son créancier pour sûreté de la dette (2071 et 2072, C. civ. franç. — 1878, C. civ. ital.). La tradition est donc indispensable pour qu'il y ait contrat de gage, mais elle n'est pas suffisante quand l'objet donné en gage est supérieur à 150 francs ; il faut, de plus, pour que l'acte soit opposable aux tiers, qu'il ait été dressé un écrit public ou sous-seing privé, dûment enregistré, contenant la déclaration de la somme due, ainsi que l'espèce ou la nature des choses remises en gage (2074, C. civ. franç. — 1880, C. civ. ital.).

Si donc la constitution avait été valablement faite dans un pays où la tradition n'est pas exigée, le créancier, en l'absence de tradition, ne serait pas admis à exercer, en France ou en Italie, si la chose y avait été transportée, l'action *pignoratitia ;* car il s'agit ici d'une action intéressant la propriété et la possession, laquelle doit réunir

____

(1) Fiore, p. 368.

toutes les conditions prescrites par la loi du lieu où l'on veut l'exercer. La règle *locus regit actum* céderait ici devant le statut réel, parce qu'il ne s'agit pas seulement de la forme extérieure du contrat, mais aussi de ses effets.

A l'inverse, si le gage avait été constitué dans un pays régi par le droit romain, d'après l'un des modes précités, et que la tradition ait été faite, le contrat de gage serait parfait en France, *inter partes* du moins. Le débiteur, par exemple, ne pourrait demander au créancier la restitution des choses engagées, sous prétexte que nos lois ne reconnaissent pas la constitution du gage par acte de dernière volonté, par exemple, car c'est la loi du lieu de l'acte qui régit ses formes.

Mais, à l'égard des tiers, un tel acte n'aurait de valeur qu'autant que toutes les garanties exigées par l'article 2074 se trouveraient réunies, car il ne s'agit plus ici d'une question de forme extérieure des actes.

Enfin si, par impossible, il se trouvait des pays où il fut suffisant d'établir l'accord des volontés du débiteur et du créancier, pour que le gage fût opposable aux tiers, il ne s'élèverait plus de conflits entre le statut réel et notre adage ; celui-ci deviendrait seul applicable.

En ce qui concerne le gage des choses incorporelles, c'est-à-dire des créances, des formes spéciales sont encore exigées par les législateurs français et italien (art. 2075, C. civ. franc. ; art. 1881, C. civ. ital.), il faut que l'acte de constitution ait été signifié au débiteur. Dans d'autres législations, au contraire, cette notification n'est pas nécessaire. En Angleterre, par exemple, elle n'a d'autre but que de faire connaître au débiteur la personne entre les mains de laquelle il doit payer. D'après le droit du Massachussets, la simple remise du titre suffit pour donner naissance au privilège du créancier (1). Si un individu de ce dernier pays donne en gage une créance exigible contre un Français, sans faire la notification, et qu'un tiers créancier français saisisse la créance, lequel des deux, du gagiste ou du saisissant, devrait être préféré ? Les uns veulent s'en référer à la loi du créancier pour savoir si la notification était nécessaire, parce que, disent-ils, la créance est une chose mobilière possédée par le créancier. D'autres, veulent appliquer la loi du domicile du débiteur (2). En réalité, cette discussion est oiseuse. Comme la créance n'est exigible qu'au domicile du débiteur, l'étranger ne pourra faire valoir le gage qu'autant qu'il aura été constitué, conformément à la loi du débiteur, c'est-à-dire qu'il résultera d'un acte écrit et que la notification aura été faite. L'intérêt des tiers français commande cette solution.

Voilà pour le gage civil ; quant au gage commercial, comme il s'établit *erga omnes* par tous les moyens (art. 91 et 109 du Code de commerce), on se trouverait uniquement en cette matière en face de la règle *locus*, etc.

Cession de créances. — Selon notre droit, le transport de la propriété d'une créance s'opère entre les parties par le seul consentement. Il n'est pas nécessaire, pour que cet effet se produise, que le débiteur intervienne,

---

(1) Fiore, p. 371.

(2) Voir Fiore et les auteurs qu'il cite, p. 371.

ni que la possession de la créance soit transférée au moyen de la livraison du titre qui la prouve.

Le transport, au contraire, n'est opposable aux tiers et au débiteur qu'autant qu'il a été notifié à ce dernier ou que ce dernier l'a accepté dans un acte authentique (Cod. civ. franc., 1690).

Il en est de même en Italie (Cod. civ., 1538, 1540) et dans la législation écossaise (1).

Au contraire, selon les lois anglaises et d'après le droit du Massachussets, la cession est translative de propriété *erga omnes*, indépendamment de toute notification. Celle-ci n'a d'autre but que de faire connaître au débiteur la personne à laquelle il doit payer.

Si donc on suppose qu'une créance d'un Anglais, exigible en France contre un Français, ait été cédée en Angleterre, quelles formes aura-t-on dû employer ?

En ce qui concerne l'*instrumentum*, le mode de constatation du transport, c'est la règle *locus regit actum* qui s'appliquera. En France, tout acte d'un objet supérieur à 150 fr., exige la rédaction d'un écrit ; en Angleterre, on se contente dans tous les cas de la preuve par témoins ; la cession pourra donc se prouver en France par témoins, puisqu'elle est intervenue en Angleterre (2).

Mais en ce qui concerne la formalité de la notification, sera-t-elle nécessaire pour que la cession soit en France opposable aux tiers ? Est-ce la loi française qu'il faut

____

(1) *Id.*, p. 519, note 2.
(2) Voir page 257.

appliquer ? Est-ce au contraire la loi anglaise ? La question est intéressante, si l'on suppose qu'une saisie de la créance a été opérée en France avant la signification de la cession, car, suivant qu'on adopte la première ou la seconde loi, le conflit se tranchera au profit du saisissant ou au profit du cessionnaire.

Certains auteurs veulent appliquer la loi du domicile du créancier, parce que la créance étant dans la possesion de celui-ci, il est plus naturel de la localiser à son domicile qu'au domicile du débiteur (1). Dans ce système, c'est le cessionnaire qui sera préféré.

La solution contraire nous paraît préférable, et cela parce que la créance est toujours exigible au domicile du débiteur. C'est là que les cessionnaires successifs ou les saisissants viendront agir ; or, dans l'espèce, la loi du débiteur a établi des formalités dans l'intérêt des tiers et du crédit public et privé pour que la cession fut opposable à ceux qui étaient intéressés à la contester. Ces règles sont d'ordre public et appartiennent par conséquent au statut réel.

Il résulte de là que le cessionnaire ne peut prétendre être préféré au saisissant, quand il n'a pas fait la notification ou qu'il ne l'a faite qu'après la saisie : son seul droit, c'est de demander la part de la créance qui n'a pas été frappée de saisie. Pour le surplus, sa signification valant opposition, il viendra au marc le franc avec le saisissant. Toutefois, la notification rendant le transport opposable au tiers, les saisissants postérieurs n'auront

---

(1) Fiore, p. 520, et note 3, rapporte cette opinion.

aucun droit sur la part compétant au cessionnaire dans la répartition faite entre lui et le premier saisissant. « Mais comme ce dernier sera tenu d'admettre les nouveaux saisissants au partage de son propre dividende, il aura le droit de réclamer au cessionnaire qui n'est à son égard qu'un créancier opposant; la bonification de la différence en moins entre la somme qu'il recevra par suite de ce partage et celle qu'il aurait obtenue, si la totalité de la créance avait été proportionnellement répartie entre lui, le cessionnaire et les nouveaux saisissants » (1).

On peut également rattacher à cette section la question de savoir quelle loi doit régir les formes de l'acte constitutif d'une société, et des différents actes de la faillitte.

Si une société se fonde dans un pays, il faudra distinguer suivant qu'elle doit ou non former une personne morale.

Dans le cas où la société ne forme pas une personne morale, il y a simple contrat entre les différents associés, lequel se constate et se prouve d'après les règles ordinaires. Deux Français voulant fonder entre eux une société civile à l'étranger, pourront donc indifféremment recourir aux formes locales ou aux formes nationales pour la constater, pourvu du moins que l'ordre public du pays ne s'oppose pas à l'emploi des formes françaises.

Si la société forme une personne morale, sa nationa-

___

(1) Zachariæ, T. III, p. 310, 311, § 359 *bis ;* Troplong, *vente,* nᵒ 926 Marcadé, art. 1690, nᵒ 3. — Cassat., 18 juin 1843 (Sir., 1843, I, 908). — Fiore, p. 522.

lité, comme sa personnalité, est alors indépendante de celle des membres qui la composent. Elle prend la nationalité du pays dont le souverain l'a autorisée (1) ou dont elle a respecté la loi dans les conditions qu'elle impose pour la formation des sociétés. Ces conditions remplies, la société est revêtue d'une existence et d'une nationalité propres. Quand donc postérieurement on voudra constater l'existence de la société au moyen d'un acte écrit, l'*instrumentum* qu'on rédigera sera soumis à la loi nationale de la société.

Si, par exemple, une société se fonde en France, c'est la loi française qui règlera ses conditions d'existence, peu importe la nationalité de ses fondateurs. Les formalités et conditions imposées par la loi dans l'intérêt du crédit public français devront être respectées, parce qu'elles appartiennent au statut réel (lois de police et de sûreté). Ces conditions remplies, l'acte destiné à constater la formation, doit être rédigé dans la forme française, c'est-à-dire dans la forme du pays auquel appartient la société, quand bien même tous les associés seraient Allemands ou Anglais.

Quant à la question de savoir si une société étrangère peut opérer en France, elle est en dehors de la règle *locus regit actum*. Sans doute, on peut en principe invoquer dans tout pays un acte valablement reçu dans un autre, mais il ne s'agit pas ici d'une simple question de forme ; à la question de forme s'ajoute en effet une question de capacité ; et qu'on ne réponde pas qu'une personne

___

(1) Fiore, p. 368.

capable dans son pays, doit être regardée comme capable partout, car cette règle s'arrête quand l'ordre public du pays où l'on s'en prévaut est en jeu. Or, l'ordre public de chaque pays veut que les sociétés qui opèrent chez lui soient constituées d'après ses propres lois.

Une société ne pourrait donc, en principe, argumenter d'un acte de constitution conforme à la loi de tel ou tel pays et de l'accomplissement de toutes les formalités exigées par la loi de ce pays, pour vouloir opérer dans un autre.

Toutefois, dans le cas très fréquent en fait, où les législations positives auraient fait fléchir ce principe (1), c'est à la loi d'origine de la société qu'il faudra demander si toutes les conditions requises pour l'existence et la preuve de celle-ci sont réunies.

En matière de faillite, il y aura lieu de faire l'application de l'adage, quand les créanciers invoqueront contre le failli, lors de la vérification des créances, des droits nés dans un pays différent de celui de la faillite. L'*instrumentum* qui les constatera, sera suffisant, s'il a été reçu conformément aux lois du lieu de l'acte.

Quant aux divers jugements qui interviennent au début et dans le cours de la procédure, quant à la procédure elle-même, ils seront évidemment réglés par la loi territoriale (v. p. 198). Ces formalités rentrent toutes dans le

---

(1) C'est ce qui a lieu presque partout pour les sociétés commerciales en nom collectif, et c'est ce qui a lieu dans beaucoup de législations pour les sociétés anonymes et en commandite, en vertu de traités internationaux ou de textes spéciaux.

statut réel, puisque c'est au nom du souverain du pays qu'on les exécute. Ces jugements peuvent-ils être invoqués et rendus exécutoires en tous pays, c'est un point qui se rattache aux questions plus générales de savoir quelle est l'étendue des effets de la faillite et comment les jugements peuvent être rendus exécutoires en pays étrangers. Tous ces points sont sans rapport avec notre adage.

Ces dernières observations s'appliquent à la procédure et aux jugements en général, aux jugements déclarant une absence ou prononçant une interdiction totale ou partielle.

SECTION III.

Acte à propos duquel il y a lieu de faire part du statut des formes, du statut réel et du statut personnel.

L'acte à propos duquel les trois statuts se trouvent engagés, est le contrat de mariage, en tant qu'il vise les relations pécuniaires des époux.

En France, le contrat de mariage doit se faire par acte notarié (art. 1394). Il en est de même en Italie (art. 1382). Dans plusieurs cantons suisses, au contraire, et dans les échelles du Levant, on se contente de la forme sous seing-privé.

Nous appliquerons, sans hésiter, la maxime *locus regit actum* aux formes du contrat, c'est-à-dire à l'*instrumentum* où se trouvent relatées les conventions des époux. Les Français, qui pourront recourir aux consuls de leur nation, pourront donc également se servir des formes locales, même si elles sont sous seing-privé. C'est une conséquence de la solution donnée précédemment à la question de savoir si l'adage s'applique aux actes authentiques. Nous avons vu la controverse très vive qui s'élève sur ce point. Les formes du contrat de mariage, dit-on, sont d'ordre public ; la rédaction de l'acte par devant notaire, garantit la sincérité de sa date et sa conservation : elle intéresse donc les tiers. Non, ces formes ont un autre but. Si l'on avait uniquement voulu assurer la certitude de la date et la conservation de l'acte, l'enregistrement et le dépôt chez un notaire auraient suffi ; ce que le législateur a voulu, c'est protéger les parties et éclairer leurs volontés ; or, ce sont là des raisons purement relatives et qui n'ont de valeur que dans l'intérieur même du territoire.

La jurisprudence a consacré notre opinion sur cette matière (1) ; mais des difficultés spéciales s'élèvent à propos de ce contrat ; l'une est soulevée par la loi du 10 juillet 1850 et l'article 67 du Code de commerce ; l'autre surgit à propos des articles 1394 et 1395 du Code civil.

Voyons d'abord la première. La loi de 1850 enjoint à l'officier de l'état civil d'interpeller les époux sur la question de savoir si oui ou non ils ont fait un contrat, et, dans le cas de l'affirmative, il doit énoncer dans l'acte de mariage la date de ce contrat, ainsi que les noms et lieu de résidence du notaire qui l'a reçu (art. 76, C. civ.). Ces formalités ont été établies dans l'intérêt des tiers ; elles

---

(1) Cas., 18 av. 1865 (D., 65, 1, 342). — Dalloz, *Répert.*, V⁰ *Contrat de mar.*, n° 271. — Troplong, n° 188. — Pasquale Fiore, n° 329.

ont pour but de les mettre à même de se renseigner sur la situation des époux, sur la nature de leurs conventions et sur la capacité ou l'incapacité de la femme. La sanction de leur inobservation consiste tantôt dans une amende à l'adresse de l'officier de l'état civil ou du notaire, tantôt dans l'impossibilité pour la femme de se prévaloir de l'incapacité dont elle est frappée sous le régime dotal.

L'article 67 du Code de commerce prescrit également, dans l'intérêt des tiers et pour les éclairer, la publication du contrat de mariage des commerçants.

Eh bien ! la jurisprudence, tirant une conséquence remarquable de la règle *locus*, etc., a décidé que le Français se mariant à l'étranger était dispensé de l'accomplissement de ces formalités, et que la femme pouvait se prévaloir de son incapacité de femme mariée sous le régime dotal, contre les tiers qui auraient contracté avec elle (1).

Il subsiste cependant quelque doute sur la vérité de cette doctrine, parce qu'il s'agit ici de formalités établies dans l'intérêt des tiers, poursuivant la protection du crédit public et privé, et appartenant à ce titre au statut réel. Sans elles, le contrat de mariage est bien valable *inter partes,* il peut même être opposé aux tiers qui ont contracté avec les époux dans les pays étrangers où ces formalités ne sont pas exigées, mais doit-il en être de même à l'égard des tiers français qui ont contracté en France avec les époux de retour dans leur patrie ?

---

(1) Rennes, 4 mars, 1880 (D., 80, 2, 210 et suiv.).

En faveur de la jurisprudence, on peut dire que le Français à l'étranger était dans l'impossibilité de se conformer aux prescriptions de la loi de 1850 et de l'article 67 du Code de commerce.

Mais cette allégation n'est pas sans réponse ; car rien n'empêche le Français, de retour à son domicile, d'opérer la transcription de son contrat de mariage sur les registres de l'état civil, conformément à l'article 171, et de faire en même temps la déclaration prescrite par la loi de 1850. Rien ne l'empêche non plus, s'il est commerçant, de rendre public son contrat de mariage dans les termes de l'article 67.

Cette dernière obligation est imposée aux termes de l'article 69, à l'époux séparé de biens ou marié sous le régime dotal, qui embrasserait la profession de commerçant postérieurement à son mariage. Pourquoi le Français, de retour en France, échapperait-il à cette obligation ? N'est-il pas en France et à l'égard des tiers qui l'entourent, dans le cas de l'individu qui embrasse le commerce après avoir fait un contrat de mariage non publié ? Les motifs de rendre public tout contrat de mariage ne se retrouvent-ils pas ici ?

Malgré ces raisons, la jurisprudence semble à l'abri de toute critique, parce que les tiers ont pu savoir indirectement que les époux ne s'étaient pas mariés en France et se douter que leur régime matrimonial n'était pas le régime de communauté. Les actes de l'état civil français, qu'ils ont pu et dû consulter, s'ils sont prudents, ne leur révélant pas l'existence d'un mariage, ils ont dû se refuser à contracter avec les deux époux, avant d'être exactement renseignés sur le lieu de leur mariage et sur la nature de leurs conventions matrimoniales. Ils se trouvent, dans ce cas, dans une situation analogue à celle qu'a voulu leur faire la loi de 1850, c'est-à-dire dans le doute, sur la capacité de la femme ; à·eux de se faire une certitude en exigeant, au préalable, la reproduction du contrat. Dans tous les cas, le but de la loi se trouve atteint, puisque les tiers sont indirectement mis en garde ; et, d'autre part, les Français mariés à l'étranger ne sont pas en faute, puisque l'article 171, dans l'opinion dominante du moins, ne leur fait pas un devoir de faire transcrire leur acte de mariage.

La seconde difficulté s'élève à propos des articles 1394 et 1395. Il résulte de ces textes que les conventions matrimoniales doivent être passées avant le mariage, et qu'après sa célébration elles deviennent irrévocables. L'article 1385, du Code italien, contient une disposition analogue, mais il est d'autre pays où des règles contraires se rencontrent, comme aujourd'hui encore en Espagne et autrefois en Toscane.

Il est alors intéressant de savoir si la loi qui permet ou interdit de stipuler le contrat après la célébration se réfère à la capacité ou à la forme.

Si c'est une loi de capacité, elle suit le Français à l'étranger (art. 3-3), et les articles 1394 et 1395 s'imposent à lui, quand bien même la législation locale reconnaît d'autres règles.

Si c'est une loi de forme, le Français peut faire son contrat après le mariage, si la législation locale le permet, car la maxime *locus regit actum* trouve ici son application.

La jurisprudence a consacré cette dernière opinion.
D'après ses arrêts, nos articles contituent une loi de
forme (1). La Cour de cassation a fait application de cette
idée à un contrat de mariage passé en Toscane avant que
ce pays soit régi par le droit italien.

Il vaut mieux voir dans le principe de l'immutabilité
des conventions matrimoniales une règle de capacité. Le
législateur, en effet, ne recherche pas dans quelles formes des contrats de mariage peuvent être faits, mais si
des conventions matrimoniales peuvent être dressées. Il
fait de même dans l'article 472, quand il recherche les
circonstances nécessaires pour qu'un traité puisse intervenir entre le tuteur et le mineur devenu majeur ; et
dans l'article 909, quand il détermine le temps pendant
lequel les médecins, etc., ne pourront recevoir de donations de leurs malades (2).

Cette solution n'est pas douteuse, quand c'est un Français qui se marie hors de France. Mais en sera-t-il de
même quand c'est une Française ? Si elle épouse un Français, la solution ne change pas ; mais si elle épouse un
étranger, il en est autrement, parce qu'elle perd sa nationalité d'origine, et partant se trouve soumise aux lois
de sa nouvelle patrie.

Supposons maintenant qu'un étranger fasse son contrat
de mariage en France. Puisque les lois concernant le
temps dans lequel les conventions matrimoniales peuvent être faites sont des lois de capacité, on devrait dire

____

(1) Cass., 11 juil. 1855 (D., 56, 1, 9). — Toulouse, 7 mai 1866 (D., 66,
2, 109). — Grenoble, 30 mai 1844 (D., 1845, 2, 36).

(2) Pasquale Fiore, n° 329.

logiquement que l'étranger pourra faire son contrat de mariage après la célébration, si la loi de sa patrie le lui permet.

Mais cette déduction serait fausse ; car l'ordre public français est en cause dans cette hypothèse. Les articles 1394 et 1395, en effet, ont en vue les tiers dont les droits pourraient être lésés, par des modifications clandestines, à un régime qu'ils croyaient définitivement adopté et en considération duquel ils avaient contracté avec les époux. Ils ont pour but aussi de maintenir l'harmonie entre les conjoints, en enlevant à celui d'entre eux qui est le plus influent dans le ménage, toute tentation d'user de supériorité pour arriver à des modifications avantageuses pour lui. Or, s'il est de principe que les lois de capacité suivent le national partout, ce principe fléchit toujours quand les lois étrangères heurtent l'ordre public du pays où il est question de les appliquer.

Quant au contrat fait par l'étranger dans sa patrie postérieurement au mariage, il peut être invoqué en France ; car ce n'est pas le fait d'invoquer en France un contrat passé hors de France qui porte atteinte à l'ordre public de notre pays, mais bien le fait de dresser les conventions matrimoniales postérieurement à la célébration ; or, ce dernier fait s'est accompli à l'étranger. Toutefois, ce principe reçoit lui-même une exception dans le cas de fraude. Si l'étranger était domicilié en France depuis longtemps et n'avait passé la frontière que pour tourner les articles 1394 et 1395, cette tactique ne devrait pas réussir devant nos tribunaux.

SECTION IV.

Des actes qui dérogent à la règle locus, etc., en vertu d'un texte exprès.

Ces actes sont le contrat d'hypothèque et le testament.

1° *Hypothèque.* — L'article 2128 du Code Napoléon dispose : « que les contrats passés en pays étrangers ne peuvent donner d'hypothèque sur les biens de France, s'il n'y a des dispositions contraires à ce principe dans les lois politiques ou dans les traités, » puisque toute constitution d'hypothèque sur un bien de France est nulle au fond quand elle est intervenue à l'étranger ; il ne peut être question de se demander si elle est valable en la forme.

On a voulu justifier cette disposition en faisant remarquer qu'on ne peut reconnaître à un officier étranger, une autorité que le souverain seul peut conférer dans l'étendue de son territoire (1). On a dit aussi que l'hypothèque est de droit civil et que dès lors elle ne peut valoir que dans les limites où commande l'autorité souveraine de laquelle elle dérive ; que les actes faits par des officiers publics étrangers ne sont pas revêtus de l'authenticité nécessaire pour produire l'hypothèque, parce que le souverain seul peut attribuer l'authenticité à un acte ; enfin que le droit qu'acquiert un particulier de saisir et de vendre un immeuble, entraîne juridiction et exécution, et qu'il ne peut être conféré par un souverain ou ses délégués, pour des biens situés dans un autre Etat (2).

____

(1) Massé, *Op. citat.*, n° 821.

(2) Dalloz, *Jurisp. gén.*, V° *Hypothèques.*

Toutes ces raisons reposent sur une confusion entre le droit d'hypothèque et la force exécutoire.

On comprend que dans notre ancienne législation, les actes notariés emportant de plein droit hypothèque sur les biens du débiteur, indépendamment de toute convention expresse et de toute inscription, il était facile de confondre le droit d'hypothèque avec la force exécutoire, et de conclure que les actes notariés passés à l'étranger ne pourraient produire hypothèque. Mais dans le droit moderne, cette confusion n'est plus permise. Aujourd'hui, le créancier doit prendre inscription sur un registre spécial, pour rendre son droit efficace, et c'est à la date de l'inscription que l'hypothèque prend rang et commence à produire effet. Le créancier peut, en cas de non-paiement, faire vendre aux enchères l'immeuble qui garantit sa créance, mais il ne peut le faire de son autorité privée : il doit provoquer un jugement d'expropriation ; l'autorité judiciaire intervient et la procédure à suivre pour arriver à la mise aux enchères et à la distribution des deniers est réglée par la loi. Ces actes d'exécution qui dérivent du droit d'hypothèque sont donc, dans le fond et dans la forme, soumis à la loi et à l'autorité du magistrat local, et ne dépendent en aucune façon du souverain ou des officiers publics étrangers.

L'article 2128 est un souvenir de l'Ordonnance de 1629, qui établissait dans son article 121 : « que les contrats ou obligations reçus en royaumes et souverainetés étrangères, pour quelque cause que ce soit, n'auront aucune hypothèque ni exécution en France, mais tiendront lieu de simples promesses. » Mais une telle disposition n'aurait pas du être remise en vigueur à notre époque, parce qu'elle blesse la bonne foi qui veut voir garantir tous les droits dérivant d'une obligation valablement contractée.

Or, l'hypothèque découle de la volonté libre des parties. Le propriétaire peut aliéner sa chose, la vendre ou la donner par acte passé à l'étranger, pourquoi ne pourrait-il l'engager à la garantie de sa dette ?

On comprend très bien que le créancier hypothécaire soit obligé de se soumettre aux prescriptions établies par la *lex rei sitæ* dans l'intérêt public ; qu'il ne puisse se faire consentir une hypothèque générale en France, ou se faire décharger de l'obligation d'inscrire ; mais ce qu'on ne peut admettre, c'est que le créancier qui veut se conformer aux prescriptions de la loi française, n'ait pas le droit de demander et d'obtenir l'inscription en France, en vertu de son contrat passé à l'étranger (1).

---

(1) En raison du caractère exhorbitant de l'art. 2128, on s'est demandé s'il s'appliquait aux conventions ayant pour objet des navires. Une convention intervient en Angleterre, par laquelle on grève d'hypothèques un navire français. Ce navire est saisi : les créanciers pourront-ils se prévaloir de l'hypothèque qui leur a été consentie en Angleterre ? La jurisprudence admet l'affirmative. Les navires sont sans doute considérés comme une partie du territoire français, mais le législateur ne les avait certainement pas en vue quand il a édicté l'article 2128. Si l'on admettait l'opinion contraire, l'hypothèque des navires perdrait toute utilité (Grenoble, 11 mai 1880 (Sir., 1881, 2, 225).

Mais dans ce cas, quelles seront les formes que devront affecter les hypothèques constituées à l'étranger ?

La Cour de cassation applique dans ce cas la règle *locus regit actum ;* c'est la loi du lieu où l'acte a été passé, qui doit déterminer les conditions de forme. Quant aux conditions de publicité, elles doivent être remplies en France, quand le navire hypothéqué est un navire français. (Loi du 10 décembre 1874, art. 6.) Cassat., 25 novembre 1879 (D, 1880, 1, 56).

Ces considérations ont entraîné le législateur belge de 1851, à abandonner l'article 2128 du Code civil. L'article 77 de la nouvelle loi hypothécaire reconnaît aux conventions passées à l'étranger la force de produire une hypothèque en Belgique, pourvu qu'elles soient intervenues dans la forme authentique, telle qu'elle est exigée au lieu de l'acte. Sans doute, l'article déclare que ces stipulations d'hypothèque n'auront d'effet que lorsque les actes qui les contiennent auront été revêtus du visa du président du tribunal civil de la situation des biens, mais la suite de ce texte nous apprend que le visa n'a pour but que de reconnaître si les conditions d'authenticité se trouvent respectées.

Le texte de l'article 2128 du Code civil admet une exception, fondée sur les lois politiques ou sur les traités. A notre connaissance, il n'existe pas de loi politique en France qui ait déclaré qu'un acte passé à l'étranger pourrait conférer hypothèque sur un bien de France.

Mais il existe un traité qui a dérogé à la disposition de l'article 2128 ; c'est celui conclu le 24 mars 1760, entre la France et la Sardaigne. L'art. 22 de ce traité est ainsi conçu : « Il est encore convenu que de la même manière que les hypothèques établies en France par des actes publics ou judiciaires sont admises dans les tribunaux de S. M. le roi de Sardaigne, l'on aura aussi pareil égard dans les tribunaux de France, pour les hypothèques qui seront constituées à l'avenir par contrats publiés, par ordonnances ou jugements, dans les Etats de S. M. le roi de Sardaigne » (1).

____

(1) Fœlix, II, n° 440.

Une constitution d'hypothèque sur un bien de France peut donc intervenir en Sardaigne, mais la question de savoir si elle peut avoir lieu dans la forme sous seing-privé, bien que la loi française exige un acte authentique, ne peut pas se poser, puisqu'aux termes même du traité, l'acte constitutif doit être public (1).

On trouve dans l'ouvrage de Fœlix la nomenclature des lois étrangères qui ont adopté le principe français (2).

Mais d'autres législations en cela plus conformes aux vraies principes, reconnaissent la validité des constitutions d'hypothèque intervenues à l'étranger.

Le Code civil italien dispose que « l'hypothèque conventionnelle (consentie en Italie) doit être constituée par acte public ou sous seing-privé » (art. 1978). Et l'article 1990 ajoute que « les actes passés à l'étranger qui sont présentés pour l'inscription doivent être dûment légalisés ».

La loi espagnole est dans le même sens. Les contrats hypothécaires, d'après cette loi, doivent être faits dans la forme authentique. Il faut qu'un acte présente tous les caractères de l'authenticité pour qu'il puisse être inscrit. Au reste, les titres faits en pays étrangers peuvent servir de base à une inscription comme ceux faits en Espagne,

------

(1) Il résulte d'un arrêt de la Cour ce cassation du 10 mai 1831 (Sir., 31, I, 195), qu'au terme des traités conclus avec la France et la Suisse, notamment du traité de 1777, un contrat passé en Suisse, pourrait emporter hypothèque sur des immeubles situés en France, pourvu que les contractants soient Français ou Suisses (Demangeat, sur Fœlix, II, note *a*, p. 219).

(2) Fœlix, II, p. 218 et s.

à la condition que l'efficacité eût été reconnue dans le pays, conformément aux lois du royaume, et qu'ils aient été traduits par l'un des fonctionnaires qualifiés à cet effet (1).

Il résulte de cette loi que l'efficacité de l'acte, passé à l'étranger, s'appréciant d'après les lois d'Espagne, cet acte devra toujours être authentique. La règle *locus regit actum* ne s'appliquera donc qu'en tant que les caractères de l'authenticité seront déterminés par la loi du lieu de la passation.

La législation italienne est plus libérale : elle suppose un acte écrit, puisqu'elle parle de légalisation, mais la forme de cet acte sera suffisante si elle est conforme aux prescriptions de la loi locale.

La nouvelle loi allemande ne contient aucune prohibition comme celle de notre article 2128 ; mais l'hypothèque ne pouvant prendre naissance que par une inscription, toute convention est insuffisante pour la produire, qu'elle soit passée en Allemagne ou hors du territoire de ce pays. Toutefois la promesse d'hypothèque constituant un titre suffisant pour requérir l'inscription qui fera naître le droit réel, on peut arriver indirectement à se constituer à l'étranger une hypothèque sur un bien d'Allemagne. La forme de la promesse serait soumise à la règle *locus*, etc. (2).

---

(1) Loi hypothécaire, 5, Règlement 9, loi du 8 février 1861, rendue exécutoire le 1ᵉʳ janvier 1871, mentionnée dans Lehr, *Droit civil espagnol*, p. 271 et 307.

(2) Loi du 5 mai 1872, rapportée dans l'*Annuaire de législation étrangère*, 1873, p. 215. — Lehr, *Droit civil germanique*, p. 143.

Dans tous ces cas, où nous parlons de l'application de l'adage, nous ne visons que les formes de la convention d'hypothèque ; quant aux formalités dont le but est d'avertir les tiers, telle que l'inscription, ou d'arriver à la réalisation du droit hypothécaire, elles sont évidemment tout entières sous l'empire de la loi territoriale. Elles appartiennent au statut réel (1).

2° *Testament.* — Le testament est le second acte à propos duquel nous rencontrons un texte précis. Il faut rechercher si ses prescriptions modifient la situation qui serait faite aux testateurs, au cas où la matière ne serait régie que par la maxime *locus*, etc. L'art. 999 du Code civil s'exprime ainsi : « Un Français qui se trouvera en pays étranger pourra faire ses dispositions testamentaires par acte sous signature privée, ainsi qu'il est prescrit en l'article 970 (testament olographe), ou par acte authentique avec les formes usitées dans le lieu où cet acte sera passé. »

L'article ne parle que du Français à l'étranger, mais nous aurons aussi à rechercher quelle serait la situation de l'étranger en France. Nous étudierons ces deux situations relativement à la forme olographe et relative à la forme authentique.

1° *Forme olographe.* — La loi donne au Français le choix entre deux formes : la forme olographe de sa patrie, ou la forme authentique. Permettre au Français

____

(1) Voir p. 281.

à l'étranger d'agir comme s'il n'avait pas quitté son pays, de suivre la loi française qui lui est familière, c'était rester dans l'esprit de l'adage qui contient, avant tout, une faveur, ainsi que nous l'avons montré précédemment. Ce n'est donc pas en cela que notre article déroge à la règle, il ne fait, au contraire, que confirmer l'un de ses caractères; c'est la continuation de la pensée que nous avons signalée dans les articles 47 et 48 du Code civil.

On comprend que pour les auteurs qui voient dans l'adage un principe impératif, la disposition de l'article 999 soit une dérogation au droit commun. C'est de cet article que ces auteurs partent pour établir par argument *a contrario* le caractère impératif de notre règle. Si la règle, d'après le principe du droit des gens, était facultative, à quoi bon, disent-ils, la disposition formelle de l'article 999? Pourquoi les auteurs du Code ont-ils cru nécessaire d'accorder aux Français une faveur qu'ils avaient déjà? La disposition est donc inutile ; ou bien, si l'on veut lui donner un sens, il faut admettre qu'elle déroge au droit commun, c'est-à-dire qu'en accordant une faculté, elle déroge au principe d'après lequel les formes locales sont obligatoires (1).

Dire que l'article 999 est une dérogation au principe, c'est résoudre la question par la question. Nous affirmons, au contraire, que cet article n'est que l'expression du principe général, et l'on ne peut nous objecter qu'il devient un texte inutile. Car il ne faut pas oublier que le

____

(1) Laurent, *Principes*, XIII, n° 158, p. 165.

législateur français, ayant refusé de formuler la règle *locus*, etc., s'est réservé d'en faire, chemin faisant, des applications qui en détermineraient le sens et la portée. L'article 999 est une de ces applications, il tient donc lieu de la formule. Enfin, les motifs de la règle qui suffisent à eux seuls pour trancher toutes les difficultés qui peuvent surgir à son propos, ne laissent aucun doute ; ce sont des motifs de faveur ; or, on peut toujours renoncer à une faveur.

Ce n'est donc pas en tant que la loi permet aux Français de tester dans la forme olographe à l'étranger, qu'elle déroge à notre adage. L'exception à la règle se rencontre uniquement dans ce fait que notre article défend au Français d'employer une autre forme sous seing-privé que la forme olographe (970, C. civ.). S'il ne se contente pas de la forme française, il ne peut employer la forme étrangère qu'à la condition qu'elle soit authentique.

Cette doctrine, toutefois, n'est pas unaniment admise, et certains jurisconsultes voulant mettre d'accord l'article 999 avec le reste du Code, proposent de ne pas s'attacher à ses termes. Le Français pourrait donc, en pays étranger, employer les formes locales, quelles que soient ces formes. Il ne faut pas croire, d'après eux, que le mot authentique ait été employé à dessein et que l'authenticité fût indispensable. « Pourvu qu'on ait suivi les formes du pays, authentiques ou non, le testament est valable. La seconde partie de notre article a seulement voulu dire que le testament pourrait se faire d'après la règle *locus regit actum*…. Mais, s'il en est ainsi, il n'y a donc pas à considérer si les formes qu'on a employées sont ou non authentiques, il suffit qu'elles soient autorisées dans le pays où l'on se trouvait. Que deviendrait sans cela le Français ne sachant pas écrire et demeurant dans un pays dont la loi ne connaît pas de testament authentique ? Il serait donc dans l'impossibilité de tester ! Si le législateur a parlé ici de testament authentique, c'est tout simplement par opposition au testament olographe. Il a voulu dire : le Français à l'étranger pourra toujours tester olographement, et il pourra y faire un testament non olographe dans les formes du pays. Il a pris le mot authentique, parce qu'il s'est présenté tout naturellement à son esprit, attendu que chez nous le testament qui n'est pas olographe est authentique » (1).

Cette doctrine, qui a l'immense avantage de mettre l'article 999 en harmonie avec les autres dispositions de notre Code, a l'inconvénient de se heurter contre un texte formel. Aussi c'est un motif suffisant pour la rejeter. La seule forme sous seing-privé qui soit permise au Français à l'étranger, est la forme olographe française.

De ce que la forme olographe s'impose au Français qui veut tester dans la forme sous seing-privé, on a conclu qu'elle appartenait au statut personnel, aux lois de capacité qui suivent les nationaux d'un pays en dehors de son territoire (art 3, 3°).

______

(1) Marcadé, IV, art. 999. — En ce sens, Demolombe, *Donat. entre vifs*, IV, n° 475, p. 444. — Mourlon, II, 351. — *Contra*, Aubry et Rau, VII, § 661 et la jurisprudence.

La question n'a pas grand intérêt quand on envisage le Français à l'étranger, puisque la forme olographe de l'article 970 lui est toujours imposée, peu importe le nom qu'on donne aux lois qui la régissent, qu'on les appelle statut des formes ou statut personnel.

Mais l'intérêt se présente quand il s'agit de l'étranger en France. Si la forme appartient au statut personnel, il faudra dire qu'il devra se servir des formes nationales et que notre forme olographe lui sera complètement refusée.

La discussion sur ce point n'est pas nouvelle. On la rencontre déjà dans l'ancienne jurisprudence où la loi personnelle a pour partisans, Bouhier, Boullenois et Ricard (1), et le statut des formes, Pothier et la majorité des auteurs (2).

On se déterminait dans le premier sens en montrant que l'homme est son propre ministre dans les testaments de cette sorte et qu'il n'emprunte rien aux formes et aux solennités locales ; que prenant en lui-même les éléments de vitalité de l'acte, il ne pouvait communiquer à cet acte que la capacité personnelle dont il était lui-même investi, c'est-à-dire qu'il le frappait de la même incapacité que celle qui reposait sur sa tête, dans le cas où la loi personnelle, qui n'avait cessé de le suivre hors du territoire, lui aurait interdit cette forme de tester.

(1) Bouhier (Bourgogne, ch. 28). Boullenois (*Statuts réels et personnels*, tit. II, part. 2, chap. 3). Ricard (*Don mutuel*, n° 307).

(2) Pothier (*Donat. testament.*, ch. 1, art. 2, § 1). Furgole (*Testam.* ch. 2, sect. 2).

Dans l'opinion contraire, le testament olographe, pour être l'œuvre du testateur, n'en est pas moins un testament solennel dans lequel l'écriture et la signature du testateur sont mises au même rang que l'écriture et la signature des notaires dans les testaments par acte public. Il en résulte que les testaments olographes ressortissent aussi de la forme et de la solennité, et qu'ils sont par conséquent susceptibles de l'application de la maxime. D'où la conséquence que le testateur, quelle que fût d'ailleurs sa loi personnelle, était capable ou incapable de tester par testament olographe, suivant que cette forme était ou non admise dans le lieu où le testament se trouvait écrit.

Quel a été le système du Code ?

MM. Marcadé et Duranton soutiennent qu'il a voulu faire revivre la doctrine de Bouhier et de Ricard, puisqu'il valide le testament fait à l'étranger dans les formes françaises, ce qui suppose que notre loi suit nos nationaux hors du territoire. Comme conséquence de ce système, la loi étrangère suivra l'étranger testant en France, et l'emploi de la forme olographe lui est interdite, si sa patrie ne la reconnaît pas (1).

La doctrine contraire est beaucoup plus juridique. Le législateur ne s'occupe pas ici de là question de savoir si le Français peut faire un testament à l'étranger ; il ne détermine pas sa capacité ; celle-ci est supposée existante ; ce que le législateur détermine, ce sont les formes dans lesquelles le testament doit être fait. Or, s'il impose

----

(1) Marcadé, IV, art. 999. — Duranton, IX, n° 14.

au Français hors de sa patrie les formes de l'article 970,
c'est par exception à la règle *locus regit actum,* puisque
c'est toujours d'après la loi du lieu qu'il faut apprécier
la valeur extrinsèque d'un acte. L'article 999 en tant
qu'il a rapport au testament olographe étant exceptionnel,
il faut donc le renfermer dans les termes sous lesquels il
est conçu et ne pas l'étendre aux étrangers en France.

Cette doctrine a été admise par la Cour de cassation,
qui a déclaré valable le testament fait à Paris par un
Anglais dans la forme olographe, bien que la loi anglaise
ne reconnaisse pas cette forme (1).

Mais si la forme française peut être employée par
l'étranger en France, peut-il la délaisser pour suivre la
loi nationale? Cela revient à se demander si la règle est
facultative ou obligatoire. D'après les solutions que nous
avons données dans la première partie de notre travail,
la question se trouve toute tranchée. L'étranger pourra
suivre sa loi nationale. La jurisprudence admet la doctrine contraire, sous l'influence de la tradition (2); mais
nous avons montré que les motifs qui avaient entraîné
notre ancienne jurisprudence ont aujourd'hui disparu.

L'étranger en France aura donc le choix entre la loi
nationale et la loi française; mais il ne pourrait adopter
une forme qui ne serait ni celle du lieu du testament, ni
celle du lieu de sa patrie. M. Duranton n'a pu enseigner

---

(1) Cass., 25 août 1847 (D, 1847, 1, 273). Voir aussi Cass., 9 mars
1853 (D, 1853, 1, 217).

(2) Cass., 9 mars 1853 (D., 1853, I, 217).

une doctrine contraire qu'en considérant la loi qui règle la forme des testaments comme un statut réel (1).

Pour terminer tout ce qui est relatif au testament de l'étranger en France, il faut observer que si la patrie de cet étranger lui défendait d'une façon formelle l'emploi de la forme olographe dans un autre pays, cette prohibition devrait être respectée par les tribunaux des autres nations. La règle *locus*, en effet, n'est qu'une exception de faveur aux lois de la patrie (2). Cette faveur, d'après les usages internationaux, doit toujours être considérée comme accordée, mais si un texte exprès la retire, la règle de droit commun, c'est-à-dire la loi nationale, doit l'emporter. Le cas s'est présenté. Une Hollandaise avait fait un testament olographe en France, d'après les formes de la loi française. On l'attaqua en se fondant sur le Code des Pays-Bas, qui porte, article 992 : « Un Néerlandais en pays étranger ne pourra faire son testament que par acte authentique et en observant les formes usitées dans le pays où l'acte sera passé. Néanmoins, il pourra aussi disposer par acte de sa main de la manière prescrite par l'article 982. » Ce dernier article permet le testament olographe, mais seulement pour certaines dispositions. La Cour d'Orléans valida le testament, par application de la règle *locus*, etc. Cette décision nous paraît contestable par les raisons que nous avons données précédemment.

A l'inverse, les tribunaux étrangers devraient reconnaître pleine validité au testament fait dans la forme olo-

----

(1) Duranton, VIII, n° 218 et IX, n° 219.

(2) Voir pages 250 et suiv.

graphe par un Français dans leur pays, encore bien que la loi de ce pays n'admette pas cette forme authentique.

2° *Forme authentique.* — Le Français à l'étranger peut, en second lieu, se servir de la forme authentique.

Deux moyens lui sont offerts pour accomplir cette forme.

Il peut se rendre au consulat de France et requérir le consul de recevoir son testament. Une circulaire du ministre des affaires étrangères, du 22 mars 1834, explique que les lois nouvelles (c'est-à-dire le Code civil et l'Ordonnance du 23 octobre 1853, sur l'intervention des consuls relativement aux actes des Français en pays étranger) n'ont porté aucune atteinte au droit accordé aux chanceliers par l'article 24, tit IX, liv. I, de l'Ordonnance de 1681, de recevoir les testaments des Français qui s'adresseront à eux pour tester par acte public. Les formes prescrites par l'article 24, de cette Ordonnance, doivent alors être strictement observées, c'est-à-dire que le testament doit être reçu en présence du consul et de deux témoins qui signeront avec le consul ou le chancelier (1).

Le Français peut aussi adopter la forme authentique en vigueur dans le pays. Cette forme lui est même impo-

---

(1) Cette doctrine est contestée et certaines personnes soutiennent que l'article 24 de l'ordonnance de 1681 a été abrogé par l'art. 7 de la loi du 30 ventôse, an XII.

Mais nous croyons préférable l'opinion adoptée par la circulaire de 1834, car l'article 999 ne s'occupe nullement de la compétence des chanceliers des consulats, qui forme un sujet à part, de droit public autant que de droit privé. Cette matière n'ayant pas été prévue dans le Code civil, l'article 7 de la loi de ventôse n'a pu faire disparaître les lois antérieures qui s'en occupaient.

sée, quand il ne veut pas recourir à la forme olographe française. De sorte que si la loi locale ignore la forme authentique et ne connaît que la forme privée, le testateur français ne pourra pas du tout faire usage de la forme locale. Il nous semble difficile d'arriver à une autre conclusion en présence de l'article 999.

Mais supposons que la loi locale connaisse la forme authentique, le Français pourra s'en servir, aux termes de notre texte.

Mais que faut-il entendre par acte authentique ? Dans quel cas peut-on dire qu'un acte est revêtu de l'authencité ?

La difficulté vient de ce que les différentes législations définissent différemment l'acte authentique. Les unes sont plus exigeantes, les autres plus faciles.

Notre Code civil, par exemple, exige que l'acte ait été reçu « par officiers publics ayant le droit d'instrumenter dans le lieu où l'acte a été rédigé, et avec les solennités requises » (article 1317).

En Angleterre, au contraire, on n'exige pas l'intervention d'un officier public ; on se contente d'une déclaration faite par le testateur en présence de quatre témoins, que l'acte par lui représenté et signé est bien l'œuvre de sa volonté dernière. Un tel acte est considéré comme des plus solennels.

Dans d'autres pays, on est moins exigeant encore. C'est ainsi, par exemple, que d'après les usages en vigueur à Jérusalem, le testament d'un Israélite est authentique, quand il a été fait oralement en présence de deux témoins qui l'ont transcrit et déposé au tribunal rabbinique.

Eh bien! de quelle authencité s'agit-il dans l'article 999 ? Est-ce de l'authenticité telle qu'elle est exigée par la loi française ? L'authencité étrangère sera-t-elle, au contraire, suffisante ?

Il nous semble que le doute n'est guère possible sur cette question ; c'est la forme étrangère que vise l'article 999 ; cela résulte de notre adage qui se trouve reproduit par l'article 999 ; cela résulte aussi du texte même de cet article.

C'est à la loi du lieu où l'acte est intervenu qu'il faut demander la définition de l'acte authentique, parce que c'est au législateur de chaque pays qu'il appartient de déterminer quelle sont les formes qui, à raison de l'état social, sont les plus propres à assurer la libre volonté des parties. C'est à lui de voir s'il peut se contenter, pour considérer un acte comme authentique, de la présence de simples témoins devant lesquels la partie rédige elle-même son acte ou déclare verbalement sa volonté : ou bien s'il doit exiger l'intervention d'un officier public. Il se détermine d'après le plus ou moins de confiance que lui inspire ses nationaux, d'après l'état social de son pays. Or, exiger que les actes passés à l'étranger soient dressés par un officier public, alors que la loi locale n'exige pas cette forme, ce serait imposer notre état social à l'étranger, et commettre un non-sens. Ce serait aussi aller à l'encontre de l'adage *locus regit actum* et de la raison d'utilité qui l'a fait admettre dans tous les pays. Il peut se faire en effet qu'un pays n'ait pas d'officiers publics destinés à la rédaction des actes ; si on applique l'article 1317 aux actes passés dans ce pays, les Français qui s'y trouveront seront dans l'impossibilité de dresser un acte authentique, et partant de faire un testament, s'ils ne peuvent user de la forme olographe. Cela va directement contre le but de notre règle, qui est de faciliter la rédaction des actes dans tous pays.

Ajoutons que le texte de l'article 999 est lui-même en ce sens. Il nous dit en effet, à propos du testament authentique, qu'il devra intervenir « avec les formes usitées dans le lieu où il sera fait. » Or, la présence d'un officier public est une condition de forme. C'est donc la loi du lieu qui doit décider si elle est nécessaire ou non.

La jurisprudence a consacré cette doctrine par différents arrêts.

Un testament avait été fait par un Français à Londres. L'acte était écrit en anglais par un tiers et signé d'une autre main que celle du testateur. Celui-ci s'était borné à une déclaration de volonté en présence de quatre témoins. Quand le légataire universel voulut entrer en possession, les héritiers alléguèrent que le testament était nul, comme testament olographe, puisqu'il n'était pas écrit, daté et signé de la main du testateur ; et qu'il était également nul, comme acte authentique, puisque l'article 1317 n'avait pas été respecté. Le premier juge donna gain de cause aux héritiers. Sur l'appel, le jugement fut infirmé et la Cour de cassation maintînt l'arrêt.

La Cour se fonde sur le texte même de l'article 999, qui vise expressément la loi étrangère. Elle cite encore l'article 994 qui, prévoyant le cas où un navire aborde une terre étrangère, déclare valables les testaments faits par les passagers, dans les formes du pays où l'on s'est arrêté. Il y a dans ce texte une confirmation de l'adage. L'article 999 n'en est, de son côté, qu'une application, puisque rien ne prouve dans sa teneur qu'il ait entendu y déroger. Enfin, la nécessité où se trouve le Français à l'étranger commande cette solution » (1).

Il a été fait application de notre principe dans d'autres espèces où le testament n'était plus écrit, mais avait été fait dans la forme nuncupative.

C'est ainsi qu'on a déclaré valable un testament fait en Hongrie devant un juge des nobles et un assesseur juré, conformément à l'ordonnance de Posen, de 1715, article 27, d'après laquelle une telle forme de tester est revêtue de la force de l'authenticité. Les trois juridictions, devant lesquelles la question fut successivement portée, statuèrent dans le même sens (2).

Il s'est présenté un cas plus singulier. Un Israélite algérien, ayant fait un voyage à Jérusalem, y mourut après avoir fait un testament. Cet acte était intervenu, conformément à la loi juive, c'est-à-dire au moyen d'une déclaration orale en présence de deux témoins qui l'avaient receuillie par écrit. L'acte dressé par eux avait été présenté devant la chambre de justice du tribunal

---

(1) Cassat., 6 févr. 1843 (Dalloz, V⁰ *Dispositions*, n⁰ 3410, p. 980).

(2) Rejet, 30 novembre 1881 (Dalloz, *eod.*, n⁰ 3412, 1⁰).

rabbinique, laquelle, composée de trois rabbins, l'avait déclaré valable et authentique. On se demandait si cet acte était valable aux yeux de la loi française. La question était délicate. Il s'agissait tout d'abord de savoir si la loi orale des Juifs est bien une loi du pays. Les Juifs n'ont plus de patrie à part, ils ne forment plus une nation dans l'Etat ; ainsi en France et en Belgique, ils se confondent avec les autres sujets. Peuvent-ils donc avoir une loi nationale ? Ils n'en ont plus chez nous, mais la Turquie laissant aux peuples conquis leurs lois et leurs coutumes, il en résulte que la loi orale des Juifs peut être considérée comme loi de l'Etat et qu'un Israélite, à Jérusalem, pouvait l'invoquer.

Mais restait à savoir si la forme employée était authentique dans le sens de l'article 999. Après une laborieuse enquête, le rapporteur conclut à l'existence de ce caractère au point de vue de la loi hébraïque. La Cour ne pouvait donc que déclarer valable le testament litigieux (1).

C'est donc à la loi étrangère qu'il faut demander si telle ou telle forme de testament admise par elle est authentique ou non. Si elle lui reconnaît ce caractère, malgré l'absence de tout officier public, on devra considérer cette forme comme satisfaisant notre article 999.

Toutefois, la question devient douteuse quand la loi étrangère admet en même temps un testament authentique reçu par un officier public. Ainsi la loi de la Louisiane admet comme authentique le testament nuncupatif. Mais ce testament nuncupatif peut être reçu de deux manières :

______

(1) Rejet, 19 août 1858 (D., 59, 1, 81).

en présence d'un notaire et de trois témoins ; il rappelle
dans ce cas le testament public de notre droit français ;
ou sous signatures privées de la main du testateur ou
d'un tiers, en présence de cinq témoins. Le testament
ainsi fait, doit, au décès du testateur, être remis et prouvé
de nouveau par l'affirmation verbale de trois au moins
des témoins qui ont assisté à sa confection, et il ne
devient exécutoire qu'après que le juge a reconnu la
sincérité de l'acte. Dans ce cas, le Français a-t-il le choix ?
ou doit-il exprimer ces dernières volontés en présence
d'un notaire ? La question s'est posée devant la jurispru -
dence. Il n'y avait qu'une raison de douter, c'est que le
Français n'était pas dans l'impossibilité de se servir d'une
forme authentique dans le sens de l'article 1317. Mais
puisque l'article 1317 ne s'applique pas aux actes
étrangers, mais uniquement aux actes français, l'objection
ne pouvait arrêter bien longtemps. La loi de la Louisiane
range le testament nuncupatif sous signatures privées
parmi les actes authentiques; cela suffit pour donner
satisfaction à l'article 994 du Code civil (1).

Puisque c'est à la loi étrangère qu'il faut s'en référer
pour savoir si le testament est valable en la forme, il
faudra dire que les testaments conjonctifs faits par un
Français dans un pays où cette forme est reconnue,
seront valables en France. L'article 968 de notre Code,
en effet, ne renferme qu'une condition de forme. La

---

(1) Rejet, 3 juillet 1854 (Dalloz, 54, 1, 313). — Quant à la question de
savoir comment on établira le lieu où l'acte a été passé et qui doit prouver si la forme adoptée est regardée comme authentique par la législation
locale, voir 1re partie, p 212 et 213.

preuve ne résulte de la section dans laquelle il se trouve placé, laquelle est consacrée aux règles générales sur la forme des testaments ; cela résulte aussi de la nature même des choses, puisque cette condition n'a trait ni à la capacité personnelle des testateurs, ni à la validité, quant au fond, des dispositions que le testament peut contenir (1).

Quant à l'étranger en France, le Code n'en parlant pas, il doit rester sous l'empire du droit commun. Nous avons déjà décidé qu'il pourrait tester dans la forme olographe. Il le pourra aussi dans la forme publique, cela ne fait de doute pour personne. La forme mystique, d'après l'opinion générale, est authentique ; or, personne ne contestant qu'un étranger ne puisse faire un testament authentique en France, il pourrait donc également recourir à cette forme.

SECTION V.

Des actes soumis à l'application pure et simple de la maxime.

Actes de l'état civil et principalement du mariage.

On entend par actes de l'état civil les titres destinés à constater les évènements d'où découlent, pour les personnes, des droits et des devoirs dans leurs relations avec la famille et la société.

Ces évènements sont la naissance, le mariage et le dé-

____

(1) Demol., *Donat.*, IV, n° 20. — Aubry et Rau, V, p. 495. — Cass, 23 juin 1813 (Sir., 1813, 1, 378). — *Contra*, Marcadé, IV, art 999, n° 3.

cès. En France, des officiers spéciaux sont institués pour en garder le souvenir au moyen d'actes dressés dans les formes prescrites par le législateur (art. 35 et suiv.). Le Français est, en principe, obligé de rapporter un acte passé dans ces formes, quand il veut faire la preuve d'un quelconque de ces faits.

Toutefois, le législateur, prévoyant ici encore le cas où ces faits se seraient accomplis à l'étranger, met à la disposition du Français deux moyens de constater son état civil : il peut recourir aux formes étrangères ou aux formes françaises. Les articles 47 et 48, qui établissent cette faculté, sont généraux et s'appliquent à tous les actes, naissances, décès et mariages. L'article 170 reproduit, relativement au mariage, la disposition de l'article 47.

Le premier moyen offert aux Français à l'étranger, c'est le recours aux formes locales. « Tout acte de l'état civil des Français et des étrangers, fait en pays étranger, fera foi, s'il a été rédigé dans les formes usitées dans ledit pays (art. 47).

Cette disposition est une conséquence de la règle *locus regit actum*. Elle s'applique non seulement au Français, mais encore à l'étranger qui est obligé de faire en France la preuve de son état civil, d'après les actes passés dans son pays. Elle s'applique aussi aux actes qui intéressent en même temps des Français et des étrangers, c'est-à-dire aux mariages.

Les formes étrangères seront dans tous les cas suffisantes. Dans les pays où les actes seront reçus comme en

France, par un officier de l'état civil, l'intervention de ce dernier sera nécessaire pour que les actes fassent foi. Mais il peut se faire que l'autorité civile ne soit pas chargée de l'état civil et que ce soin soit confié à l'autorité religieuse ; l'acte reçu par cette dernière n'en serait pas moins valable. Il faut même aller plus loin, et dans le cas où les naissances, mariages et décès se prouveraient par témoins, d'après la législation étrangère, la preuve testimoniale serait aussi reçue en France.

Le second mode auquel peuvent recourir nos nationaux, est prévu par l'article 48. « Tout acte de l'état civil des Français en pays étranger, sera valable, s'il a été reçu conformément aux lois françaises par les agents diplomatiques. »

1o Ce second mode s'applique à tout acte de l'Etat civil : naissance, mariage ou décès ;

2" Il ne s'applique pas à toute personne, mais seulement aux Français.

1o L'article 48 s'exprime en effet d'une façon toute générale : tout acte, dit-il. Aussi ne serait-on pas admis à se prévaloir en sens contraire de l'article 170 du Code civil, qui décide que le mariage sera valable au cas où il interviendrait à l'étranger entre Français et entre Français et étrangers, s'il a été célébré dans les formes usitées dans le pays. L'article, il est vrai, ne parle que des formes locales ; il semble n'admettre que celles-là, puisqu'il n'établit pas la compétence des consuls quant au mariage, mais il n'avait plus à le faire et il ne pouvait le faire. Il n'avait plus à le faire, puisque l'article 48 a posé ce principe d'une façon générale. Il ne pouvait le faire, car il parle de mariage non seulement entre Français, mais aussi entre Français et étrangers, auquel cas les consuls sont incompétents (1).

2° La compétence des consuls, en effet, se limite aux seuls Français. Agents diplomatiques et consuls, sont de véritables notaires à l'étranger.

Institués dans l'intérêt français, leur juridiction ne peut s'étendre aux étrangers. L'article 48 est, d'ailleurs, formel en ce sens. Aussi la question ne fait-elle pas de doute, quand il s'agit d'actes de naissance ou de décès. On n'a jamais soutenu qu'un étranger pût s'adresser à un agent diplomatique français pour faire dresser un acte qui le concerne exclusivement. Mais la question est controversée, quand il s'agit du mariage d'un Français avec une étrangère, parce qu'il s'agit d'un acte intéressant un Français. Nous allons la retrouver en étudiant les formes du mariage.

Du mariage.

Si nous faisons une étude spéciale des formes du mariage, c'est qu'elles présentent un intérêt particulier à raison des caractères divers qui sont attribués au contrat par les différentes législations. Pour les unes, c'est un sacrement qui doit s'accomplir devant le prêtre ; pour les autres, c'est un simple contrat civil. De là des différences de formes. Dans certains pays, ces formes sont

____

(1) Demol., I, p. 506, n° 312. — Laurent, II, p. 19, n° 11.

considérées comme d'ordre public et partant s'imposent à tous ceux qui habitent le territoire. Enfin, le mariage pouvant intéresser deux personnes de nationalité différente, il y a lieu de mettre en jeu à son propos toutes les règles contenues dans la maxime *locus regit actum*.

La question de savoir quelles seront les formes applicables au mariage, peut se présenter dans plusieurs hypothèses.

Le mariage peut avoir lieu à l'étranger, soit entre étrangers, soit entre étrangers et Français, soit entre Français ;

Ou bien le mariage peut intervenir en France entre les mêmes personnes.

Dans tous ces cas, le mariage sera valable, à la condition d'être fait dans les formes du lieu de sa célébration. S'il intervient à l'étranger, on emploiera valablement la forme étrangère ; s'il intervient en France, la forme française sera suffisante.

Cela résulte de l'article 170, du Code civil.

Cette règle est admise par toutes les législations, sans aucune exception, et sa nécessité est évidente ; car le mariage est l'acte dont les formes varient le plus avec les pays, de sorte qu'on n'aurait pas pu se marier à l'étranger, si on avait exigé d'un national l'emploi des formes de sa patrie.

Les lois, en effet, ont résolu diversement la question de savoir quel caractère il fallait attribuer au mariage et quelles formalités devaient l'entourer.

Chez tous les peuples d'Europe, des solennités sont

nécessaires. Dans les Etats-Unis, au contraire, le simple consentement suffit (1).

Ce dernier système était admis à Rome, où le mariage religieux par confarréation a toujours été regardé comme une exception. Sans doute, de fort bonne heure, l'usage s'introduisit parmi les chrétiens de faire bénir leur union par l'Eglise, mais le droit civil romain, même des empereurs les plus attachés au nouveau culte, n'a jamais reconnu ces unions. Le mariage demeura purement civil.

Ce principe survécut à la chute de l'empire romain. L'Eglise, agissant avec prudence, continuait à recommander la bénédiction nuptiale, mais c'était plutôt un conseil qu'un ordre. Le même esprit dictait les capitulaires des princes (2).

C'est le Conseil de Trente qui, le premier, le 11 novembre 1563, pour mettre un terme aux mariages clandestins et aux difficultés que soulevait la preuve du mariage, ordonna, à peine de nullité, la célébration du mariage par le propre curé de l'une des parties, en présence de deux ou trois témoins. Depuis cette époque, le mariage

---

(1) Francis Wahrton : *Le mariage aux Etats-Unis; Journal de Clunet*, 1879, p. 229 et suiv.

(2) Capit. de Pépin, de 775, cité par M. Glasson : *Le mariage religieux et le mariage civil; Revue de législat.*, 1875, p. 820. — D'après ce même auteur, on a prétendu que la bénédiction nuptiale avait été rendue obligatoire sous Charlemagne et que cette disposition avait ensuite été renouvelée au concile de Frosli sous Charles-le-Simple. Mais ce point, dit-il, est fort douteux, car l'authenticité des capitulaires de Charlemagne contenus dans le *Recueil de Benedictus Levita*, n'est plus guère admise. D'ailleurs un grand nombre de textes postérieurs reconnaissent le mariage comme sacrement par le simple consentement (Voy. par ex., X, *de sponsalibus*, Can., 15, 80, 31).

ne fut plus un contrat ordinaire, où la simple manifestation de volonté suffisait, mais il exigea l'intervention
d'un prêtre. Cette règle fut admise dans presque tous les
pays catholiques.

Cependant, dans d'autres pays, le pouvoir temporel a
toujours affirmé son droit de réglementer le mariage ;
c'est ce qui a eu lieu notamment en France. On considéra
le mariage à la fois comme un sacrement et comme un
contrat civil : sacrement, il relevait de l'église ; contrat
civil, du pouvoir temporel. Toutefois, la royauté s'appro-
pria les dispositions du Concile relatives à la célébration
et déclara que le contrat civil exigerait certaines formes,
notamment la présence d'une autorité. Le curé lui-même
fut cette autorité : il célébra tout à la fois le mariage religieux et le mariage civil.

Ces deux qualités lui furent conservées jusqu'à la Révolution. Mais aujourd'hui, elles se trouvent séparées.

Le mariage civil se rattache donc au mariage religieux, en ce sens qu'il doit à ce dernier d'être un contrat
solennel. Il a ce caractère dans toutes les législations
d'Europe. Le principe romain se trouve donc abandonné,
en général du moins, puisqu'on ne le rencontre plus qu'en
Amérique.

S'il fallait opter entre les deux principes, c'est au système nouveau qu'il faudrait donner la préférence. Le
mariage est sans doute un contrat, mais c'est un contrat
d'une gravité particulière. Aussi est-il nécessaire que la
volonté des époux ne soit pas donnée à la légère. Or, l'établissement de formes solennelles a précisément pour effet

de les protéger. De plus, le système américain laisse peser des doutes sur la qualité de l'union des prétendus époux. Se trouve t-on en présence d'un concubinat, se trouve-t-on en présence d'un mariage ? Cette question demande une appréciation des faits, qui reste toujours incertaine et vague. Or, en raison même de la gravité du mariage, des conséquences qu'il entraîne et des droits qui s'y rattachent, il est nécessaire qu'il présente une certaine fixité.

Cependant, si toutes les lois d'Europe sont d'accord pour admettre certaines formes, elles présentent des divergences sur la nature de ces formes.

Jusqu'en 1789, le mariage est partout un acte religieux. Dans les pays où l'on respecte la liberté de conscience, le ministre de chaque culte a pour mission de marier ses coreligionnaires. Dans les pays moins libéraux, c'est le prêtre de la religion prépondérante qui remplit cette fonction à l'égard de tous. Ces deux systèmes ont été appliqués en France ; le premier, depuis l'édit de Nantes jusqu'à sa révocation ; le second, depuis la révocation de l'édit de Nantes jusqu'en 1787. Les protestants étant obligés, pour pouvoir se marier devant le prêtre catholique, d'abjurer leur religion, devaient rester dans le célibat ou conclure ce qu'on appelait les mariages au désert, c'est-à-dire faire bénir leurs unions par les ministres de leur culte restés secrètement en France. Louis XVI, en 1787, établit l'état civil des protestants, mais le mariage religieux dominait en droit commun.

La Révolution de 1789 sécularisa complètement le

mariage, et des officiers laïques furent chargés de recevoir ce contrat.

Aujourd'hui, les législations européennes se divisent encore en trois grands groupes :

1º Les unes admettent le mariage civil exclusivement ;

2º Les autres ne reconnaissent que le mariage religieux.

3º D'autres enfin admettent simultanément le mariage religieux et le mariage civil.

1º Dans le premier groupe se rangent toutes les législations qui ont adopté le Code civil français (art. 75). Il en est ainsi en France, en Belgique, dans les provinces rhénanes de la Prusse et de la Bavière. Dans tous ces pays, le mariage doit être célébré devant l'officier de l'état civil. L'Italie s'est rangée à ce système en 1866, (art. 93 du Code civ. italien). L'Allemagne l'a également adopté dans les lois du 9 mars 1874 (art. 24) et du 6 février 1875 (art. 41) (1). Dans ce groupe, se range enfin la Suisse, depuis la loi fédérale du 24 décembre 1874 (*Annuaire de législ. étr.*, 1876, p. 714).

Le mariage religieux n'en reste pas moins permis dans ces pays ; mais en France il est subordonné au mariage civil, et les articles 199 et 200 du Code pénal, frappent d'une peine correctionnelle le ministre du culte qui procèderait au mariage religieux sans qu'il lui ait été justifié d'un acte de mariage préalablement reçu par les officiers de l'état civil. Des dispositions analogues se rencontrent dans toutes les législations, sauf dans la loi italienne.

On a critiqué cette prééminence de la loi civile sur la

---

(1) *Annuaire de législat.*, etc., année 1875, p. 169, et 1876, p. 230.

loi religieuse et on l'a déclarée contraire à la liberté de conscience. Il peut arriver, dit-on, que le mari se contente du mariage civil et refuse, après sa célébration, de se rendre à l'église ; la femme se trouve alors violentée dans ses convictions. Sans doute, ce mal trouve un remède dans la séparation de corps que notre jurisprudence ne manque jamais d'accorder, mais ce remède est bien insuffisant, puisque la femme reste engagée vis-à-vis de son mari et ne peut se remarier. La loi italienne a évité ces dangers, en permettant aux époux de se rendre d'abord devant le prêtre.

Il faut reconnaître cependant que le système italien offre de graves inconvénients. Que faire en effet si, après l'union religieuse, l'un des époux refusait de se marier devant l'officier de l'état civil. Si ce danger est rare, il en est un autre qui est plus fréquent : il arrive, en effet, surtout dans les campagnes, que certaines gens, par ignorance ou par erreur, croient le mariage religieux suffisant. Enfin, on peut abuser de l'inexpérience d'une jeune fille, lui faire croire que le mariage religieux suffit et l'abandonner ensuite, victime d'une séduction. L'expérience a démontré qu'en Italie un grand nombre de personnes se bornent à faire bénir leur union à l'église. Suivant une statistique officielle des mariages civils et religieux célébrés à Palerme et dans sa banlieue, du 1er juillet 1866 (date de la mise en vigueur du Code civil italien) jusqu'au 31 décembre 1871, sur 8911 mariages, 2859 ont été uniquement religieux (1).

---

(1) Glasson, *Op. cit.*, p. 429.

2º Le second groupe ne reconnaissant que le mariage religieux, était naguère encore le plus important. Il comprenait l'Autriche, l'Italie, quelques cantons Suisses, le Portugal et la Russie. Dans ces pays, tous les ministres des cultes reconnus pouvaient procéder au mariage.

Aujourd'hui, le Brésil repousse encore toute autre forme (1). Quant aux autres législations, les unes ont adopté le mariage civil exclusivement, les autres admettent le mariage religieux et le mariage civil parallèlement.

3º Les peuples admettant ce dernier système, constituent le troisième groupe. On y rencontre l'Autriche et l'Angleterre (2). En Autriche, d'après la loi de 1870, c'est le mariage religieux qui prévaut. Le mariage civil n'est permis que : 1" dans le cas où les deux époux n'appartiennent à aucun des cultes reconnus ; et 2º dans le cas où les deux époux appartenant à un culte reconnu, les règles de cette religion ne permettent pas le mariage. Le mariage civil est alors seul possible.

En Angleterre, les époux ont le choix entre le mariage religieux et le mariage civil, et dans l'un et l'autre cas, l'union a la même valeur au point de vue de la loi civile.

Telles sont les solutions diverses qui ont été données par les législateurs d'Europe au problème des formes.

En présence d'une telle diversité, on comprend aisément l'utilité de la règle *locus regit actum*. On a cependant hésité à l'admettre en notre matière. Cette hésitation s'est surtout manifestée quand il s'est agi de

---

(1) *Journal de Clunet*, 1881, p. 324.

(2) *Bulletin de législat. comparée*, Lyon-Caen, janv. 1882. — Glasson, *Op. cit.*, p. 419.

savoir si le mariage contracté aux Etats-Unis, sans formes et par le simple consentement, était valable chez nous. On l'a nié, parceque le mariage étant un contrat solennel, exige des formes. La règle *locus*, etc., ne peut s'appliquer, dit-on, qu'en tant qu'elle laisse à la loi étrangère le soin de déterminer la nature des formes, mais elle ne va pas jusqu'à permettre leur omission.

Cette doctrine se rattache à la théorie générale, d'après laquelle l'adage ne s'applique pas aux actes solennels. Nous n'avons qu'à renvoyer aux motifs qui nons l'ont fait repousser. Bornons-nous à rappeler l'article 170, dont le texte se contente des formes locales. Sans doute, il se sert du mot célébré, mais ce mot, synonyme ici du verbe contracté, n'a nullement pour but d'imposer une solennité quelconque (1).

Si la question n'offre pas grande difficulté quand il s'agit de Français, ou plus généralement de citoyens d'une nation ne reconnaissant que le mariage civil, il en est autrement, quand il s'agit d'habitants d'un pays dont la loi exige la célébration du mariage devant l'Eglise, « car cette loi, dit M. de Savigny, se fonde sur la morale religieuse et revêt par conséquent un caractère rigoureusement obligatoire. D'après ce motif, nous pensons que les époux devraient renouveler dans leur patrie leur mariage devant l'Eglise, non que l'on doive supposer qu'ils sont mariés *in fraudem legis*, intention qu'ils

____

(1) Paris, 20 janv. 1873 (D., 73, 2, 59). — *Req. rej.*, 13 janv. 1857 (Sir., 57, 1, 81). — Aub. et R., V, § 468, p. 122.

n'avaient peut-être pas, et qui d'ailleurs ne saurait être prouvée » (1).

Mais cette règle rigoureuse ne peut jamais être applicable aux étrangers mariés qui viennent s'établir dans le pays ; car une semblable loi, avec son caractère rigoureusement obligatoire, ne s'applique qu'à la célébration des mariages, et non à la continuation des mariages déjà contractés (Savigny, *Eod.*).

En dehors de cette hypothèse douteuse, les formes locales sont permises ; mais ne faut-il pas aller plus loin et dire qu'elles sont nécessaires. En un mot, notre règle est-elle facultative ou impérative en matière de mariage.

Quand nous avons étudié l'adage *in abstracto*, nous avons décidé qu'il est impératif, dans le cas où les deux parties sont des nationaux du lieu de la passation ; les seules formes acceptables sont alors celles du pays.

Nous avons donné la même solution dans le cas où l'un des contractants était sujet du pays de la célébration.

Ces règles restent vraies en ce qui concerne le mariage. Ainsi, un mariage intervenu en France entre deux Français, ne peut avoir lieu que dans la forme française. Il en est de même du mariage contracté en France entre un Français et un étranger.

Toutefois, on a contesté cette dernière solution, et l'on a prétendu que si un étranger épousait une Française en

____

(1) Savigny, *Op. cit.*, VIII, p. 352. — Demangeat, sur Fœlix, I, p. 150, note *a*.

France, les deux époux auraient le choix entre les formes françaises et les formes étrangères.

Une lettre du garde des sceaux, du 13 octobre 1875, adoptant cette théorie, avait autorisé un pasteur protestant à célébrer le mariage d'une Française et d'un étranger dans la forme étrangère. Le mariage, disait-il, n'intéresse pas la société française. Mais le Tribunal de la Seine et la Cour de Paris, se prononcèrent contre ce système. Les formes locales sont toujours obligatoires, quand l'un des contractants est national du lieu de l'acte. On ne peut objecter que la femme perd sa nationalité par le mariage ; car elle ne la perd qu'autant que le mariage est valable, et le mariage n'est valable qu'autant que les formes locales ont été respectées (1).

Passons à l'hypothèse où les deux époux, étrangers au lieu de la célébration, sont de même nationalité ; deux Français, par exemple, se marient en Allemagne.

Toutes les législations sont d'accord pour adopter ici un principe uniforme. Elles permettent à leurs nationaux d'user des formes locales ou de recourir aux agents diplomatiques et aux consuls de leur pays. Ceux-ci sont compétents pour recevoir les conventions que leurs nationaux peuvent passer entre eux ; or, le mariage n'est autre chose qu'une convention. D'ailleurs, cette compétence des consuls et agents diplomatiques est établie par un texte formel (art. 48, Cod. civ.).

La même idée se trouve consacrée dans la loi allemande, du 6 février 1875 (art. 85).

---

(1) Dalloz, *Répertoire*, V° *Mariage*, n° 195.

Dans toutes les législations, il est nécessaire que les parties soient de la nation des consuls ou agents diplomatiques, pour que ceux-ci puissent recevoir les actes de l'état civil. L'article 48, de notre Code, l'exige expressément, puisqu'il ne parle que des actes des Français.

Cette doctrine toutefois, ainsi que nous l'avons annoncé (p. 321), n'est pas admise par tous les auteurs, et quelques-uns prétendent qu'il suffit que l'acte intéresse un Français pour que le consul soit compétent. Mais cette doctrine est contraire au texte de l'article 48, qui suppose que des Français seulement figurent dans l'acte ; elle est de plus contraire au motif de l'établissement de la compétence dont nous nous occupons. Ce motif est l'intérêt unique des Français, les étrangers ne sont donc pas admis à se prévaloir d'une faveur qui n'a pas été faite pour eux. D'ailleurs, s'ils sont du pays où l'acte se fait, les formes locales sont obligatoires : il en est de même quand, étrangers au lieu de l'acte, ils sont d'une nationalité différente de celle de leur contractant.

La jurisprudence est en ce sens. En 1793, un secrétaire d'ambassade français épousait à Constantinople une demoiselle Summaripa, originaire de l'île de Naxis. Le mariage fut célébré devant le vice-consul de France. Après 21 ans de mariage en France, l'union fut attaquée par le père de la demoiselle Summaripa, qui prétendit que l'officier public français n'avait pas été compétent pour la célébrer. La Cour de cassation décida, par un arrêt célèbre, que les agents diplomatiques et les consuls ne peuvent recevoir que les actes de l'état civil qui

— 333 —

intéressent les Français, les agents de France n'ayant
été institués que pour les nationaux (1).

Il est cependant deux pays qui font exception à la
règle, ce sont l'Angleterre et les Etats-Unis. Les agents
diplomatiques de ces deux nations sont compétents pour
recevoir, non seulement les actes de leurs nationaux,
mais encore ceux des étrangers (actes du Parlement de
1823 et de 1849, pour l'Angleterre). Cette théorie constitue un véritable empiètement sur la souveraineté locale,
puisqu'elle enlève aux peuples, chez lesquels les Anglo-
Américains ont des représentants, une partie de leurs
prérogatives. Aussi, en Europe, les actes passés devant
les agents anglais sont-ils sans valeur. Le tribunal de
la Seine a déclaré dans deux jugements, l'un du 2 juillet
1872, l'autre du 21 juin 1873, que le mariage célébré à
Paris à l'hôtel de l'ambassade d'Angleterre (1re espèce),
ou des Etats-Unis (2e espèce), suivant les formes usitées
dans ces pays, entre une Française et un national de l'un
de ces pays, est nul comme n'ayant pas été célébré
devant l'officier de l'état civil (Code civil, art. 165) (2).
Cette jurisprudence est constante à l'étranger (3).

Aussi les Anglais ont-ils reconnu cette jurisprudence
dans une certaine mesure. Une circulaire du ministre
des affaires étrangères avertit les époux qu'ils ont bien à
s'enquérir si la législation locale reconnaît la compétence

____

(1) Dalloz, *Répertoire*, V° *Actes de l'Etat civil*, n° 355.

(2) *Journal de Clunet*, 1874, p. 70.

(3) *Id.*, 1881, p. 84 et 171. — Anvers, 4 août 1877. — Vienne, 17
août 1880.

de leurs agents, dans le cas où l'un des contractants n'appartient pas à la nationalité anglaise.

Das le cas où les deux époux sont nationaux du pays de l'agent diplomatique ou du consul, le mariage célébré devant ces derniers est valable partout.

Il en résulte que les contractants qui sont de même nationalité ont deux ressources à l'étranger : ils peuvent à leur choix se servir des formes locales ou des formes nationales.

Cette compétence des consuls d'un pays à l'étranger, n'est-elle pas un empiètement sur la souveraineté étrangère ? Sans doute, mais elle se justifie par un accord international. Toutefois, comme elle n'est pas basée sur des traités, on l'a contestée. Aussi prétend-on que le mariage célébré par nos consuls à l'étranger sera bien valable en France, mais non dans les autres pays.

Cette doctrine est repoussée, car il existe une entente tacite entre les nations. Touts les Etats, en effet, donnent le droit à leurs agents de recevoir les actes de l'état civil de leurs nationaux à l'étranger. Par réciprocité, ils doivent donc admettre les agents étrangers à recevoir chez eux les actes de leurs compatriotes.

Cette entente est le résultat de la nécessité. En effet, il est possible que le mariage devant l'autorité locale répugne à l'étranger. Ainsi, quand le mariage religieux dominait en Europe, il fallait, dans certains pays, pour le contracter, faire une abjuration de sa religion. Il y avait là une situation intolérable qu'on ne pouvait éviter qu'en créant la compétence des consuls. Cette compétence est encore nécessaire aujourd'hui dans le Brésil, qui ne connaît que le mariage religieux. Dans les autres pays où le mariage civil est admis, il semble qu'elle soit inutile, mais elle offre encore un très grand intérêt, car le consul connaît nos lois, et il ne laissera pas, comme l'officier de l'état civil étranger qui les ignore, contracter un mariage annulable.

Ces considérations n'ont pas paru suffisantes ; et l'on a cru nécessaire de les corroborer par la fiction de l'exterritorialité, en vertu de laquelle l'hôtel de l'ambassadeur est censé situé hors du territoire où celui-ci réside et se rattacher au territoire de sa patrie. Avec une telle fiction, on comprend la compétence de l'agent diplomatique ; il procède au nom de son souverain et dans les limites de son territoire (1).

Mais cette explication n'a pas trouvé crédit. L'exterritorialité, en effet, est étrangère à notre question. Elle n'a d'autre but que de soustraire les ministres étrangers à la justice locale. Celle-ci par l'effet de la fiction est incompétente à leur égard, tant au civil qu'au criminel ; ainsi se trouve garantie l'indépendance de l'ambassadeur par l'immunité de juridiction. Voilà le seul but de la fiction, il ne faut donc pas l'étendre.

De plus, même dans les limites où on l'admet, l'exterritorialité n'a jamais été appliquée aux consuls ; elle ne peut donc servir à justifier leur compétence.

Enfin, en déclarant que les actes reçus par les ambassadeurs, sont, en réalité, par l'effet de la fiction, reçus sur

______

(1) Laurent, *Princ.*, II, p. 19.

le sol français, on se heurte au texte de l'article 48 du Code civil, qui suppose que le consul marie à l'étranger.

Cette discussion n'est pas une simple question de mots, car, en partant du principe de l'exterritorialité, on aboutit directement au système anglais et américain, et l'on doit déclarer que le consul peut recevoir les actes de l'état civil non seulement des Français, mais encore de toute personne (1). Une telle conclusion consacrant l'empiètement d'une souveraineté sur l'autre, doit faire rejeter le principe.

Reste une dernière hypothèse, celle où les futurs époux sont de nationalité différente et tous deux étrangers au lieu du contrat.

Dans ce cas, d'après ce que nous avons dit en étudiant la règle théoriquement, les formes locales sont obligatoires.

Mais cette solution n'est pas universellement admise, et bon nombre d'auteurs prétendent que la règle *locus*, etc., est ici simplement facultative, et que par conséquent les parties peuvent employer les formes nationales de l'une d'entre elles.

Supposons qu'une Anglaise et qu'un Autrichien veulent se marier en France, ils pourront se contenter de faire bénir leur union par un prêtre, parce que cette forme de mariage est admise en Autriche.

On tire immédiatement de là une autre conséquence, c'est que les articles 199 et 200 du Code pénal, établissant la prééminence du mariage civil sur le mariage religieux,

----

(1) Mourlon, *Répét. écrites*, I, p, 169.

seront inapplicables. Car les Autrichiens ayant le droit
de se marier en France devant le prêtre seulement, celui-
ci n'a fait qu'user d'un droit en bénissant leur union sans
exiger la preuve d'un mariage civil antérieur, et partant
il doit échapper à toute poursuite (1).

Une telle conséquence doit nous conduire à repousser
la doctrine d'où elle découle. La règle *locus regit actum*
ne fut-elle pas impérative quand les deux contractants
sont étrangers au lieu de l'acte et de nationalité différente,
on devrait malgré cela en matière de mariage déclarer
dans ce cas les formes locales obligatoires en France. Les
articles 199 et 200 du Code pénal, en effet, ne font aucune
distinction ; de plus, ce sont des règles de police et de
sûreté destinées à protéger les formes de mariage qui
sont elles-mêmes d'ordre public, par conséquent les
formes locales s'imposent à tous ceux qui habitent le
territoire. Car les lois étrangères ne peuvent jamais
s'appliquer dans un pays qu'autant qu'elles ne heurtent
pas l'ordre public de ce pays.

Cette idée doit nous servir à refuser en France, en
matière de mariage du moins, un caractère facultatif à
notre règle, même dans le cas où les deux contractants,
étrangers au lieu de l'acte, sont de même nationalité.
Ainsi, deux Autrichiens ne pourraient se contenter en
France du mariage religieux, pas plus que deux
citoyens de l'Union américaine ne pourraient se prétendre valablement mariés par le seul consentement.

----

(1) Voir Laurent, IV, p. 350, jugement belge.

L'article 170 du Code civil, qui consacre la règle *locus regit actum*, semble exiger quelque chose de plus que l'emploi des formes locales, pour que le mariage à l'étranger soit valable. Il ajoute en effet : « Pourvu qu'il ait été précédé des publications prescrites par l'article 63 au titre des actes de l'état civil, et que le Français n'ait point contrevenu aux dispositions contenues au chapitre précédent. »

Deux conditions sont donc requises en outre ; l'une est une condition de capacité ; elle est en dehors de notre sujet ; l'autre est une condition de forme ; elle consiste dans l'obligation pour le Français qui se marie à l'étranger de faire publier son mariage en France.

Cette dernière condition semble bien être exigée à peine de nullité par l'article 170, et cependant il faut reconnaître que cette solution, si on l'admet, sera contraire aux principes généraux, puisque l'omission des publications constitue non pas un empêchement dirimant, mais un simple empêchement probitif (art. 192).

On a soutenu cependant qu'il fallait appliquer rigoureusement l'article 170, sous prétexte que le défaut des formes dont il s'agit, resterait sans cela sans sanction. L'article 192, en effet, punit l'officier de l'état civil d'une amende si le mariage n'a point été précédé des deux publications requises, mais cette pénalité ne peut atteindre un fonctionnaire étranger. De plus, l'article 191 prononce la nullité des mariages pour défaut de publicité ; or, le mariage célébré en pays étranger, sans publication en

France, manque absolument de publicité. L'article 191 lui est donc applicable (1).

Cette doctrine, soutenue par quelques décisions de la jurisprudence, est aujourd'hui universellement abandonnée. On admet généralement que les juges ne sont pas astreints à prononcer la nullité, mais on leur en reconnaît le droit ; en un mot, ils ont un pouvoir d'appréciation souverain. Si l'omission des formalités a eu un but frauduleux, on prononcera la nullité du mariage ; si les époux étaient de bonne foi, leur union pourra être déclarée valable (2).

On ne se prévaut pas pour soutenir cette théorie du texte de l'article 170, mais on allègue que le défaut de publications peut occasionner la clandestinité du mariage, et qu'il y a là une question de fait à apprécier. On pousse cette théorie de l'appréciation fort loin, puisqu'on va jusqu'à dire que la clandestinité pourra disparaître et le mariage se trouver consolidé à la suite de certains événéments, tels que possession d'état, naissance d'enfants, etc.

Toutefois, comme on sent l'insuffisance de cette argumentation, on la renforce par des textes ; on y joint les articles 165, 191 et 193 combinés. L'article 165, pose le principe de la publicité ; l'article 191, qui prononce la nullité, en constitue la sanction ; mais l'article 193 ajoute que les tribunaux apprécieront si les

___

(1) Marcadé, I, art. 170, n° 2.

(2) Cass., 8 mars 1875 (D., 1875, I, 482). — Lyon, 28 fév. 1880 et Cass., 14 déc. 1880 (D., 81, I, 310). — Rouen, 13 juillet 1880, *Journal de Clunet*, 1881, p. 256.

contraventions commises sont suffisantes pour entraîner cette nullité. De plus, l'article 196 oppose une fin de non-recevoir à la demande en nullité dans le cas de possession d'état (1).

Nous croyons ces deux théories inadmissibles ; le mariage, selon nous, devrait toujours être valable.

Le premier système est inexact en tant qu'il soutient que l'article 192 restera sans sanction. Cette disposition renferme en effet deux pénalités, et l'une d'elles, l'amende contre les parties, pourra toujours s'appliquer. De plus, il y a d'autres empêchements prohibitifs dans notre droit que le Code n'a pas sanctionnés ; l'article 228 est de ce nombre. Or, nulle part, le législateur ne convertit cet empêchement prohibitif en empêchement dirimant quand le mariage est célébré à l'étranger. S'il en est ainsi dans ce cas très grave où une femme se remarie avant l'expiration des dix mois de viduité, à plus forte raison doit-il en être de même quand il s'agit d'un simple défaut de publications.

On invoque un deuxième argument. Si les publications font défaut, dit-on, le mariage est clandestin. Mais cette assertion est trop absolue, car le mariage peut être accompagné d'une publicité de fait.

D'autre part, si les publications font défaut, il ne peut en résulter que l'effet prévu par la loi ; or, le défaut de publications n'est qu'un empêchement prohibitif.

Reste le texte de l'article 170 ; il faut reconnaître

____

(1) Demol., III, n° 225. — Valette, sur Proudhon, I, p. 412. — Aubry et Rau, V, p. 123 et suix.

qu'il semble faire des publications la condition *sine quâ non* de la validité. Mais il ne faut pas l'entendre à la lettre, et c'est plutôt à son esprit qu'il faut s'attacher. Certains jurisconsultes veulent à tout prix qu'on s'en tienne aux termes mêmes de la loi, mais il est impossible d'admettre cette règle d'une manière absolue, car il n'est pas d'œuvre législative, si parfaite en la forme, qu'elle n'exige jamais le travail de l'interprétation. Or, quel est le sens de l'article ? C'est que le mariage sera indistinctement valable si l'on a satisfait à toutes les conditions prescrites par les lois françaises pour sa validité, si l'on a observé toutes les formes requises sous peine de nullité par les mêmes lois ; la finale du texte, en renvoyant au chapitre précédent, montre bien qu'il n'a en vue que les conditions de fond ; mais il ne signifie pas que l'on doit se montrer plus rigoureux à l'égard de ce mariage, par la seule raison qu'il a été contracté en pays étranger, qu'on ne doit l'être à l'égard d'un mariage contracté en France, et qu'il pourra être déclaré nul pour des omissions, qui, s'il avait été contracté en France, n'en emporteraient pas la nullité. Ce qu'on veut empêcher, c'est la violation d'un empêchement dirimant ; c'est pour cela que les publications sont prescrites : elles avertissent en effet qu'on va contracter un mariage en violant peut-être une des conditions réputées essentielles. L'obligation des publications est purement et simplement un moyen préventif.

Voilà pour le système de la nullité obligatoire. Quant au système de la jurisprudence, en vertu duquel la nullité n'est que facultative, il est entaché d'un vice fondamental. On distingue suivant que les parties ont été de bonne ou de mauvaise-foi. Mais un acte ne peut être déclaré nul sous prétexte de fraude, qu'autant que cette fraude a eu pour but d'éviter une condition requise à peine de nullité. Dans ce cas, le législateur dit aux parties : votre fraude sera inutile, et l'acte par vous accompli ne sortira aucun effet. Mais quand un acte réunit toutes les conditions requises pour sa validité, on ne comprend pas qu'il puisse être déclaré nul. Quelle fraude les parties peuvent elles avoir cherché à réaliser ?

Les partisans du système de la jurisprudence ont cherché une échappatoire, en prétendant qu'il manque au mariage une condition essentielle, à savoir la publicité (165, 191, 193). Dans ce cas, les juges ont le pouvoir d'annuler, et nous ne faisons, disent-ils, que leur reconnaître ce droit.

C'est vrai quand la publicité fait défaut, mais l'absence de publications n'équivaut jamais à l'absence de publicité ; publication et publicité sont deux choses distinctes, et l'article 193 n'a rien à voir dans la question (1).

En résumé, l'emploi des formes locales sera suffisant pour la validité du mariage, et le défaut de publications en France ne peut être regardé comme une cause de nullité.

Reconnaissance d'enfants naturels.

Le Code civil exige qu'elle intervienne dans un acte

---

(1) Merlin, *Répert.*, V' *Bans de mariage*, r.º 2. — Voir dans Demol., III, nº 224, *in fine*, les arrêts en ce sens.

authentique (art. 334). L'article 181 du Code italien reproduit cette exigence. En Autriche, au contraire, cet acte peut intervenir dans la forme sous seing-privé. En Espagne, d'après la loi de Toro, la reconnaissance n'a pas besoin d'être expresse ; il suffit qu'elle puisse être établie à l'aide de l'un quelconque des moyens de preuve admis par la loi (1) ; c'est-à-dire qu'un acte authentique n'est pas nécessaire.

La seule difficulté qui s'élève relativement à cet acte, est la difficulté qui se retrouve pour chaque acte authentique. Conformément à la solution que nous avons antérieurement donnée, nous reconnaîtrons pleine et entière validité à une reconnaissance faite par acte privé dans un pays qui se contente de cette forme (2).

Donation.

Pour cet acte, nous ne pouvons que renvoyer aux discussions générales fournies sur les actes authentiques dans la première partie, et aux développements relatifs aux actes translatifs de propriété (p. 277 et s.).

De la lettre de change.

Les formes de la lettre de change varient dans les législations positives suivant le rôle qu'elles lui assignent.

Pour les unes, c'est uniquement le moyen de réaliser le contrat de change, c'est-à-dire l'engagement d'une personne de procurer à une autre une somme d'argent dans

---

(1) Lehr, *Droit civil espagnol*, p. 132, no 174.

(2) *Contra*, Paris, 2 août 1786. Clunet, 1877, p. 230.

un lieu différent de celui de la promesse. Dans l'esprit de ces législations, elle n'a d'autre utilité que d'éviter les transports de numéraire. Aussi n'est-elle possible que de place en place (art. 110 et 112, Cod. com.), et comme elle n'est pas appelée par destination à circuler en des mains étrangères, on ne s'est pas préoccupé de diminuer autant que possible les formes qui l'accompagnent, pour faciliter sa circulation.

Dans d'autres législations, au contraire, la lettre de change apparaît non seulement comme un moyen de réaliser le contrat de change, mais aussi comme un moyen de crédit et surtout comme une sorte de monnaie. Elle est négociable : la personne au profit de laquelle on l'a créée, le porteur, peut la transmettre à son créancier, et par ce moyen éteindre sa dette ; celui-ci peut à son tour la transmettre à son propre créancier, et ainsi de suite, de sorte qu'une foule de dettes se trouvent éteintes sans qu'on ait eu besoin de numéraire. Les législations qui envisagent la lettre de change sous cet aspect se sont efforcées de restreindre dans la mesure du possible les exigences des formes, afin de lui permettre de circuler rapidement de main en main et de jouer efficacement son rôle.

De là résultent des divergences dans la manière dont le droit positif des différents pays a réglé les formes de la lettre de change.

Dans le premier groupe, qui est le plus ancien et qui va tous les jours en diminuant, figurent encore la France, la Grèce, l'Espagne et l'Italie.

C'est l'Allemagne qui est le point de départ de la théorie nouvelle. Sa loi du 24 novembre 1848, sur le change, est appliquée dans trente-huit Etats ; elle régit entre autres l'empire d'Autriche, quelques cantons suisses et se trouve à la veille d'être appliquée à la Suisse entière (1). La Belgique s'est également ralliée à cette théorie dans sa loi du 20 mai 1872. Il en est de même de la Suède, de la Norwège et du Danemarck (2). Enfin ce système était accepté antérieurement déjà par l'Angleterre et l'Amérique.

– Etant donné que les pays se partagent en deux camps et que des divergences se manifestent encore dans l'intérieur de chaque groupe, il est facile de comprendre le grand nombre de conflits que peut soulever en matière de formes, l'émission d'une lettre de change. Une lettre émise d'un point quelconque du globe passe et circule de main en main : aucune frontière ne l'arrête. Dans ses pérégrinations à travers les différents pays, elle provoque plusieurs actes juridiques ; plus sa course se prolonge, plus ses actes sont nombreux, plus aussi les conflits se multiplient avec la variété des lois en vigueur dans chaque Etat.

Or, les actes qui peuvent se rencontrer dans une lettre de change sont l'acte d'émission, l'endossement, l'acceptation et l'aval.

---

(1) Voir Nouguier, *Lettre de change et effets de commerce*, II, p. 359, le texte de la loi allemande et la liste des Etats auxquels elle est appliquée.

(2) Loi scandinave du 7 mai 1880, faite en commun par les trois Etats (*Ann. de lég. étr.*, 1881, p. 504.)

L'acte d'émission, d'après les lois qui considèrent la lettre de change comme un corollaire du contrat de change, doit contenir la mention d'une remise de place en place ; il faut que le lieu du paiement et le lieu de l'émission soient désignés dans la lettre (art. 110, Cod. de com. français). Le groupe allemand et anglais, au contraire, n'exige pas cette double indication. Toutefois, dans toutes les législations, on est d'accord pour imposer la mention du lieu du paiement. C'est qu'il importe de savoir quelle loi régira la forme du paiement et les actes qui l'accompagnent.

La loi française veut aussi que la cause de l'engagement du tireur soit exprimée dans la lettre au moyen des mots « valeur fournie » ; les lois étrangères nouvelles, au contraire, n'exigent pas cette indication.

Enfin, pour borner là nos exemples de la diversité des législations, le droit de certains pays exige impérativement que le titre porte l'énonciation expresse qu'il est *lettre de change*.

Ainsi en est-il du Code russe (art. 295, § 7) ; du Code prussien (art. 748 et 749) ; du Code hongrois (art. 14) ; du Code de Wurtemberg (551 et 557) ; de la loi allemande (art. 4, § 2), etc.

En France, la loi n'indiquant pas cette formalité comme irritante, on tient pour constant que son absence n'enlève pas à la lettre de change sa régularité et ses effets. Il en est de même en Espagne, en Portugal et en Hollande, où les Codes sont également muets sur cette mention (1).

-----

(1) Voir dans Nouguier l'exposé des divergences qui se présentent à propos de l'acte d'émission, II, p. 470 et suiv.

Dans tous ces cas, la règle *locus regit actum* trouvera sa complète application. En conséquence, une traite souscrite en Allemagne, payable en France et n'énonçant pas la valeur reçue, devrait être traitée comme pleinement valable par les tribunaux français (1). Supposons, au contraire, que cette lettre ne renferme pas ces mots : « lettre de change, » le juge français devra la déclarer nulle, quand du moins elle émanera d'un allemand, bien que notre Code de commerce n'exige pas cette mention.

Tout ce qui vient d'être dit relativement à l'émission s'applique également à l'endossement.

L'endossement dans les lois qui ont rompu avec la tradition et qui ont considéré la lettre comme une monnaie, a été dégagé de tout obstacle, de façon que la lettre pût se transmettre le plus facilement possible. Aussi les législations récentes permettent-elles non seulement l'endossement ordinaire, mais encore l'endossement en blanc ; la simple signature de l'endosseur suffit. Il en est ainsi dans la nouvelle loi scandinave (art. 12) ; dans la loi allemande (art. 12 et 13) ; dans la loi belge (art. 27), etc.

Les lois anglaises et américaines vont encore plus loin, et la simple transmission au porteur suffit.

Ce dernier mode est repoussé par la loi française ; quant à l'endossement en blanc, il n'est pas proscrit, mais il ne produit pas les mêmes effets qu'un endossement ordinaire et ne vaut que comme procuration (art. 137 et

---

(1) Merlin, *Rép.*, V° *Lettre de change*, § 2, n° 8. — Pardessus, n° 1485. — Nouguier, I, 447. — Fiore, n° 345. — Massé, 589.

138 du Code de com.). La loi espagnole proscrit complètement l'endossement en blanc (art. 466 et 467) (1).

Les conflits en matière d'endossement seront également
tranchés par l'adage. C'est la loi du lieu qui déterminera
les formes obligatoires. Mais quel est ici le lieu de l'acte ?
Dans les contrats ordinaires, il n'est pas difficile de le déterminer, parce qu'il est toujours unique. En matière de
lettre de change, il en est autrement : une foule d'engagements viennent se greffer sur la lettre postérieurement à son omission. On trouve l'engagement du tireur
envers le preneur ; du preneur envers son cessionnaire, etc ; du tiré envers le preneur ; du donneur
d'aval envers l'un quelconque des porteurs. Tous ces engagements peuvent se produire dans des lieux différents ;
la loi qui régira chacun d'eux sera toujours la loi du lieu
où il est intervenu. Il pourra donc très bien arriver que
de deux engements successifs et rédigés dans des termes
identiques, l'un soit nul et l'autre valable. Soit une lettre
tirée de France, endossée en Angleterre au profit d'un
Francais, sans que l'endossement exprime la valeur
fournie par celui à l'ordre de qui il a été passé ; il produira ses pleins effets, même en France, bien que l'article 138 du Code de commerce traite comme simples procu-
rations les endossements dans lesquels cette mention a été
omise. Si, au contraire, le bénéficiaire français transmettait en France à un tiers porteur français la même
lettre de change, sans en indiquer la valeur fournie, cet

____

(1) Nouguier, II, p. 506 et suiv.

endossement ne devrait être réputé valoir que comme simple procuration (1).

Le principe *locus regit actum* s'applique non seulement à l'endossement, mais encore à l'acceptation du tiré. Une lettre est tirée de France sur un espagnol résidant en Espagne. Elle est présentée à son acceptation, et il retient la lettre toute la nuit sans formuler aucune réserve, aucune observation. On devra la considérer comme ayant fait acceptation bonne et valable, parce qu'aux termes de la loi espagnole, cette détention équivaut à une acceptation écrite (Cod. de com. esp., art. 461), et bien qu'en France l'acceptation doive être expresse (art. 122). De même une acceptation verbale intervenue aux Etats-Unis serait suffisante (art. 22) (2).

Les mêmes solutions s'imposent en ce qui concerne l'aval (3). Chez nous, il peut être donné dans la lettre ou dans un écrit séparé (art. 142). Il en est de même en Belgique. En Angleterre, il faut que l'aval soit inscrit sur la lettre même. Ce dernier mode est préférable, car les intéressés se trouvent avertis ; la transmission de la lettre est plus facile et la personne qui a signé l'aval ne peut équivoquer sur l'étendue de ses engagements (4).

---

(1) Massé, nº 589. — Pardessus, nº 1495. — Dalloz, Vº *Effets de com.*, nº 882. — Cassat., 18 août 1856 (S., 57, I, 586). — Rouen, 1er décembre 1854 (Sir., 56, 2, 692). — Trib. civ. de Marseille, 5 décembre 1876, *Journal de Clunet*, 1877, p. 425. — Trib. de comm. de Saint-Pétersbourg, 25 janv. 1875, *Journal de Clunet*, 1878, p. 297. — Trib. du Havre, 7 juin 1880 et Cour de Bordeaux, 19 mars 1881, *Journal de Clunet*, 1881, p. 155 et 1882, p. 80.

(2) Nouguier, II, p. 503.

(3) Fiore, nº 435.

(4) Nouguier, I, p. 528 et II, p. 520 et suiv.

Si donc on veut poursuivre en France le signataire d'un aval fourni en Angleterre, il faudra que la garantie ait été inscrite sur la lettre même.

Le principe est donc que c'est à la loi du lieu qu'il faudra se reporter pour apprécier, quant à la forme, la validité d'un des actes qui se rencontrent dans une lettre de change. Mais si telle est la règle, nous avons dit qu'elle n'était pas impérative, mais simplement facultative. Elle a ce dernier caractère, quand il s'agit d'actes où ont figuré deux parties de même nationalité, mais étrangères au lieu de la conclusion ; ou bien lorsqu'il s'agit d'un acte unilatéral de volonté, comme le testament, par exemple (1).

Il pourra donc arriver par application de ce caractère de la règle, qu'une lettre soit parfaitement valable, bien qu'elle ne soit pas conforme aux lois du lieu d'émission. Un Français résidant en Allemagne y souscrit une lettre de change au profit d'un autre Français, sans observer les formes prescrites par l'ordonnance allemande ; la traite, par exemple, ne contient pas l'énonciation : « lettre de change ». Cependant si elle est conforme à la loi nationale des deux contractants, dans l'espèce à la loi française, elle devra être tenue pour valable par les tribunaux français et par les tribunaux d'Allemagne, comme par ceux de tous pays où elle serait invoquée, quelque soit d'ailleurs le lieu du paiement, France ou Allemagne, peu importe.

Il en serait de même en matière d'endossement,

______

(1) Voir p. 256.

d'acceptation et d'aval. Il faudrait donc admettre qu'un Anglais porteur d'une lettre de change pourrait l'endosser en France au profit d'un autre Anglais, sans exprimer la valeur fournie, parce que cette mention n'est pas requise dans la législation anglaise. De même un Espagnol résidant en France retient toute la nuit une lettre tirée sur lui ; on devra le considérer comme ayant fait acceptation bonne et valable, d'après sa loi nationale.

Dans le cas où les deux parties étrangères au lieu de l'acte sont de même nationalité, la règle est donc facultative. Mais si les deux parties, bien qu'étrangères au lieu de l'acte, sont de nationalité différente, ou bien si l'une d'entre elles est nationale du lieu, la règle devient obligatoire.

Certains auteurs cependant n'admettent pas cette solution. Si un Anglais émet en Allemagne une lettre de change au profit d'un Allemand, rien n'empêche l'Anglais, disent-ils, de suivre les formes de sa patrie, car les actes d'émission, d'endossement, etc., sont unilatéraux et non pas synallagmatiques. L'acte d'émission, par exemple, renferme une seule obligation à la charge du tireur envers le preneur, obligation de change, c'est-à-dire de faire avoir au preneur une certaine somme dans un autre lieu.

Ce système repose sur une méprise. Sans doute l'engagement qui résulte de l'acte d'émission est unilatéral, en ce sens qu'une seule des parties est obligée ; mais l'acte lui-même n'est pas l'œuvre d'une volonté unique, comme le testament ; il est, au contraire, l'œuvre de deux consentements. C'est une convention, comme un prêt, par exemple, qui n'engendre qu'une seule obligation, mais qui n'en exige pas moins le concours des deux volontés. Or, l'Allemand, participant à l'acte, doit suivre les lois de sa patrie ; l'Anglais devra donc se soumettre aux formes allemandes.

Outre les divers contrats que nous venons de passer en revue, il y a lieu d'examiner encore, en ce qui concerne la forme, certains devoirs imposés dans toutes les législations au tiers porteur pour la conservation de ses droits.

Au premier rang figure le devoir pour le porteur de faire dresser protêt en cas de non-acceptation ou de non-paiement. Quelle loi régira la forme de cet acte ? A cet égard, on peut poser comme principe général et absolu que la forme en est soumise uniquement à la règle *locus regit actum* (1). Le protêt, en effet, est par essence un acte public. Il est inadmissible que le notaire ou l'huissier chargé de le faire, soit obligé de se soumettre à une loi étrangère, dans l'exercice de ses fonctions. Il ne peut donc être question ni de nationaux, ni d'étrangers.

Observons en outre que le protêt devra être rédigé par un officier public, appartenant à la catégorie de ceux désignés par la loi locale pour rédiger ces sortes d'actes (2).

Enfin, les effets de commerce sont presque partout

---

(1) Cass., 5 juill. 1843. (Sir., 44, I, 49). Paris, 22 mars 1875, *Journal de Clunet*, 1876, p. 361.

(2) Aub. et R., § 31, note 50. — Cassat., 6 févr. 1843 (Sir. 43, I, 209). — Fiore, n° 313.

assujettis à des formalités particulières, à savoir le timbre et l'enregistrement, qui sont une source de revenus pour l'Etat ; l'enregistrement suppose l'inscription de l'acte sur des registres publics.

Si ces formalités ont un caractère purement fiscal et n'ont aucun rapport avec la validité de l'acte, les tribunaux locaux ou étrangers n'auront pas à s'inquiéter de savoir si elles ont été ou non remplies. Si, au contraire, elles sont une condition essentielle à la validité du contrat, la question présente plus de difficulté. D'après les loi anglaises, une lettre n'est valable qu'autant qu'elle est rédigée sur papier timbré, et que les droits de timbre ont été payés.

Si donc une lettre est tirée en Angleterre par un Anglais, au profit d'un autre Anglais, sur un débiteur résidant en France, sans qu'il ait été satisfait aux lois sur le timbre, les tribunaux français devront la déclarer non valable, lorsque le bénéficiaire en viendra réclamer l'exécution. Mais en sera-t-il de même dans tous les cas pour les étrangers ? En d'autres termes, la règle ne sera-t-elle pas facultative pour eux, conformément aux principes généraux ? Deux Français, par exemple, émettent une lettre en Angleterre, peuvent-ils dire : nous échappons aux lois sur le timbre, parce que nous avons le droit d'abandonner les formes anglaises, pour nous servir des formes de notre patrie ? Un tel raisonnement ne serait certainement pas admis en Angleterre, ou de telles lois sont des lois de police et de sûreté, mais la question peut se poser devant les tribunaux des autres pays.

Certains auteurs prétendent que l'effet doit être annulé partout, parce que, disent-ils, les Etats doivent faire respecter dans leur sein, les lois considérées comme d'ordre public par les autres Etats. On ajoute que les nations ont tout intérêt à s'entr'aider plutôt qu'à se nuire dans l'exercice de leurs droits fiscaux. On fait enfin remarquer que les lois étant principalement territoriales, chaque Etat devait être considéré comme pouvant régler, d'une façon absolue, le sort et les effets des actes intervenus sur son territoire.

Mais ces raisons ne sont pas suffisantes pour autoriser une dérogation à la règle générale. Argumenter de la territorialité des lois, c'est attaquer le caractère facultatif de l'adage, car on ne voit pas pourquoi on applique ici la territorialité, tandis qu'on ne l'applique pas quand ii s'agit des autres exigences de forme. On invoque l'intérêt des nations et on ne voit pas qu'en exposant les contractants de bonne foi à des nullités qu'ils ne prévoyaient pas, on jette la perturbation dans les relations commerciales. Enfin, dit-on, il y a ici une loi d'ordre public ; c'est vrai, mais pour l'Angleterre seulement. On assimile le fait d'éluder les lois sur le timbre à la convention de contrebande qu'on est généralement d'accord pour annuler partout ; mais cette assimilation est inexacte, car la convention de contrebande est frauduleuse ; elle suppose une intention bien arrêtée de tromper et de nuire, et, en cela, se heurte à l'ordre public commun ; mais on peut se soustraire aux lois sur le timbre avec la plus entière bonne foi ; or, ces lois ne s'imposent pas nécessairement aux étrangers, puisque notre règle est facultative (1).

Nous avons vu, chemin faisant, tout à la fois les actes authentiques et certains actes sous seing-privé, tels que le testament olographe et la lettre de change. Mais nous avons négligé de parler des formes générales des articles 1325 et 1326. Ces formes ne sont pas destinées à un *negotium juris* spécial ; celles de l'article 1325 sont applicables à tout contrat synallagmatique ; celles de l'article 1326, à toute obligation de donner une somme d'argent. A côté de ces formes, on rencontre encore celles de l'article 1338, visant le cas de confirmation d'une convention annulable.

Toutes ces formes sont régies par la maxime *locus regit actum*, telle que nous l'avons exposée dans la partie théorique de notre thèse. Un Français en Angleterre contractant une dette de somme d'argent, la forme de cet acte serait valable en France, malgré l'omission du bon pour, puisque cette mention n'est pas exigée par la loi anglaise. De même un contrat synallagmatique passé par deux français en Allemagne, serait valable en la forme, malgré l'accomplissement de la formalité des doubles, parce que cette formalité n'est pas en général exigée dans les législations allemandes.

Pour le cas où un écrit n'a pas été dressé, nous renvoyons à notre première partie, p. 257 (2).

---

(1) Fœlix, II, 284.

(2) Sur tous ces points, voir Laurent, VIII, n° 31 et suiv.

POSITIONS

DROIT ROMAIN

I. L'inobservation des formes est une cause de nullité, non seulement en matière de procédure (actions de la loi)' mais aussi quand il s'agit d'un acte juridique formel.

II. L'*acceptilatio litteris* résultait d'une inscription faite par le débiteur et non par le créancier, sur son registre.

III. Les actions de la loi ne se bornent pas aux cinq formes de procédure énumérées par Gaïus.

IV. La saisine héréditaire a été connue et réalisée en droit romain.

Les héritiers siens et les héritiers simplement nécessaires acquéraient *ipso jure* la possession en même temps que la propriété de l'hérédité.

DROIT CIVIL FRANÇAIS.

I. La règle *locus regit actum* s'applique non seulement aux actes sous seing-privé, mais aussi aux actes authentiques.

II. Elle s'applique, quelque soit l'objet de l'acte, meuble ou immeuble.

III. Elle n'est facultative, que dans le cas où les deux contractant sont de même nationelité.

IV. Elle constitue dans ce cas une exception à la loi nationale, et si les parties refusent d'user des formes locales, c'est aux formes de leur pays qu'elles doivent revenir.

DROIT COMMERCIAL

Au cas de faillite du tireur, le porteur a un droit exclusif sur la provision existant entre les mains du tiré.

PROCÉDURE CIVILE

L'exequatur nécessaire ponr rendre exécutoire en France, un jugement rendu par un tribunal étranger doit être donné sans examen du fond du litige.

DROIT CRIMINEL

I. Le droguiste, vendeur de fuchsine préparée sous le nom de caramel à vin peut, sur ce seul fait, être condamné comme complice en matière de falsification de vin par la fuchsine.

II. La commission des gardes particuliers prend fin par la mort du commettant.

DROIT ADMINISTRATIF

L'autorisation d'un établissement dangereux, incommode ou insalubre est donnée par l'administration au point de vue de l'intérêt général, mais sous la réserve des droits privés.

DROIT INTERNATIONAL.

La loi qui doit régir la prescription libératoire d'une créance est la loi du lieu choisi expressément ou tacitement par les parties pour le paiement.

Vu par le Président de l'acte public,

Nancy, le 20 juin 1882.

E. BINET.

Vu par le Doyen,

Nancy, le 21 juin 1882.

E. LEDERLIN.

Vu et permis d'imprimer :

Nancy, le 21 juin 1882.

Le Recteur,

M. MOURIN.

TABLE DES MATIÈRES

DROIT ROMAIN

DE LA FORME, DE SES RÈGLES ET DE SES CARACTÈRES

INTRODUCTION

PREMIÈRE PARTIE.

ORIGINE PROBABLE DES ACTES FORMELS.

DEUXIÈME PARTIE.

ÉTUDE DE LA FORME EN ELLE-MÊME.

CHAPITRE I.

LA LOI DE L'ÉCONOMIE DES FORMES.

CHAPITRE II.

LOIS CONCERNANT LES MOTS.

CHAPITRE III.

LOI DE LA CONCORDANCE DES FORMES.

DROIT FRANÇAIS

DE LA RÈGLE LOCUS REGIT ACTUM.

Détermination du sujet.

PREMIÈRE PARTIE.

DE LA RÈGLE AU POINT DE VUE THÉORIQUE.

DEUXIÈME PARTIE.

APPLICATION DE LA RÈGLE LOCUS, ETC., AUX DIFFÉRENTS

ACTES JURIDIQUES.

ERRATA.

Pages :	Lignes :	Au lieu de :	Lisez :
3	11	celles conçues	celle conçue
4	15	perdent	perdant
5	4	à la validité, au mariage,	à la validité du mariage
5	14	partie	portée
6	12	existée	existé
6	19	antérieur	extérieur
7	13	sont	son
7	16	en	ou
9	19	qui	que
9	29	Les	Ses
13	16	tout à fait extérieure	tout fait extérieur
17	2	que	qui